W0097441

Überall Nachbarn

Björn Kuhligk

Überall Nachbarn

Wie ich auf dem Mauerweg das alte West-Berlin umrundete

BeBra Verlag

Mit Fotos des Autors

Bibliografische Information der Deutschen Nationalbibliothek
Die Deutsche Nationalbibliothek verzeichnet diese Publikation
in der Deutschen Nationalbibliografie; detaillierte bibliografische Daten
sind im Internet über http://dnb.d-nb.de abrufbar.

Alle Rechte vorbehalten.
Dieses Werk, einschließlich aller seiner Teile, ist urheberrechtlich geschützt.
Jede Verwertung außerhalb der engen Grenzen des Urheberrechtsgesetzes
ist ohne Zustimmung des Verlages unzulässig und strafbar. Das gilt insbesondere für Vervielfältigungen, Übersetzungen, Mikroverfilmungen, Verfilmun-
gen und die Einspeicherung und Verarbeitung auf DVDs, CD-ROMs, CDs,
Videos, in weiteren elektronischen Systemen sowie für Internet-Plattformen.

© be.bra verlag, Medien und Verwaltungs GmbH
Berlin-Brandenburg, 2022
Asternplatz 3, 12203 Berlin
post@bebraverlag.de
Lektorat: Gabriele Dietz, Berlin
Satz: typegerecht berlin
Umschlag: Manja Hellpap, Berlin (Foto: LeoPatrizi)
Schrift: Cambria
Druck und Bindung: GGP Media GmbH, Pößneck
ISBN 978-3-8148-0265-7

www.bebraverlag.de

Für Christine

Die Havel vom Wachturm Nieder Neuendorf

Ich war vierzehn

Ich war vierzehn und die Mauer fiel um. Sie ist nun schon länger verschwunden, als sie stand. Das gilt auch für West-Berlin. Obwohl West-Berlin nicht umfiel, so wenig wie die Mauer.

Ich bin aufgewachsen in dieser Stadt, in der es Militärparaden der alliierten Streitkräfte gab, bei denen die Sieger an den Besiegten vorbeiliefen und von ihnen bejubelt wurden. RAF-Fahndungsplakate hingen in jeder Postfiliale, die soziale Treffpunkte waren. Ich spielte mit meinen Freunden auf der Straße und niemand, wirklich niemand trug einen Jutebeutel mit dem Aufdruck: »If you want reality, take the bus«. Auf dem Wannsee fuhr »Moby Dick«, ein Passagierschiff, das aussah wie ein Wal. Ich hatte ein Postsparbuch, ein dünnes Heft, in dem jede Ein- oder Auszahlung mit Unterschrift und Stempel und dem aktuellen Kontostand handschriftlich vermerkt wurde. Es gab die »Zweite Hand«, eine dicke, in hoher Auflage gedruckte Zeitung für private Kleinanzeigen, in der man Sachen anbieten oder danach suchen konnte: Fahrräder, Autos, Nachhilfe, Küchenschränke, Haustiere, Lebenspartner. Auf den Straßen liefen alte Männer mit fehlenden Gliedmaßen und verhärmten Gesichtern, Veteranen aus dem Zweiten Weltkrieg.

An jedem zweiten Samstag, bis diese Regelung 1991 abgeschafft wurde, fand Schulunterricht statt. Es gab keine Tage, an denen das Aufstehen schwieriger und die Lustlosigkeit, in die Schule zu gehen, größer war. Hanna-Renate Laurien, die in den Berliner Tageszeitungen den Beinamen »Renate Granate« erhielt, wohnte bei uns um die Ecke. Ich sah sie oft auf der Straße. Sie war acht Jahre lang Senatorin für Jugend, Schule und Sport, sie kandidierte gegen Männer, sie war die erste und bislang einzige Präsidentin des Berliner Abgeordnetenhauses, sie hatte eine imposante Beton-Frisur und sah auch sonst wie eine strenge Schuldirektorin aus, in deren Büro man als Schüler lieber nicht geladen werden wollte. Anne Klein, die Hanna-Renate Lauriens Amt übernahm, das umgestaltet und fortan Senatsverwaltung für Jugend, Frauen und Familie genannt wurde, lebte mit ihrer Freundin zusammen. Ich erinnere mich an einen Waldspaziergang, und sicher war es im Grunewald, mit meinen Eltern und meiner Schwester. Ich stritt mit meinem Vater darüber, ob es in Ordnung sei, offen lesbisch zu leben und gleichzeitig eine öffentliche Position zu haben. Ich war vehement dafür, dass es niemanden etwas angehe, wie man lebt, und dass es so oder so gut sei, wenn Menschen, die Menschen ihres Geschlechts lieben, dies auch in der Öffentlichkeit tun würden und können. Mein Vater hatte, so ahnte ich, eine ähnliche Meinung, vertrat aber die öffentliche, und so stritten wir. Ich war vierzehn Jahre alt und es war meine erste hitzige politische Diskussion. Anne Klein trat 1990 nach der Räumung der Mainzer Straße zurück. Aber das ist eine andere Geschichte.

In meiner Erinnerung ist West-Berlin eine graue Stadt. Sie hat mich geprägt, sie ist ein Teil von mir, und wem das zu pathetisch ist, dem ist es zu pathetisch, mir piepe. Dieses Buch orientiert sich an meinen Erinnerungen, an denen eines höchstens vierzehn Jahre alten Heranwachsenden. Es ist ein lückenhaftes Buch, es erhebt keinen Anspruch auf Vollständigkeit. Ich war 1989 zu jung, um vollständig von West-Berlin erzählen zu können. 1975 wurde ich in West-Berlin geboren, in dem Jahr, in dem die DDR begann, die ursprüngliche Mauer, die als Provisorium fungierte und zu Teilen aus übereinandergeschichteten Betonplatten bestand, partiell durch Stahlbetonstücke von vier Metern Höhe zu ersetzen. Ich habe bis 1989 genügend West-Berliner Luft geatmet, um über diese Luft, die ich atmete, erzählen zu können. Und von all dem, was sie umgab. Bis vor vielleicht zehn Jahren wurde ich immer wieder gefragt, wenn ich sagte, ich käme aus Berlin, ob West oder Ost? Meistens habe ich zurückgefragt: Spielt das eine Rolle? Oder ich sagte: Rate mal! Ich war schlichtweg davon genervt. Denn nach der Antwort »West« folgte meistens ein kurzes betroffenes Schweigen, weil das Gegenüber erhofft hatte, ich käme aus dem Osten, und ein bisschen beschämt war, mich für einen Ossi gehalten zu haben, denn der gefragt hatte, kam todsicher aus den – wie man sagte – alten Bundesländern und wusste jetzt auch nicht mehr, was er sagen sollte. Wenn sich das Gegenüber auf das Ratespiel einließ, wurde ich fast immer für einen Ost-Berliner gehalten – an welchen Parametern er oder sie das auch immer festgemacht hatte. Ich fand es ganz cool, es hatte schließlich auch etwas Interessantes, für einen anderen gehalten zu werden. Auf die andere Frage, die mir in den Neunzigerjahren hin und wieder gestellt wurde, wie es für mich war, in West-Berlin zu leben – umgeben von der Mauer –, fiel es mir schwer zu antworten. Die Mauer war da, sie war etwas Gegebenes, ich kannte es nicht anders, da war Schluss, und weil wir nicht direkt an der Mauer wohnten, konnte ich mich ungehindert in alle Himmelsrichtungen bewegen. Und doch gab es ein geflügeltes Wort, das besagte, dass man in West-Berlin keinen Kompass brauchte, weil man sich nicht verlaufen konnte: Irgendwann würde man an die Mauer kommen, und da war immer Osten.

Ein Ort lässt sich am besten durch seine Grenzen definieren, und so war es ein kurzer gedanklicher Weg zu der Idee, den Mauerweg, die ehemalige Grenzlinie zwischen West-Berlin und der DDR, mit dem Fahrrad entlangzufahren, mit offenen Augen und neugierig und einem Rucksack voller Erinnerungen. Ich schrieb auf, was ich sah, was ich hörte, was ich erlebte und woran ich mich erinnerte. Dieses Buch erzählt davon.

Vom Hermannplatz nach Rudow

Deine Mama hat 'n Kaufhaus am Hermannplatz
Und macht da die ganz dicke Kasse
Und dein Alter hat 'ne Kneipe in der Urbanstraße
Doch gehört mehr zur breiten Masse

Als Rio Reiser 1990 »Sonnenallee« sang, war dieses Lied noch kein Track und Rio Reiser wurde Interpret seiner Lieder genannt. Ich war fünfzehn Jahre alt und die Mauer hatte erst vor einem Jahr ihre Funktion verloren.

Hinter mir liegt die Urbanstraße, seitlich steht das Karstadt-Gebäude, vor mir fährt ein Türke auf einem Fahrrad, der seinem Kumpel noch »*Tamam!*«, »Einverstanden!«, zuruft und ihm winkt, als er losfährt. Am Lenker seines Fahrrads schaukeln zwei große orangefarbene Plastiktüten, die mit Fladenbroten gefüllt sind, im Rhythmus seiner Beinbewegungen. Er fährt zügig, aber sehr langsam die Sonnenallee entlang. Er lässt sich weder von den hupenden Autos im morgendlichen Verkehr noch von den Bussen davon abbringen, hier ganz genau nach ausschließlich seinem Tempo zu fahren. Da eigentlich jeder Berliner Busfahrer das gemeine Zeil verfolgt, so viele Radfahrer wie möglich auszubremsen, legt der Mann mit den Broten eine bewundernswerte Ruhe und Gelassenheit an den Tag.

Ich fahre hinter ihm her, ich überhole ihn nicht, obgleich ich es könnte. Es ist fast ein Akt der Verweigerung, hier auf einer der trubeligsten Straßen Berlins mit vielleicht sieben Stundenkilometern am Straßenverkehr teilzunehmen. Von weitem sehe ich schon das Estrel Hotel, das aussieht wie ein großer Schiffsbug. Eine Weile wurde es als Konzerthalle genutzt, bis auch endlich der Letzte bemerkte, dass die Akustik in einem großen Sitzungssaal selbst mit der besten frei verkäuflichen Sound-Anlage der letzte Husten ist. Hinter dem Hotel biegt der Mann mit den Broten links ab. Dort wo sich der Grenzübergang Sonnenallee befand, verlasse ich die Sonnenallee. Dieser Grenzübergang wurde erst durch die Verfilmung von Thomas Brussigs Roman »Am kürzeren Ende der Sonnenallee« auch außerhalb Berlins bekannt.

Auf dem Bürgersteig steht neben einem geparkten Sechstonner ein Graphoskop, ein Aussichtsfernrohr, wie sie mitunter auf hohen Gebäuden, Türmen oder Hügeln zu finden sind. Einwurf ein Euro und die Welt rückt für eine Minute näher heran. Doch dieser Graphoskop irritiert, denn was ist hier auf der Sonnenallee in weiter Ferne zu beobachten? Eigentlich nichts, absolut nichts. 1999 ließ der Senat zwei dieser Fernrohre der Künstlerin Heike Ponwitz errichten. Sie sollen an die sieben innerstädtischen Grenzübergänge erinnern. Was wäre, schaute ich hinein, durch sie zu sehen? Eine Wohnanlage, geparkte Autos und hin und wieder fährt der M41 vorbei, jene Buslinie, deren Endstation ein paar Meter entfernt ist und die Richtung Stadtmitte bis zum Hauptbahnhof führt. Es gibt wohl kaum eine Berliner Buslinie, auf der sich mehr Kinderwagen bewegen und Menschen, die, während sie Bus fahren, ihre ganz eigenen, sehr interessanten Anliegen an die Öffentlichkeit tragen. Die Menschen, die diesen Bus steuern, haben Nerven aus Stahl, ummantelt mit schallisoliertem Material, und nach Feierabend dürfen sie den eigens für sie von den Berliner Verkehrsbetrieben errichteten Freizeitbereich betreten. Wahlweise können sie dort große Eisbecher essen, alle Folgen von »Stirb langsam« sehen, einen Boxsack malträtieren oder werden von freundlichen, sehr gut aussehenden Menschen, denen es verboten ist zu reden, massiert.

Neben dem Südlichen Heidekampgraben stehen Weiden und Kastanien. Es ist abrupt um einige Dezibel leiser. Links vor den dreistöckigen Mietshäusern spielen Kinder Federball. Ein Mann geht mit einem weißen und einem schwarzen Hund spazieren. Die Himbeersträucher blühen. Eine grauhaarige Frau sitzt auf einer Bank und schaut zu, wer hier vorbeikommt. Einige Wolken, die zerrupft aussehen, ziehen langsam über den klaren, blauen Himmel. Bevor ich wieder abbiege und den Britzer Zweigkanal kreuze, sehe ich drei Altglascontainer auf der anderen Straßenseite, die in den Vereinsfarben von Hertha BSC gestrichen sind. Darüber hat jemand in roter Farbe »FC Union« geschrieben, die innerstädtische Konkurrenz in der Fußball-Bundesliga.

West-Berlin war ein Dorf, zusammengesetzt aus vielen sehr kleinen Dörfern, und das hat geformt. Noch drei Jahrzehnte nach 1989 sagen viele, wenn sie vorhaben, für einen Einkauf den Bezirk zu verlassen, sie gehen in die Stadt oder in die City. Ich bin nun in Britz. Britz gehört zu Neukölln, wovon der Britzer natürlich nichts wissen will. Ich komme auch niemals im Leben aus Steglitz, sondern aus Lankwitz, klar. Es behaupten auch nur wenige, dass sie in Reinickendorf leben. Es ist natürlich eher Hermsdorf, Frohnau, Tegel oder Heiligensee, ebenso klar. Und niemand kommt so richtig dahinter, was nun von Belang ist und was unwichtig. Aber es ist schon wieder ziemlich klar, dass der Kladower erst nach Gatow fährt, dann nach Spandau, dann über die Heerstraße und dann Berlin erreicht. Aber lebt der Rixdorfer außerhalb von Neukölln und der Schmargendorfer gleich bei Schöneberg oder knapp daneben? Ähnlich merkwürdig muss es für manche sein, wenn mit den alten Postleitzahlen jongliert wird. In 41 wohnte, wer Geld hatte. In 36, wer nicht. Und zwischen 36 und 61 lag nicht nur eine ganze Welt, sondern auch eine Haltung zur Welt, verbunden mit Geld, und die Kunst

An der Chris-Gueffroy-Allee in Britz

des Boule-Spiels am Landwehrkanal und der Kanal sowieso. 1993, mit der Umstellung auf die fünfstelligen Postleitzahlen, behielt ich zwar den groben Überblick, verlor aber den für die feinen Unterschiede. Doch feine Unterschiede und Berlin, das sind zwei Dinge, die nicht zueinanderfinden.

Gleich auf der linken Seite des Weges haben gute Menschen ein großes Insektenhotel gebaut. Auf der anderen Kanalseite halte ich an der Stelle, an der Chris Gueffroy im Februar 1989 mit einem Freund versuchte, nach West-Berlin zu kommen, und erschossen wurde. Er sollte der letzte von 136 Menschen sein, die an der Berliner Mauer getötet wurden. 1964 versuchte Hans-Joachim Wolf ein Stück weiter, den Kanal zu durchschwimmen. Einundsechzig Mal wurde auf den Siebzehnjährigen gefeuert. Er wurde tödlich verletzt. Wieder ein Stück weiter überwanden 1971 zwei West-Berliner Freunde, die sich in der DDR ein besseres Leben versprachen, die Mauer und wurden auf dem Todesstreifen beschossen. Werner Kühl verblutete. Die Schützen wurden mit der »Medaille für vorbildlichen Grenzdienst« geehrt. Ich stehe vor den Stelen, die an sie erinnern, dahinter ragt ein großer Fabrikbau in Form einer überdimensionierten Kaffeepackung empor, aus der fünf dünne Schornsteine sich in den gesamtdeutschen Himmel erheben. Die drei Männer wurden an Orten erschossen, an denen sie heute auf diese Packung Jacobs Krönung sehen würden.

Zwei Rocker, die vielleicht zu wenig Geld für ein eigenes Motorrad haben, fahren auf ihren aufgemotzten Fahrrädern an mir vorbei. Aus der Boom-Box, die einer der beiden an seinem Lenker befestigt hat, schallt »Seek & Destroy« von Metallica in Konzertlautstärke, und der Kopf des Mannes bewegt sich im Takt der Gitarren, doch würde er hier auf seinem Rad ein ordnungsgemäßes Headbanging hinlegen, käme er keine zwei Meter weit. Beim Anblick der beiden fällt mir auf, wie vieles sich verändert hat und dass bereits in den Achtzigerjahren in der Pop-Kultur ein Spiel mit den Geschlechterrollen stattfand. David Bowie ging als die androgyne Kunstfigur Ziggy Stardust durch die Welt. In einem Musikvideo tanzte er mit Mick Jagger und beide machten nichts anderes, als drei Minuten miteinander tanzend zu flirten. Hardrock-Bands traten mit langen Haaren und geschminkt auf. Dieter Bohlen kam in einem rosafarbenen Jogginganzug auf die Bühne, Thomas Anders trug Lackschuhe, Ringe und eine Kette, deren Anhänger die Buchstaben des Namens seiner Frau waren. Und ich, ich ging mit meinem Walkman zu einem Frisör, der nur Männer frisierte. Es war der einzige bei uns in der Nähe. Der Laden war immer voll. Drei wurden frisiert, dahinter saßen fünf, sechs Männer auf einer langen Bank, die Rücken an der Wand, und warteten darauf, dranzukommen. Die Frisöre waren im gleichen Alter wie die wartenden Männer. Es wurde Blech geredet. Ich muss meinen ganzen Mut zusammengenommen haben, als ich, endlich an der Reihe, auf dem Frisierstuhl saß und sagte: »Einmal Steckdose, bitte«. Der Mann verstand leider überhaupt nicht, was ich damit meinte. Hätte er, ebenso wie ich, die »Bravo« gelesen, und manchmal »Pop/Rocky« und »Popcorn«, wüsste er vielleicht, was ich damit meinte. Nein, ich musste ihm erklären, dass ich eine Frisur haben wollte, bei der die Haare alle nach oben stehen. Der Mann sagte eine Weile nichts und dann sagte er: »Nein!« Die Männer hinter mir nahmen ihr Gespräch wieder auf. Ich fühlte mich hilflos und war maßlos enttäuscht und wusste nicht mehr weiter. Also keine »Steckdose«. Ich ließ mir die Frisur schneiden, die alle hatten, die den Laden wieder verließen. Sie hieß wahrscheinlich »Weltkrieg« und die Haare waren kurz. Auf dem Heimweg hörte ich im Walkman Jennifer Rush, war euphorisiert von dieser Musik, von dieser Stimme, die sich zwischen Künstlichkeit und Natürlichkeit bewegte, und sie sang »The Power of Love«, und sicherlich, so viel wusste ich, hatte die Liebe Power, und wenn sie diese Power hatte, wollte ich sie auch haben, und zwar sofort.

Weiter auf dem Mauerweg. Aus den Pappeln, die rechts des Weges stehen, fliegen die Samen, kleine weiche, flauschige Büschel, als schneite es im Sommer, und hätte ich mich im Gesicht nicht so üppig mit Sonnencreme eingeschmiert, würde mir das Zeug nicht im Gesicht kleben. Ich fahre unter der Autobahnbrücke durch, Richtung Süden, an die Stelle, wo der Britzer Zweigkanal auf den Neuköllner Schifffahrtskanal und den Teltowkanal trifft, dessen Wasser bei Köpenick aus der Dahme kommend nach Westen in den Griebnitzsee fließt. Ich halte an, weil dort eine Frau steht, die ein Foto macht. Und macht jemand irgendwo ein Foto und jemand anders sieht es, schwenkt der Blick auf das, was fotografiert wird. Also sehe ich wie die Frau auf den Punkt des Wasserzusammenflusses und fotografiere ihn auch. Es geht ein leichter Wind, vereinzelt treiben zerfranste Wolken. Ich fahre weiter, parallel zur Autobahn, Richtung Schönefeld – und weil Sie sicherlich alle, wirklich alle Witze und Sprüche über Schönefeld schon mindestens einmal gehört haben, werde ich keinen davon wiederholen.

Ein paar hundert Meter von hier, auf der Neuköllner Seite des Kanals, lag das »blub«. Mit zweiundvierzig Jahren, in einem Alter, in dem der durchschnittliche Erwachsene alles Mögliche tut, nur nicht durch verrottete, dem Verfall preisgegebene Gebäude laufen, begann ich genau dies mit einem Freund in meiner Freizeit zu tun. Wir hatten unsere Fotoapparate dabei, waren auf der Jagd nach guten Bildern und begeistert davon, in Gebäuden zu stehen, die ehemals Fabriken, Sporthallen, Botschaften, Fakultäten oder Supermärkte waren. Öffnet man einmal die Augen für diese Art von Gebäuden, scheint es sie in

Massen zu geben, eine Stadt in der Stadt. Das ehemalige »blub«, die Abkürzung für Berliner Luft- und Badeparadies, gehört zu diesen verlassenen Orten. 1985 eröffnete das Freizeitbad, das mit Sprüchen warb wie »Berlin blubst vor Vergnügen«, mit denen man heute niemanden mehr erreichen könnte. Das »blub« gehörte für mich zu den besten Orten meiner Kindheit. Es gab mehrere Whirlpools, ein Außenbecken, einen Wildwasserkanal, zwei Rutschen. Es war schlichtweg die Weiterführung einer steil aufragenden Kinderfantasie und die Tage – es waren nicht viele –, die ich hier verbringen konnte (denn wenn, dann waren wir von morgens bis abends hier), waren wundervolle Tage. Wir stromerten über das 35 000 Quadratmeter große Gelände, spielten mal hier, mal dort, aßen Pommes, tranken Brause und immer schien die Sonne, klar, auch drinnen. 2005 schloss das »blub« und 2012 auch die Saunalandschaft. Das Gelände verwilderte und wurde zu einem Treffpunkt von Jugendlichen. Immer wieder kam es zu Brandstiftungen. Nun sollen 450 Wohnungen auf dem Gelände entstehen. Wir befinden uns aber noch immer in Berlin, also wird der Termin fristgerecht überzogen werden und Geld wird irgendwo zwischen Holding 1 und Holding 2 verdunsten.

An der Spitalstraße halte ich kurz an. Unter der breiten Brücke ist es ruhig und kühl, zwei Bojen schaukeln sachte im Wasser. Ein Mann auf einem Tourenfahrrad kommt mir entgegen. An seinem Lenker sind vier Trinkflaschen und zwei Rückspiegel befestigt, auf dem Gepäckträger zwei voluminöse Taschen. Es sieht absurd aus, als würde er ein Insekt reiten – ausgestattet wie einer, der nach ein paar Wochen in Sibirien ankommen will. Er nickt mir zu. In die akustische Schutzmauer, die uns von der Autobahn trennt, sind in regelmäßigen Abständen Türen eingelassen, auf denen »Betreten des Autobahngeländes verboten« steht. Aus der langen Phalanx der Pappeln schneit es ununterbrochen. Alle paar Meter wische ich mir über das Gesicht. Der Lärm der Autos ist sehr laut, ein immerwährender Sound, der sich zu einem Klangteppich ausgebreitet hat. Für einen Moment schließe ich die Augen und versuche mir vorzustellen, dass das Rauschen der Autobahn das Rauschen des Meeres sein könnte, aber es funktioniert nicht. Eine Gruppe Rennradfahrerinnen überholt mich. In ihrem Tempo könnten sie es schaffen, noch heute den kompletten Mauerweg zu fahren.

Ich erinnere mich daran, wie wir an der Strecke der Tour de France standen, die begleitend zur 750-Jahr-Feier Berlins eine ihrer Etappen in West-Berlin absolvierte. Schließlich konkurrierten die beiden Stadthälften miteinander, denn auch Ost-Berlin beging eine 750-Jahr-Feier, doch so eine Tour de France, die gab es nur einmal, und sie führte durch die freie Welt – in West-Berlin 106 Kilometer auf sicherlich langweilig ebener Strecke. Und sie führte durch eine Zeit, in der Jugendliche erst Walkmans und später Discmans hatten, in der Männer lange Haare trugen, es Rollerblades-Diskotheken gab und Diskotheken noch nicht Clubs hießen und alle Menschen Schambehaarung hatten. Die Jahre der Berlin-Blockade waren lange vorbei, manche hatten sie noch erlebt, manche nicht. Man trug Partyhüte, legte sich Luftschlangen um. Es gab Schichtsalat und Käse-Stecker, Bowle wurde angesetzt und es wurde überall geraucht, wirklich überall, auch im Fernsehen. Es waren fette Jahre, es wurde geprasst. Der Krieg war fast nur noch eine Anekdote. Es gab Telefonzellen, es gab die D-Mark. Es gab Vanilleeis, Schokoladeneis und Erdbeereis und überall, wo es Eisbecher gab, gab es auch Banana-Split. An einer der Yorckbrücken stand in weißen Großbuchstaben: »Wir wollen nicht ein Teil vom Kuchen, wir wollen die ganze Bäckerei«. Fast jedes

Kind hatte einen Zauberwürfel und spielte Gummitwist. Meine Mutter trug Blazer mit Schulterpolstern, mein Vater trug graue Anzüge mit dünnen Krawatten und eine breite Brille. Meine Schwester trug stonewashed Karottenjeans und eine löwenartige Frisur, wie sie viele Frauen und Mädchen und Männer hatten. Ich trug wie mein Vater eine breite Brille, ich trug Kniestrümpfe, auch im Sommer, auch in Sandalen, auch bei 35 Grad, und Schweißbänder an den Handgelenken, weil man das so machte und ich es cool fand.

Seit den frühen Morgenstunden also saß der gemeine Lankwitzer mit Stullenpaketen und Thermoskannen auf den mitgebrachten Campingstühlen und wartete auf die Fahrer der Tour de France. Ich war mit meiner Schulklasse an der Strecke. Wir warteten zwei Stunden, dann fetzte eine Kolonne von Autos vorbei, die Werbung herumfuhren. Rechts und links fielen Bonbons zu Boden, die wir aufsammelten. Ich ergatterte außerdem einen Luftballon der französischen Tageszeitung »France Soir«, die seit 2012 nicht mehr existiert. Zu Hause blies ich ihn auf und spielte damit Fußball. Ehe wir die Blicke scharfstellen konnten, war der Tross schon durchgerauscht, eine enorm schnell herannahende und genauso schnell wieder verschwindende Bewegung in den Augenwinkeln. Dann schossen die Fahrradfahrer vorbei. Es ging alles enttäuschend schnell. Der Start war am Sowjetischen Ehrenmal auf der Straße des 17. Juni gewesen, die Route ging über den Wedding, Reinickendorf, über den Rohrdamm, Kladow, die Havelchaussee, über die Potsdamer Chaussee durch Zehlendorf bis zum Steglitzer Kreisel, nach Lankwitz, Britz, über den Hermannplatz, die Yorckstraße, das Ziel war am Rathaus Schöneberg. Mittlerweile kenne ich alle diese Orte, die auf diesen 106 Kilometern liegen. Ich habe dort meine Kindheit verbracht, ich war dort nachts unterwegs, hatte dort meine erste Wohnung, eine meiner Arbeitsstellen, habe dort geheiratet, mein Opa wohnte um die Ecke, es waren Ausflugsziele. Alles Berlin, alles Zuhause, alles überschaubar.

Aber zurück zu dem großen Stadtjubiläum: 1987 wurde der 750. Geburtstag Berlins begangen. Während zu diesem Anlass in Ost-Berlin das Nikolaiviertel wieder aufgebaut wurde, besann man sich in West-Berlin auf die Geschichte des 20. Jahrhunderts, ließ auf Bezirksebene lokale Geschichtsvereine forschen und unterstützte sie finanziell. Außerdem fand natürlich das Übliche statt, um West-Berlin als offene, neugierige Weltstadt zu präsentieren: Am Großen Stern gab es ein großes Volksfest, die Motorradstaffel der Polizei, die eh bei keiner größeren Veranstaltung fehlte, zeigte ihre Kunststücke und das Deutsche Turnfest machte Station im Olympiastadion. Michael Jackson, David Bowie und andere spielten kostenlose Open-Air-Konzerte. Der Senator für Kulturelle Angelegenheiten Volker Hassemer beauftragte den Neuen Berliner Kunstverein mit der Konzeption und Durchführung eines Skulpturenwegs, der durch die City führen sollte. Die Skulpturen wurden 1987 auf dem Kurfürstendamm aufgestellt und zeigten Wirkung. Vielleicht hat es im Nachkriegsdeutschland und bis jetzt in Berlin keine ähnlich heftige Auseinandersetzung über Kunstwerke im öffentlichen Raum gegeben, darüber, was Kunst darf, ob sie überhaupt etwas dürfen darf oder auch provozieren sollte. Zwei Skulpturen standen im Fokus: »2 Beton-Cadillacs in Form der nackten Maja« des Bildhauers Wolf Vostell, zwei in Beton gefügte Cadillacs auf dem Rathenauplatz, und die fast zwölf Meter hohe, aus Polizeiabsperrgittern und zwei Einkaufswagen bestehende Skulptur von Olaf Metzel auf dem Kurfürstendamm, direkt gegenüber vom Café Kranzler, erregten die Gemüter. Wo denn, bitteschön, hier irgendwelche Kunst zu sehen sei? Die Skulpturen waren plötzlich da, und fuhren wir mit dem Auto an einer von ihnen vorbei, gelang das nicht ohne einen

Kommentar der Eltern, die sie anfangs ziemlich hässlich fanden und sich doch bemühten, uns Kindern zu verdeutlichen, dass Kunst ziemlich viel darf. Ich war fasziniert von diesen Skulpturen, von der Möglichkeit, Gegenstände ihrer Funktion zu entheben und etwas gänzlich anderes damit zu machen. Fast 25 Jahre später sollte es zu einem grauenhaften Backlash kommen. 350 sogenannte »Buddy Bären« wurden angemalt und in der Stadt aufgestellt. Es sollte Kunst sein, vielleicht ist es auch welche, und meine Toleranz ist groß und weit und farbig und reicht von Berlin bis Berlin, also einmal um den Erdball. Auch wenn ich diese Bären mitsamt ihrer Niedlichkeit und Regressivität abgrundtief verachte und wahrscheinlich auch die Menschen nicht mögen würde, die sie erfunden und aufgestellt haben, lebe ich mit ihnen, mit den Bären wie den Menschen, die sie erfanden, und achte darauf, so wenig Zeit wie möglich in ihrer Nähe verbringen zu müssen.

1987 war aber noch einiges mehr los: West-Berlin wurde von der CDU regiert. Eberhard Diepgen, der nichts sagte, auch wenn er sprach, und trotzdem Politik betrieb, war Bürgermeister. Vielleicht sind die Buddy Bären, wer weiß das schon, die logische Weiterentwicklung von Eberhard Diepgen. Heinrich Lummer, der Mann, der 1999 in einem rechtsextremen Verlag ein Buch mit dem Titel »Deutschland muss deutsch bleiben« veröffentlichte, im »Ostpreußenblatt« darlegte, dass Stalin und die US-Regierung die Vernichtung des deutschen Volkes durch erzwungene Einwanderung fremder Völker geplant haben, auch die türkische Einwanderung nach Deutschland sei darunter zu verstehen, war Innensenator. Und die von diesen Oberförstern regierte Stadt feierte 750. Geburtstag. Eine Volkszählung war ursprünglich für den April angesetzt und wurde heftig kritisiert und boykottiert – auch von einigen meiner Lehrer. Am 1. Mai wurde in den frühen Morgenstunden der

Mehringhof, ein linkes Zentrum, von dem aus der Boykott organisiert wurde, mit der Begründung »Gefahr im Verzug« von der Polizei aufgebrochen und durchsucht. Daraufhin kam es erstmalig im Rahmen der 1. Mai-Demonstration in Kreuzberg zu Ausschreitungen, die so heftig wurden, dass sich die Polizei über Stunden aus dem östlichen Teil Kreuzbergs, der Gegend um die Skalitzer Straße, zurückzog. Über dreißig Geschäfte wurden geplündert, auch kleine Läden und der Bolle-Supermarkt am Görlitzer Bahnhof, der später in Flammen aufging und einstürzte. Erst Jahre später gestand ein Pyromane diese Tat, der für 350 Brände in Berlin und Süddeutschland verantwortlich war, unter anderem den des Blockhaus Nikolskoe, des Reetdachs des U-Bahnhofs Dahlem Dorf und einer Feuerwehrstation in Neukölln. Im Sommer 1990 wurde er festgenommen. In einem Interview mit der »taz« sagte er: »Am Kontrollpunkt in Dreilinden habe ich ein BVG-Häuschen angesteckt, einen Taxifahrer am Löschen gehindert und dann auf die Polizei gewartet. Ich brauchte Hilfe. Ich konnte und wollte nicht mehr weitermachen.« Seit diesem 1. Mai 1987 findet jedes Jahr eine Demonstration mit anschließenden Ausschreitungen und Kraftproben mit der Polizei in Kreuzberg statt. Es ist eine feste Verabredung, ein bisschen wie Weihnachten, Ostern oder der Geburtstag der Tante. Alle wissen, was passieren wird. Als Ronald Reagan im Juni 1987 nach West-Berlin kam und am Brandenburger Tor eine Rede hielt, in der er Michail Gorbatschow aufforderte: »Tear down this wall!«, demonstrierten 50 000 Menschen gegen seine Anwesenheit in der Stadt. Am Kurfürstendamm kam es zu Krawallen. Kreuzberg wurde vorsichtshalber hermetisch abgeriegelt, der Verkehr der U-Bahn-Linie 1 für drei Stunden eingestellt. Das war die Atmosphäre in West-Berlin im Jahr 1987, in der die Ausstellung »Topographie des Terrors«, seit vielen Jahren von Bürgerinitiativen gefordert, eröffnet wurde. Als einziger Repräsentant des Berliner Senats war Volker Hassemer bei der Eröffnung zugegen.

Ich fahre weiter neben der Autobahn. Ich habe die Glanzleistung vollbracht, mich bei 33 Grad im Schatten mit Socken, Turnschuhen und Jeans auf den Weg zu machen, und so suche ich mir einen Ort für eine Pause am Kanal. Als Erstes wasche ich mir die Sonnencreme und den verbliebenen Pappelflaum aus dem Gesicht und halte dann für eine Weile meine Füße ins Wasser. Neben mir eine Brombeerhecke, die aussieht wie eine Wucherung, hinter mir das Rauschen der Autobahn und vor mir das leise, langsame und glitzernde Fließen des Wassers. Weiter, einfach weiter. Ich stehe auf und überlege für einen Moment, umzukehren. Es ist viel zu warm für meinen Plan, heute so weit wie möglich zu kommen. Ein Segelboot, das durch einen kleinen Motor angetrieben wird, gleitet vorüber. Es ist dunkelblau. Die drei auf dem Boot tragen dunkelblaue Hosen, weiße Polohemden und grüne Schirmmützen. Die Frau steuert, die beiden Männer lümmeln an dem eingeklappten Segelmast. Weiter, einfach weiter.

Die Autobahn ist nun durch eine Mauer abgetrennt, auf die allerlei Graffitis gesprayt sind. Es ist ein guter Ort dafür, sicherlich kommt hier niemand in der Dunkelheit vorbei. Ein Jogger, der mich vor einer Weile, als ich unter der Brücke pausierte, in einem beachtlichen Tempo überholte, sitzt hechelnd auf einer der vier Holzbänke mit Blick auf den Kanal. Er trägt knallgelbe Joggingschuhe, die aussehen, als wären sie gestern Vormittag erst bei ihm angeliefert worden. Sicherlich hätten sie ihn weiterbringen sollen als bis zu dieser Bank. Wie bescheuert, denke ich, bei diesen Temperaturen zu joggen, und dann, jaja, ich fahre in Socken und Jeans durch die Gegend. Quer über den Asphalt hat jemand mit weißer Kreide geschrieben: »Wie wollen wir miteinander leben?« Hundert Meter weiter: »Finde Sinn«, wieder hundert Meter weiter: »Suche Wahrheit!« Gedanken, die hier vielleicht ohne die Erfahrung von Corona nicht stehen würden. Dann sind da plötzlich drei junge, gut aussehende Männer mit nackten Oberkörpern und schwarzen Badehosen neben dem Schriftzug »Brauchen Gemeinschaft«, was als kompaktes Bild etwas kitschig aussieht. Auf der anderen Seite befindet sich eine Industrieanlage mit fünf großen weißen, runden Tanks, die Mineralöle lagern, dicht nebeneinander direkt am Wasser. Sie spiegeln sich im Wasser, die Sonne scheint darauf, und alles sieht unwirklich überbelichtet aus. Unter der Massantebrücke steht eine Gruppe nasser Jugendlicher, die immer wieder in den Kanal springen und dann die steile, an der Mauer befestigte Leiter heraufklettern. Was sollen sie auch sonst machen? Das meiste, was mit Spaß zu tun hat, findet nicht statt oder ist untersagt, die Clubs sind geschlossen, die Kinos auch, Konzerte gibt es nicht. Aber zum Glück ist da dieser Kanal.

Es ist einer der ersten Tage der Sommerferien. Auf dem Mauerweg ist so viel los, als wäre eine ganze Kleinstadt unterwegs, und alle haben sie Satteltaschen, Trinkflaschen und Fahrräder, die aussehen, als könnten sie länger fahren als bis zum nächsten Supermarkt und wieder zurück. Und alle sehen entspannt und vor allem sportlich aus, selbst jene, denen von ganz alleine Bäuche gewachsen sind. Es ist eine schöne Atmosphäre auf diesem asphaltierten Weg. Brombeerbüsche neben Brombeerbüschen, die hohen Bäume bewegen sich leicht im Wind, und könnte wer die Autobahn etwas leiser stellen, wären die vielen Vögel besser zu hören, die in den Zweigen und in den Brombeerranken Rabatz machen. Der Lastkahn »Consensus«, der kurzzeitig Berühmtheit erlangte, als er vor ein paar Jahren unter der Jannowitzbrücke für ein paar Stunden stecken blieb, wird mit Rindenmulch beladen. Es staubt von der Laderampe. Es sieht aus, als würde dort etwas brennen und der Rauch zur Seite ziehen. Um einige Bäume, die direkt am Ufer wachsen, sind Biberschutzzäune errichtet worden.

Am Ernst-Ruska-Ufer Ecke Hermann-Dorner-Allee fahre ich unter der Brücke hindurch und amüsiere mich kurz über die vielen Schilder, die auf Flughafenhotels hinweisen. Auf der anderen Seite des Teltowkanals stehen zwei Männer vor der Sixt-Autovermietung, gelangweilt bis in die Kniekehlen, und rauchen. Der Parkplatz ist voll, es ist Corona, es ist nichts los. Wer mietet jetzt ein Auto, wer kommt jetzt mit dem Flugzeug an? Wer braucht jetzt Flughafenhotels? Hinter der Vermietung liegt ein idyllischer See, umgeben von meterhohem Schilf und einem massiven grünen Metallzaun, hinter dem ein Uferstreifen den See umringt, auf dem eine kleine Herde Schafe im Schatten liegt. Rechterhand ein Stück Berliner Mauer, vielleicht zwanzig Meter lang, eingezäunt von dem gleichen Modell Zaun. Auf der Westseite stehen Schrebergärten, dann ein dreißig Meter brei-ter Wiesengürtel, frisch gemäht, und ein paar neu gepflanzte Bäume. Auf der Ostseite kleine Einfamilienhäuser, eins wie das andere, dahinter ragen sagenhaft hässliche Hochhäuser in den blauen Himmel. Links wieder ein Lärmschutzwall mit der allgegenwärtigen Warntafel, und ja, schon gut, ich werde das Autobahngelände auf keinen Fall betreten. Die Hitze hat sich mittlerweile auf mich gelegt, doch zum Glück weht ein leichter Wind. Ich fahre langsamer, ich muss mir nichts beweisen, nir-gendwo ankommen, der Weg ist klar, einfach weiter. Links die Ostplatte, rechts das Wasser und ein Schild: »Ausfahrt Schöne-feld-Süd in 1500 Metern«. Die Autobahn biegt nach links, der Weg führt nach rechts. Ich sehe wieder zu den Plattenbauten.

Ich bin selbst in einem Wohnblock aufgewachsen, einer West-platte, die zwischen sechs und acht Stockwerke hat. Auf die-sem Gelände, in dem ein großer Innenhof mit zahlreichen Bäumen und eine Rodelbahn liegen, befand sich früher an der Ostseite eine Gärtnerei. Von dieser Gärtnerei waren seitlich des Areals, zwischen Zaun und Spielplatz, einige Apfel-, Pflau-men- und Marillenbäume stehen geblieben, auf denen wir im Sommer und Herbst herumkletterten und deren Früchte wir aßen. Jenseits des Zaunes lag ein verwildertes Grundstück, auf dem sich weiter hinten ein Gebäude befand, in dem Nonnen lebten. Es war eine Mutprobe höchsten Maßstabs, den Zaun zu überklettern und für einige Augenblicke auf der anderen Seite zu stehen. Es kursierten unter uns Kindern die wildesten Ge-schichten von Wachhunden und Kindern, die von den Nonnen geschnappt wurden und einen Mordsärger bekamen.

Wir waren eigentlich immer im Hof, bei Wind und Wetter. Wenn es regnete, stellten wir uns in den Hofeingängen unter und spielten Gummitwist. Waren wir nur zu zweit, öffneten wir das Gummi und banden es um eine der Säulen. War es sehr heiß, verbrannten wir mit einer Lupe auf dem Parkplatz das Unkraut, das zwischen den Steinen wuchs. Wir probierten es auch an Ameisen und Regenwürmern aus. Es funktionierte und ekelte mich. Ich liebte die heißen Tage sehr, ich war fast immer draußen, spielte mit den anderen Kindern Cowboy und Indianer, war meistens einer der Indianer und hatte eine Pis-tole, deren Munition ich bei Woolworth kaufte, hatte immer Schürfwunden an den Knien und mochte den Geruch der ers-ten dicken Regentropfen eines Gewitters. Ich unternahm für mich damals lange Fahrradfahrten zu einem Schreibwarenla-den nach Marienfelde, der die Sachen im Angebot hatte, die alle hatten oder alle wollten, und so auch ich. Einmal kaufte ich dort einen Gürtelclip-Schlüsselanhänger, den es in verschiedenen

Neonfarben gab. Ich nahm einen gelben. Den Plastikkarabiner befestigte ich an einer Gürtelschlaufe meiner Jeans, steckte das Schlüsselbund – bestehend aus Wohnungs-, Haustür- und Fahrradschlüssel – in die Hosentasche, und das gerollte gelbe Plastikband hing nun zwischen Schlaufe und Tasche und sah erwachsen und wichtig aus. Ein anderes Mal kaufte ich einen Zauberwurm, der aus einem flauschigen Material bestand und an dem ein kaum sichtbarer Nylonfaden befestigt war. Wir alle hatten einen Zauberwurm und zeigten einander damit Kunststücke. Wenn ich mich zu Hause am Nachmittag langweilte, und ich konnte mich prächtig langweilen, ging ich runter auf den großen Innenhof und traf auf andere Kinder, die sich ebenso prächtig langweilten. Rasch begannen wir etwas zu spielen. Wenn es Schnee gab, und es gab in meiner Erinnerung in jedem Winter Schnee, trafen wir uns an dem kleinen Rodelberg, der damals natürlich groß war. Ich ging erst wieder nach Hause, wenn es dunkel war und die Kälte zunahm, ich gegen einen Baum gefahren war, die Finger eisig kalt waren, meine Eltern mich zum Abendessen holten oder keiner mehr draußen war. Wenn wir Durst oder Hunger hatten, aßen wir Schnee.

An der offenen Nordseite des Hofes befand sich eine fußballfeldgroße Fläche, die verwildert war. Die Büsche und das Unkraut standen uns über die Köpfe, das Zentrum dieser Fläche bildeten mehrere Fliederbüsche, durch die wir zwei sich kreuzende Gänge gelaufen hatten. Eines Nachmittags – wir waren in einer kleinen Gruppe unterwegs – rissen wir uns Stöcke von den Büschen, entfernten die kleinen Zweige und hatten nun Waffen. Wir zogen krakeelend durch die Gänge. Das hier war unser Reich, nie betrat ein Erwachsener diese Fläche, selbst dann nicht, wenn einer von ihnen nach einem von uns suchte, weil das Abendessen auf dem Tisch stand. Der Erwachsene blieb am Rand stehen und rief den Namen des Kindes.

Nun aber, an diesem Nachmittag, war diese Verabredung hinfällig. Ein Mann saß in dem Gang, durch den wir kamen, auf einem kleinen Teppich. Er saß auf den Knien und senkte immer wieder seinen Oberkörper, sodass seine Stirn den Teppich berührte. Wir starrten ihn eine Weile an, unsicher, in welche Situation wir da geraten waren. Dann sprachen wir ihn an. Er ignorierte uns, oder bemerkte er uns überhaupt nicht? Es war sehr unheimlich. Wir verharrten viele lange Sekunden, bis wir uns leise in den Gang, aus dem wir gekommen waren, zurückzogen. Erst nach ein paar Tagen erzählte ich meinen Eltern davon, und sie erklärten mir, dass der Mann nur einen ungestörten Platz zum Beten gesucht und wohl gedacht habe, er hätte einen gefunden. Ein paar Jahre später – ich war schon erwachsen, zumindest an manchen Tagen – wurde erst die Fläche gerodet, dann kamen Bagger, dann entstand ein Gebäude.

Es wird ländlich, mit großen Wiesen, auf denen Pferde stehen, die zum angrenzenden Milchhof Mendler gehören. Der Milchhof wurde 1930 in Schöneberg gegründet. Bis zu zweitausend dieser Betriebe, die größtenteils in Mietshäusern untergebracht waren, gab es damals in Berlin. Sie hatten zur Aufgabe, die Bevölkerung mit frischen Lebensmitteln zu versorgen. Kühe und Hühner wurden in Hinterhöfen gehalten, Schweine, die mit Küchenabfällen aus den Krankenhäusern in der Nähe gemästet wurden, im Keller. 1982 musste der Milchhof Mendler als letzter Betrieb im Rahmen der Berliner Stadtsanierung an seinen heutigen Standort umziehen, bewirtschaftete nun landwirtschaftliche Nutzfläche und vergrößerte seinen Viehbestand. Da Mitte der Neunzigerjahre das Verfüttern von Küchenabfällen verboten wurde, verlegte sich Mendler auf ein weiteres finanzielles Standbein: Pensionspferdehaltung und die Vermietung von Stallflächen.

Mir fällt der weitflächige Innenhof des Wohnblocks ein, in dem meine Oma wohnte: der Schrammblock, der 1925–30 erbaut wurde. Es ist ein Block, der bereits zu dieser Zeit eine Tiefgarage und Vorgärten hatte. Die Treppenhäuser sahen mies aus, obwohl natürlich alle Treppenhäuser von Mietshäusern in den Achtzigerjahren mies aussahen. Schaute ich aus den schmal geschnittenen Doppelfenstern der Wohnung, erblickte ich einen weiträumigen Innenhof, der aus nichts anderem bestand als einer verkarsteten Rasenfläche mit einem Müllhäuschen in der Mitte. Manchmal kam ein Leierkastenmann und drehte seine Runde im Innenhof, von Haus zu Haus. Meine Oma wickelte dann ein paar Groschen in Aluminiumpapier und meine Schwester oder ich durften das Geld zu ihm hinunterwerfen. Ich habe nie ein Kind in diesem Innenhof gesehen. Mit dem Namen Schrammblock wurde der Bauer Otto Schramm geehrt, der auf der Fläche des heutigen Volksparks Wilmersdorf eine Badeanstalt, das Seebad Wilmersdorf, sowie das Tanzlokal »Schramms Tanzpalast« bewirtschaftete. Schramm war einer der Bauern, die ihr Land, das sich in der zweiten Hälfte des 19. Jahrhunderts plötzlich in der Randlage des schnell wachsenden Berlins befand, für enorm viel Geld an Investoren verkauften. Diese Bauern wurden deshalb »Millionenbauern« genannt. Einer davon war Georg Blisse, nach dem die heutige Blissestraße benannt wurde.

Meine Oma lebte allein und sah viel aus dem Fenster auf die Straße, und manchmal vertrieb sie sich die Zeit damit, die Nummernschilder der Autos zu notieren, die durch ihre Straße fuhren. Sie war schwerhörig und ihr Fernseher dröhnte bis zu den Nachbarn, die sich irgendwann beschwerten. Mein Vater kaufte ihr Kopfhörer mit einem langen Kabel, das mich mächtig beeindruckte. Manche der älteren Kinder, die ich kannte, hatten bereits einen eigenen Walkman, doch die Kabel, die zu den Kopfhörern reichten, waren kurz. Die meiner Oma hätten jeden Vergleich gewonnen. Manchmal waren meine Schwester und ich für ein paar Stunden allein bei ihr und dann kochte sie Buchstabensuppe. Wir saßen am Küchentisch, von dem meine Oma die Decke abgenommen und der eine Resopal-Oberfläche hatte, suchten in der Suppe nach den passenden Buchstaben und legten Wörter am Rand der Suppenteller. Sie brühte sich manchmal Kaffee auf und vergaß ihn dann. Wenn sie ihn wiederentdeckte und einen Schluck davon nahm, sagte sie: »Kalter Kaffee macht schön!« Es ist ein Satz, den ich jedes Mal denke, wenn mir das gleiche passiert. Irgendwann verließ meine Oma ihre Wohnung nicht mehr. An jedem 24. Dezember gab es eine feste Tagesordnung: Wir besuchten sie am Vormittag und am Nachmittag kam mein Opa mit seiner Freundin zu uns. Als meine Oma im hohen Alter selbst mit Hilfe der Nachbarin, die in einem ähnlichen Alter war, nicht mehr zurechtkam, fanden meine Eltern für sie einen Platz in einem Altenheim in der Nähe unserer Wohnung. Wenn ich sie besuchte, schob ich sie in ihrem Rollstuhl durch den Garten. Ich setzte mich auf eine Bank, richtete den Rollstuhl so aus, dass wir uns sehen konnten, und erzählte ihr von meinem Alltag. Da ich mitten in der Pubertät war, müssen es interessante Geschichten gewesen sein. Sie reagierte fast nie auf das, was ich sagte, und ich wusste, ich konnte ihr alles Mögliche erzählen, niemand anderes würde es je erfahren. Ich erkannte an ihrer Mimik, dass es nicht wichtig war, was ich sagte. Es war, so hoffte ich, gut, dass ich da war und dass ich überhaupt mit ihr sprach.

Ich fahre ein Stück weiter, der Landschaftspark Rudow-Altglienicke schließt sich nahtlos an. Mein Blick geht in die Weite. Es ist irritierend, bin ich doch gerade noch kilometerlang neben der A 113 hergefahren und habe mich vergeblich bemüht, das Rauschen der Autos für das von Brandungswellen zu halten. Nun sehe ich eine Streuobstwiese, einen kleinen Tümpel, schief gewachsene Weiden und Schilf. Von einer breiten terrassierten Böschung aus, den Blick nach Westen gerichtet, kann man sicherlich gut beobachten, wie nach einem mit Hitze aufgeladenen Tag die Sonne niedergeht. Auf einem Schild steht, dass im Sommerhalbjahr eine Beweidung mit Wasserbüffeln stattfindet, doch ich sehe weit und breit keinen seiner Art, vielleicht auch wegen Corona, wer weiß. Ich halte an einem Imbiss, vor dem seitlich am Weg ein großes gelbes Schild steht: »Endlich wieder Erdbeerbowle!« In dem kleinen Vorgarten hängt über der gesperrten Bierbank, an der zwei Männer sitzen und Bier trinken, und ihre Gesichter sehen aus, als würden sie wenig anderes tun, das Schild: »Freibier gab's gestern«. Ein Langnese-Mülleimer, dessen Farben ausgeblichen sind, steht neben dem Eingang. Ich nicke den Männern zu, sie nicken zurück. Ich wische mir den Schweiß von der Stirn und setze die Maske auf.

»Das brauchen Sie nicht. Nur, wenn Sie sich so besser fühlen«, sagt die Frau, die hier bedient.

Ich setze die Maske wieder ab.

»Currywurst oder Bowle?«, fragt sie.

Ich lache und bestelle eine Cola. Neben der Durchreiche, über der ein Plastikschutz hängt, steht seitlich ein Hertha-BSC-Maskottchen, auf dem steht ein Maskottchen von Union Berlin mit einem roten Knüppel in der Hand. Ich nehme die Cola und frage die Frau: »Und für wen sind Sie jetzt? Hertha oder Union?«

Die Frau winkt ab. »Das ist mir egal. Immer für den, der besser ist. Und Sie?«

Ich stelle die Flasche auf den Tresen und sehe sie ernst an: »Werder Bremen«

»Aua!«, sagt sie. »Das schaffen die nicht mehr!«

»Doch, doch, und in der nächsten Saison spielen sie oben mit, werden Sie sehen!«

Die Frau sieht mich derart belustigt an, dass es fast an Hohn grenzt.

»Doch, doch!«, sage ich noch mal und glaube es selbst nicht.

Ein Pärchen um die vierzig in voller Fahrradmontur, als würden sie an einem Radrennen teilnehmen, sitzt ein Stück entfernt auf einer Bierbank, beide rauchen eine Zigarette.

Im Stehen trinke ich die Cola und setze mich wieder aufs Rad. Ich kreuze die Waltersdorfer Chaussee und sehe das Ortsschild, auf dem Berlin durchgestrichen ist. Ein paar Minuten weiter nach Süden und ich könnte den Flughafen sehen, über den ich keine Witze erzählen werde. Der Mauerweg ist hier schmal. Drei junge Mütter, die nebeneinander laufen und Kinderwagen schieben, kommen mir entgegen. Ich steige ab und schiebe das Fahrrad ein Stück.

»Ich kann langsam nicht mehr. Bernd kommt abends nach Hause und ich habe den ganzen Tag die Kleine.«

»Schläft sie jetzt durch?«, fragt eine andere.

»Ha«, ruft die Frau und lacht ein schrilles, überdrehtes Lachen. »Schön wär's. Drei oder vier Mal wacht sie auf. Und tagsüber schlafe ich, wenn sie auch schläft.«

Die dritte richtet den kleinen Sonnenschirm, der an der Seite des Wagens angebracht ist, anders aus.

»Jonas schläft durch«, sagt die zweite, und ich denke daran, dass ich über Jahre solche oder ähnliche Gespräche auf der Straße und auf Spielplätzen geführt habe und froh darüber bin, das hinter mir zu haben. Auf dem Weg liegen Pferdeäpfel. Rechts taucht ein Birkenwäldchen auf, das aussieht wie ein kleiner, überschaubarer Märchenwald, in dessen Mitte ein Klettergerüst steht. Noch immer den Kopf nach rechts gedreht, bemerke ich vor mir eine Bewegung und mache eine Vollbremsung. Eine schwarze Katze schießt über die Straße und verschwindet zwischen den Birken. Ein Mädchen mit einem kräftigen weißen Hund, der ihre Schulterhöhe hat, kommt mir entgegen. Einige Minuten später sehe ich wieder die Farben von Hertha BSC an einer Laterne und auf einem Stromkasten, als wolle man hier deutlich machen, in welchem Land man sich befindet, ein wenig wie das Markierungsverhalten von Hunden. Ich fahre an der »Kolonie an der Kleinbahn« vorbei, ein gepflegter Kleingarten reiht sich an den nächsten. Vor dem Vereinshaus steht zentral auf dem kleinen Festplatz ein Fahnenmast, der mal weiß gestrichen war und nun verrostet den Jahreszeiten trotzt. Neben dem Eingang zum Festplatz steht eine alte Litfaßsäule, vielleicht ist sie dort vergessen worden. Wie gut es doch ist, denke ich, wenn hin und wieder vergessen wird, etwas abzubauen, oder es einfach freundlich übersehen wird.

Ich kreuze die Waßmannsdorfer Chaussee. An der Ecke steht eine grauhaarige Frau, die mit einem langen blauen Schlauch, der aus ihrem Garten führt, die Platanen an der Straße wässert. Ich frage sie, ob ich meine Wasserflasche bei ihr auffüllen dürfe.

»Natürlich, junger Mann!«, sagt sie. Ihre Hände zittern. Es geht fast alles daneben.

»Machen Sie das bitte!« Sie drückt mir den Schlauch in die Hände. »Na ja, das Alter. Werden Sie mal so alt wie ich.«

Ich sage ihr, dass es gut sei, dass sie die Bäume gieße.

»Na, sehen Sie mal!«

Sie dreht sich um und zeigt auf das Haus hinter sich.

»Da wohne ich. Die Bäume sehe ich jeden Tag. Denen soll es gut gehen. Und Bäume«, sie zeigt auf den Schlauch, »die treffe ich noch!«

Ich notiere nichts, absolut gar nichts. Stattdessen benutze ich die Sprachaufzeichnung meines Smartphones und spreche, während ich fahre. Ich habe zwar ein leeres Notizbuch eingepackt, dann aber schnell festgestellt, dass ich eine Ewigkeit brauchen würde, wenn ich jedes Mal anhielte, um einen Einfall zu notieren. Ich halte das Handy vor meinen Mund und sage zum Beispiel: »In dem Wohngebiet sehen die Häuser aus wie … Weiß ich auch nicht, keine Ahnung, wie … Mmh, andererseits ganz schön, andererseits sehen die aus, als wäre … Nee Blödsinn, das ist Neid, das gefällt mir ziemlich gut hier, ich will hier wohnen, Geflügelsteig Ecke Putenweg, irgend so was, gefällt mir gut, irgendwo hängt hier hinter mir eine Deutschlandfahne, die müsste man natürlich runterholen, ansonsten ja.« Nach den ersten zwei Tagen meiner kleinen Reise habe ich 650 dieser Sprachnotizen und höre mich, während ich sie abtippe, stundenlang selber, schnaufend, fluchend, den Fahrtwind mal im Vorder-, mal im Hintergrund, mal Kinderlachen von irgendwoher, mal Gerede von irgendwem, manchmal bin ich unverständlich, inhaltlich oder akustisch. Und ziemlich schnell stelle ich auch fest, dass es nicht meine Sache ist, mich stundenlang selbst zu hören.

Wieder sehe ich einen in den Farben von Hertha BSC angestrichenen Altkleidercontainer. Und wieder ein Birkenwäldchen, das noch ziemlich jung aussieht. Vielleicht wurden all diese schmalen Birken gepflanzt, als der Berliner Senat sich des Mauerweges endlich annahm und ihn zwischen 2002 und 2006 ausbauen ließ. Birken wachsen schnell, ihre Wurzeln sind flach und liegen eng beieinander, sodass sie schnell und viel Regenwasser aufnehmen können. Bereits 1991 haben erst Aktivisten, wie man damals Menschen nannte, die etwas verändern wollten und es oft auch taten, des Allgemeinen Deutschen Fahrrad-Clubs Teile des heutigen Mauerwegs mit Fahrrad-Piktogrammen bemalt. Seit 2001 veranstalteten Michael Cramer und andere Mitglieder des Berliner Bündnis 90/Die Grünen sogenannte Mauerstreifzüge, geführte Fahrradtouren auf dem grünen Gürtel. Daraus entstand der Berliner Mauerweg. Während ich so vor mich hinfahre, denke ich, wie gut es ist, dass es diesen Weg gibt, und spüre eine Dankbarkeit dafür, die mir ein wenig überzogen vorkommt, den Kern der Sache jedoch trifft. Vor dreißig Jahren haben sich Menschen dafür engagiert, dass ich nun an vier Tagen – so hoffe ich immerhin – um die Stadt fahren kann, in der ich geboren wurde und aufgewachsen bin. Ich bin hin und wieder verblüfft und auf das Angenehmste verwundert, während ich diesen Weg entlangfahre, der eigentlich eine Naturschneise ist, während ich mich gedanklich immer wieder vergewissere, dass ich noch immer in Berlin bin, zwar ganz außen, am Rand, immer an der Grenze zu Brandenburg, aber doch noch in dieser Stadt, in deren Zentrum ich wohne.

An den Stellen, an denen Menschen versucht haben, die Mauer zu überwinden und tödlich scheiterten, stehen Stelen, an denen auf Tafeln kurze Biografien und die Fluchtversuche rekonstruiert sind. Es ist merkwürdig, immer wieder eine dieser Stelen zu passieren, die eine der traurigen Konstanten des Mauerwegs sind. Hier in der Nähe des Flughafens Schönefeld steht eine Stele für Christel Wehage und Eckhard Wehage. Eckhard Wehage scheiterte mit sechzehn Jahren – drei Jahre nach dem Bau der Mauer – zum ersten Mal mit einem Fluchtversuch und bekam acht Monate Haft auf Bewährung. Ein paar Jahre später, er hatte sich auf zehn Jahre als Bausoldat verpflichtet und war in Stralsund stationiert, lernte er seine Frau Christel kennen, die im Harz als Psychologin arbeitete. Über Jahre bemühten sich beide um einen gemeinsamen Lebens- und Arbeitsort. Dann beschlossen sie, aus der DDR zu flüchten. Am 10. März 1970 bestiegen die beiden ein Linienflugzeug von

Schönefeld nach Leipzig und forderten kurz nach dem Start mit vorgehaltener Pistole die Besatzung auf, nach Hannover zu fliegen. Sie gaben einen Schuss auf das Türschloss ab, doch hinter dieser Tür befand sich nicht das Cockpit, sondern eine weitere Tür, die sich nicht öffnen ließ. Eine Stewardess überredete die beiden zu einer Landung auf dem West-Berliner Flughafen Tempelhof, doch die Maschine drehte Richtung Schönefeld ab. Als Christel und Eckhard Wehage begriffen, dass ihre Flucht nicht gelingen würde, erschossen sie sich noch im Flugzeug mit der Pistole.

Es sind Geschichten, die an Agententhriller erinnern. Zugleich sind es traurige Geschichten von waghalsigen Versuchen und halsbrecherischen Unternehmungen, um der DDR den Rücken kehren zu können, in der Hoffnung, in West-Berlin oder West-Deutschland oder wo auch immer ein besseres Leben zu finden. Immer wieder wird mir auf meiner Fahrt um das ehemalige West-Berlin sehr deutlich, dass ich mich auf einer ehemaligen Grenze bewege, die eine der bestgesichertsten und tödlichsten der Welt war.

Von Gropiusstadt nach Teltow

Links ist Brandenburg. Der Blick geht durch zwei Baumrei-
hen über Felder in die Ferne und sucht den Horizont. Rechts
ist Berlin, Asphalt und Beton und Stadtbäume und zu wenige
Menschen, die sie gießen. Links Brandenburg, rechts Berlin,
links Felder, rechts Stadt. Links steht, ein paar hundert Meter
entfernt, der SkyPoint, der tatsächlich so heißt. Es ist ein mit
Gras bewachsener Hügel, der aus 4,5 Millionen Tonnen West-
Berliner Hausmüll besteht, der Anfang der Siebzigerjahre über
einen speziellen Grenzübergang nach Großziethen gebracht
wurde. Ich sehe zwei Gestalten, die den Hügel hinauflaufen,
und oben angekommen auf der platten Kuppe, es scheint dort
sehr windig zu sein, strecken sie, voneinander Abstand haltend, ihre Arme seitlich aus und bleiben eine Weile so stehen.

Ein halbes Jahr später werde ich auf den SkyPoint steigen,
weil mich der Anblick nicht losgelassen hat. Die Sicht ist gut
und der Blick geht weit über die Stadt, da ist der Fernsehturm,
da ist die weiße Kuppel des Radarturms auf dem Tempelhofer Feld, weiter links müsste irgendwo der Bierpinsel sein. Ich
entdecke ihn nicht, vielleicht ist er auch nicht hoch genug. Der
Bierpinsel war so etwas wie das geheime Wahrzeichen West-
Berlins, zumindest im Süden, mindestens in Steglitz, auf jeden
Fall in der Schloßstraße. Ganz sicher ist er noch immer eines
der merkwürdigsten Bauwerke der Stadt. 1976 als »Turm-
restaurant Steglitz« eröffnet, was auch sicherlich kein allzu
attraktiver Name war, verpasste der Volksmund diesem neuen
Wesen den Berolinismus »Bierpinsel«, weil er wohl ein bisschen aussieht wie ein Rasierpinsel. Eigentlich, finde ich, und
ich komme oft an ihm vorbei, sieht er aus wie ein Baum, ein

mittlerweile rot angestrichener Baum. Doch ist er nur ein 47 Meter hoher Turm, auf den ein mehreckiger, vier Stockwerke hoher Bau gesetzt wurde, seitlich verläuft ein offenes Treppenhaus. In dem Turm befindet sich ein Fahrstuhl. Der Bierpinsel ist direkt an eine Brücke gebaut worden, die über die Schloßstraße, eine Einkaufsstraße, führt. Kurz nach der Fertigstellung stand das Gebäude erst mal leer, dann wechselten in fröhlicher Regelmäßigkeit die Restaurants, Bars und Diskotheken. Heute steht der Bierpinsel wieder leer. Er gehört zu den Landmarken von Steglitz. Sollten Sie sich also irgendwann mit Ihrem Luftschiff oder Ihrer Cessna verflogen haben und am Horizont etwas sehr Absurdes sehen, wissen Sie, wo Sie sind.

Mein Blick geht weiter über die Stadt, da sind die Antennenkuppeln auf dem Teufelsberg, und je länger ich hier oben stehe, desto großartiger erscheint mir dieser Ort. Ich bin nun seit meiner Entdeckung dieses Hügels einige Male hier gewesen, auch bei Regen, auch bei Wind, habe die Kinder hochgescheucht, habe in die Sonne geschaut, habe den Hügel umrundet, bin an ihm mit dem Fahrrad vorbeigefahren, weiter Richtung Süden. Ich sah die weidenden Rinder und den Raps zwischen dem Hügel und Gropiusstadt wachsen, den Raps irgendwann blühen und die Rinder nicht. 1987 entstand zur 750-Jahr-Feier Berlins ein Lied, durch das ich Gropiusstadt kennenlernte, zumindest vom Namen her. Die Musiker U.W.A. Heyder und Rainer Konstantin sampelten Originaltöne von John F. Kennedy, Willy Brandt, Ernst Reuter und Walter Ulbricht zu einem eingängigen Beat mit eingängiger Melodie. Den Refrain

Berlin Berlin, hey
Dein Herz kennt keine Mauern!
Berlin Berlin, hey
Du bist kein Tabu!

Berlin Berlin, hey
Es gibt nichts zu bedauern!
Berlin Berlin, hey
Bei einem Rendezvous!

sang der Kinderchor »Die Gropiuslerchen«. Das »Hey« am Ende jeder zweiten Zeile wurde nicht gesungen, es wurde gerufen, geschmettert. Hey, Berlin, da biste und wir auch, gar nicht schlecht, hey, kann man nicht meckern, hey, alles irgendwie gut hier, hey. Jeder in West-Berlin kannte dieses Lied, es lief im Radio hoch und runter. Die Gropiuslerchen, natürlich, kamen aus Gropiusstadt. Beim Anblick dieser Häuser, die steil hinaufragen, kann ich mir nur allzu gut vorstellen, dass jemand, der dort wohnt, schon aus Notwehr eine schöne Stimme haben muss. Die Gebäude, und mit ihnen die gesamte Großraumsiedlung, sehen grob aus, brutal, Plattenbau, alles eng an eng wie aus der sozialen Klischeekiste. Es ließe sich das Bonmot des Dramatikers Heiner Müller anwenden: »Fickzellen mit Fernheizung«. Außerdem kenne ich die Gropiusstadt aus dem Buch »Wir Kinder vom Bahnhof Zoo« als Wohnort von Christiane F. Da in West-Berlin der Wohnraum knapp war, beauftragte der Berliner Senat Walter Gropius 1959 mit der Planung und Entwicklung einer Satellitenstadt. 16 400 Wohnungen in höchstens fünfstöckigen Gebäuden, weiträumige Erholungs- und Grünflächen und Platz für den Einzelhandel waren zwischen den Gebäuden geplant. Als 1961 die Mauer erbaut wurde, spitzte sich die Wohnraumnot in West-Berlin weiter zu und so entschied sich der Senat für eine raumdeckende Bebauung des Stadtteils. Ausführender war der deutsche Architekt Wils Ebert, auf dessen Entscheidungen Gropius, der in den USA lebte, nur noch wenig Einfluss nehmen konnte. Nunmehr wurden 19 000 Wohnungen gebaut. Der höchste Gebäudekomplex, das sogenannte

»Ideal-Haus«, wurde dreißig Etagen hoch statt der von Gropius geplanten fünf Stockwerke. Es ist mit knappen neunzig Metern noch immer eines der höchsten Wohnhäuser Deutschlands. Es muss äußerst merkwürdig gewesen sein, bis 1989 in einer dieser Wohnungen gewohnt zu haben, mit dem stetigen Blick auf den Todesstreifen. Kurz nach dem Aufstehen, noch vor dem ersten Kaffee oder zwischen zwei Brötchen, explodiert auf dem Todesstreifen ein Kaninchen, das eine der zahlreichen Tretmienen berührt hat.

Linkerhand, zwischen den Ausläufern von Gropiusstadt, durch die ich nun fahre, befindet sich eine baumlose, nach dem Mauerfall aus dem Boden gestampfte Siedlung. So wie in Leo Tolstois Roman »Anna Karenina« alle glücklichen Familien einander gleichen, gleicht hier ein glückliches Haus dem anderen. Jede Familie blickt auf von Gras überwachsene 4,5 Millionen Tonnen West-Berliner Hausmüll. Die Siedlung sieht künstlich aus, umgeben von Karst, wie eine vom Himmel gefallene Ferienanlage, irgendwo im Süden, an irgendeiner Riviera, ein Aufenthalt für eine Woche, gewonnen im Internet, Verpflegung 500 Euro extra, außerhalb der Anlage ist alles feindlich, die Sprache anders, der Bus fährt ein Mal am Tag, drei Getränke-Bons gratis. Ein Stück weiter weht auf einem Eckgrundstück an der Ringslebenstraße eine Deutschlandfahne, deren Farben ausgeblichen sind und die nunmehr das Gegenteil von dem mitteilt, was sie wohl eigentlich mitteilen soll. Wieder entdecke ich einen Hertha-BSC-Aufkleber an einem Laternenmast, wieder ein Stromkasten mit »HBSC«. Noch nie habe ich so viel Fußballbegeisterung gesehen. Oder ist die ganze Stadt damit voll und ich merke es nur nicht, und hier, wo ich mich nun bemühe, mit allen Sinnen wahrzunehmen, offen zu sein, durchlässig, alles an mich heranzulassen, und in diesem Fall auch Hertha BSC, vielleicht bemerke ich es erst jetzt? Als Werder

In Rudow, kurz vor Gropiusstadt

Bremen-Fan ist das gar nicht so einfach. Hier, im Süden Berlins, wo der Landkreis Dahme-Spreewald beginnt, unweit der Türme der Gropiusstadt, braucht man eben Hertha BSC, man braucht griechisch anmutende Hauseingänge oder Haciendas, oder was man dafür hält, in Kleinformat. Dann wieder eine Deutschlandfahne, diesmal in klaren Farben. Rechts, nachdem ich den Buckower Damm gekreuzt habe, ein Feld. Am Rand des Mauerwegs liegen von Kindern bemalte Steine über eine Strecke von dreißig Metern, auf einem steht »Bleibt gesund!« Ein am Ende der Strecke errichtetes Schild bittet darum, die Steine liegen zu lassen, und wer will – auch Erwachsene dürfen –, kann einen Stein bemalen und ihn dazulegen.

Mir kommen Jogger in Sportmontur entgegen. Eigentlich müsste es genügen, sich Schuhe und Kleidung anzuziehen und loszulaufen, doch diese Männer hier haben sich Gurte angelegt, die auf einem Abstand von zehn Metern wie Patronengurte aussehen, in denen Fitnessriegel und kleine Flaschen stecken. Sie bewegen sich in einem Tempo, in dem man auch spazieren gehen könnte, und in ihren Gesichtern und an ihren Körpern zeichnet sich ab, womit sie sonst ihr Leben verbringen, und dazu gehört nur selten eine solche Tätigkeit. Es ist absurd, das kleine bisschen Sport mit der großen Ironman-Ausrüstung zu wollen. Als stünde ein Kassierer in einem Smoking hinter der Kasse. Aber ich bin ebenso ein Stümper, einer, der in Jeans und Turnschuhen bei über 30 Grad Celsius eine Tagesfahrradtour in der Sonne macht. Ich fahre über eine Sand- und Schotterpiste und hinterlasse eine Wolke aus Staub, die sich nur langsam legt. Rechterhand öffnet sich eine große Wiese, mitten auf dieser Wiese steht ein nackter Mann und macht eine Yoga-Übung. Ich muss an den Elternabend denken, bei dem jemand vorschlug, mit den Kindern im Sportunterricht Yoga zu machen. Die Klassenlehrerin stellte die Idee zur Diskussion. Ein

Vater meldete sich zu Wort und sagte nur den Satz: »Mein Kind macht kein Yoga«, und das Thema war beendet.

Weiter nach Süden, den Töpchiner Weg entlang. Da ist die Kammbergstraße und da ist die Bushaltestelle, die Kammbergstraße heißt. Eine Gruppe Mädchen kommt mir entgegen, eine von ihnen trägt ein T-Shirt, auf dem eine Fratze abgebildet ist, darunter steht »my morning face«. Was macht man hier als Jugendliche? Hier ist alles glatt, hier ist gar nichts. Hier kann man zugucken, was die anderen machen, die einem dabei zugucken, was man selbst macht. So bildet man Kreise. Da ist ein Aldi, ein Rewe, da trifft man sich beim Einkaufen. Die Sonne ist für alle da, auch der Himmel, die Straßen nur denen, die dran wohnen, der Garten gehört einem selbst. Ich werde angeglotzt, und werde ich angeglotzt, sage ich laut und deutlich, es ist ein Reflex: »Guten Tag!«, was das Gegenüber derart verunsichert, dass es meistens schnell weg oder zu Boden blickt. An einer Straßenecke stehen ein Zigarettenautomat, der seine beste Zeit hinter sich hat, und ein Kaugummiautomat, dessen Inhalt ein Eigenleben entwickelt hat. Sind draußen über 30 Grad, ist im Kaugummiautomaten Party. Auf der Straße kommt mir ein Junge entgegen, vielleicht vierzehn oder fünfzehn Jahre alt. Er trägt eine lange weiße Jeans, ein orangefarbenes Oberteil, eine Biker-Sonnenbrille, seine Haare sind zur Seite gegelt. In seinen Ohren stecken Air-Pods, die aussehen wie abgebrochene Zahnbürsten. Ein Schleimbolzen aus dem Bilderbuch, einer der vielleicht später in Immobilien macht, Kommanditgesellschaften in Gesellschaften mit beschränkter Haftung umwandelt, oder vielleicht auch nur traurig in seiner Eigentumswohnung sitzt, die er zur Volljährigkeit bekommen hat, und nicht weiß, woher die Leere in seinem Leben kommt, falls er überhaupt bemerkt, dass es Leere ist. Bei diesen Gedanken halte ich sofort an. Ich bin unterzuckert und gereizt. Verachte ich deshalb einen Jugendlichen, dessen einzige Möglichkeit, seine schluffigen Eltern zu provozieren, vielleicht darin besteht, akkurate Kleidung zu tragen?

Ich esse einen Schokoriegel, fahre weiter und merke irgendwann, dass ich vom Weg abgekommen bin. Ich hatte mir eine Fahrradkarte von Berlin gekauft, sie auf dem Wohnzimmertisch ausgebreitet und mit einem dicken Edding den Mauerweg markiert. Allerdings ist die Karte, wie ich nun bemerke, fünf Jahre alt und das eine und andere hat sich verändert. Ich halte vor einem staubigen fußballfeldgroßen Platz, auf dem Wege verlaufen, die von alten Autoreifen begrenzt sind. Verkehrszeichen wie in einem Verkehrskindergarten geben die Regeln vor. Sechs Kinder fahren auf Quads, vierrädrigen Motorrädern mit dicken Ballonreifen, auf der Strecke. Sie tragen Motorradhelme, sind konzentriert und begeistert, und es wird vielleicht das Beste gewesen sein, was sie, seit Corona in der Welt ist, gemacht haben.

Ich wohne in Kreuzberg und bewege mich in meinem Alltag in den Vierteln, in denen die Berliner Traufhöhe – die Höhe der Dachrinne – von 22 Metern eingehalten wird, die im Rahmen des 1862 entstandenen Hobrecht-Plans beschlossen wurde, der die Bebauung der Stadt regelte. Auch die Mindestbreite der Straßen wurde auf 22 Meter begrenzt. Es sollte verhindert werden, dass bei Hausbränden das Feuer auf die gegenüberliegende Seite greifen konnte oder Häuser auf der anderen Seite beschädigt werden. Im heutigen Berlin stehen ungefähr 370 000 Gebäude und davon sind nur 0,35 Prozent höher als 22 Meter. Jedes Mal bin ich irritiert, wenn ich mich länger in Vierteln bewege, in denen es ein- oder zweigeschossige Häuser gibt. Durch so ein Viertel fahre ich nun seit einer halben Stunde und ich denke, der Alltag derer, die hier leben, hat allein durch die äußere Erscheinung der Umgebung relativ wenig mit dem zu tun, was ich in meinem Alltag wahrnehme. Wo ich Party-gänger sehe, Lieferfahrzeuge und das stetige Brummen einer Großstadt höre, erkennt man hier die Jahreszeiten allein an den unterschiedlichen Klängen der Vögel, man sieht Eichhörnchen und Spuren von Wildschweinen, die nachts in die Vororte kommen, und bemerkt Frau F. von nebenan, die zum Einkaufen geht und eine Stunde später zurückkommt.

Ich verlasse das Wohngebiet, finde den ausgeschilderten Mauerweg wieder und fahre nun an Lichtenrade vorbei. Es ist windig, die Blätter des dichten Laubwalds rauschen, links ist wieder Brandenburg und zwischen den Zweigen großer Robinien leuchten die Felder in der Sonne. Auf einem Mülleimer steht »Hertha BSC, Sektion Ultra«. Einer der Ultras macht also Spaziergänge oder Fahrradtouren im Grünen. Der Weg wird dunkler. Hohe, alte Bäume umfassen ihn, Brennnesseln wachsen am Wegesrand, eine Menge Insekten fliegen mir ins Gesicht, sodass ich langsamer fahre. Auf diesem Waldweg treffe ich einen Typen mit Antifa-T-Shirt, der einen Mann in einem Rollstuhl schiebt. Der Mann im Rollstuhl hat verrenkte Glieder und er hält seinen Kopf so schräg, dass er fast auf seiner rechten Schulter liegt. Ich spreche den Typen an. Er bleibt stehen und wischt sich den Schweiß von der Stirn. Er würde hier in der Nähe in einer Pflegeeinrichtung arbeiten und sein Job sei es, mit Jochen spazieren zu gehen, bei Wind und Wetter, einmal am Tag raus. Jochen würde viel schreien, und wenn er ihn hier im Wald spazieren fahre, sei Jochen ganz still, und das täte ihm gut.

»Stell dir mal vor«, sagt der Typ, »du brüllst ein paar Stunden am Tag, das macht dich doch völlig fertig!«

»Ich finde fünfzehn Sekunden schon anstrengend«, sage ich.

»Na eben, sag ich doch«, sagt der Typ.

Er würde jeden Tag denselben Weg laufen. Den kenne auch Jochen schon in- und auswendig. Der Typ lacht. Ob das tatsächlich so sei, in- und auswendig, wisse er gar nicht, könne er gar nicht wissen, weil Jochen weder sprechen noch schreiben könne, aber er gehe fest davon aus.

»Die Übertragung ist anders, es funktioniert alles ganz anders bei ihm, aber es kommt an, irgendwie. Alles, was man macht, kommt an!«

Ich fahre weiter und sehe ein paar Minuten später ein Pärchen: Eine hochschwangere Frau in einem weißen Hochzeitskleid und ihr kurzgeschorener, hellhäutiger, Karohemd tragender Freund lassen sich von einer Fotografin porträtieren. Bilder für die Ewigkeit, im Hintergrund eine eingezäunte Streuobstwiese. Noch weiter hinten rauscht die Bundesstraße. Ich rufe: »Alles Gute!« Sie bedanken sich, ohne den Blick von dem Objektiv zu wenden. Nachdem ich eine Weile durch sehr dichten Laub- und Nadelwald gefahren bin und nur wenig Sonnenlicht durch die Zweige brach, steht plötzlich – mitten im Wald – ein weißer Kühlschrank. Ich halte kurz an und fotografiere ihn. Dann wieder weiter, immer weiter, immer dem Weg nach. Mir ist viel zu warm, ich habe keine Lust mehr und denke darüber nach, wie ich am besten wieder nach Hause komme und ob ich auch den morgigen Tag, den ich für meine Reise geplant hatte, in die Luft schießen sollte. Ich grübele viel zu lange, während ich auf die Risse im Asphalt achte, über die das Fahrrad rollt. Insektenwolken stehen in der Luft, ich fahre mit geschlossenen Augen hindurch. Ich überlege, ob ich zur nächsten S-Bahn-Station fahren soll. Oder lieber doch nicht und einfach weiter und später ein Hotel oder eine Pension nehmen – in Berlin oder am Rand, was mir irgendwie verwegen vorkommt. Noch nie habe ich am Rand von Berlin die Nacht in einer Pension oder einem Hotel verbracht, warum auch? Ich kreuze den Kirchhainer Damm, der gleichzeitig die B 96 ist, jene Bundesstraße, die von Zittau in Sachsen bis nach Sassnitz auf Rügen führt. Ich fahre durch eine Gegend, in der die Straßen mit Katzenkopfsteinen gepflastert sind. Große Linden – ein Drittel aller Straßenbäume in Berlin sind Linden – stehen an den Straßen. Ich rieche ihren sanften, leicht süßen Duft. Die Häuser hier sind älter als alle, die ich bisher auf meinem Weg gesehen habe. In den Gärten ist nur das Nötigste gemacht, ein schönes Wachsen und Wachsenlassen. Hier scheint niemand zu leben, der sich mit der Gestaltung seines Gartens verwirklichen muss. Die Gegend erinnert mich ein wenig an die, in der ich aufgewachsen bin, eine Westplatte, auf einer Seite von Einfamilienhäusern umgeben. Ich überlege, was wir dort als Jugendliche gemacht haben, wenn wir nicht gerade unterwegs in einen anderen Bezirk waren.

Es gab eine Kneipe, eine einzige, in der wir uns trafen, die gleichzeitig auch Treffpunkt von Rockern und Motorradfahrern war. Es gab zwar auch ein paar Restaurants, in die wir jedoch nicht gingen, weil dort die Erwachsenen waren. Außerdem schleuderten wir unser Geld nicht für Essen raus. Die Rocker waren irgendwas zwischen uns und den Erwachsenen und irgendwie anders, verkleidete Erwachsene eben, anders als die Eltern und ein bisschen auch genau das Gegenteil von ihnen. In der Kneipe lief laute Rockmusik, man bekam Bier für wenig Geld und blöde Sprüche für lau. Die Tischplatten hatten, so sahen sie zumindest aus, bereits jahrzehntelang Biergläser und Ellenbögen getragen und hielten weiter stand. Unsere Partys fanden im Stadtpark statt, im Gemeindepark, auf Wiesen, auf Bänken, auf Tischtennisplatten, in Kellern von Kirchengemeinden. Ich denke an die Jugendlichen, denen nun durch Corona und die Kontaktbeschränkungen jeglicher eigener Raum fehlt. Es verwundert nicht, dass sich an den Wochenenden Hunderte, und manchmal ein paar Tausende von ihnen in den Berliner Parks treffen und feiern, was zu feiern ist.

Von der Petkusser Straße aus passiere ich die Gleise der S-Bahn. Die nächste Station mit der Bahn Richtung Brandenburg wäre Mahlow, ein Ort, in dem ich noch nie war. Ich biege in eine Straße ab, die nach einigen Metern zur Mozartstraße wird und die mit ihren hohen alten, die Straße verdunkelnden Bäumen, ihrer nicht leicht befahrbaren Straßendecke und den still und etwas düster danebenstehenden Familienhäusern, die schon einiges erlebt haben dürften, eigentlich eher aussieht wie eine kleine komprimierte Schostakowitsch-Allee. Aber Mozart, natürlich, Mozart muss sein. In jedem südlichen Vorortbezirk muss es eine Mozartstraße geben. Das ist gut für die Laune und die innere Beschwingtheit, und da beginnt auch schon die Beethovenstraße. Beethoven muss auch sein, der Geniale, alles Übertrumpfende, von allen Verehrte. Überhaupt muss es ein Komponistenviertel geben. Auf einem großen Grundstück wurde vor dem Haus ein Teich angelegt, über den eine weiße Holzbrücke führt. Auf der Brücke sitzen Stan Laurel und Oliver Hardy als Holzfiguren. In der Einfahrt parkt – passend zur Farbe der Brücke – ein weißer Hummer, jener Geländewagen, der aussieht, wie für Menschen mit sozialer Störung gemacht. Damit könnte man direkt in den Edeka reinfahren, eine Blendgranate werfen und mit dem Einkauf der Woche wieder abhauen. Auf einem Schild steht das Wort »Waldblick«, aber ich fahre nicht dorthin, obwohl es mich anzieht. Es könnte ein hübsches Dorf sein, mit – na klar – Blick auf den Wald. Doch ein eiliger Blick auf meine mit dem dicken Edding markierte Karte offenbart, dass es sich um den nördlichsten Teil von Mahlow handelt, das südlich meiner Strecke liegt. Ich halte mich weiter Richtung Westen.

Überall, wo es Spuren der DDR gibt, und sie gibt es in Brandenburg natürlich überall, gibt es einen alten grauhaarigen Mann in einem alten Blaumann, der auf einem alten Fahrrad, das er zur Jugendweihe geschenkt bekommen hat, in einem Tempo fährt, in dem auch der nicht mehr junge Hund ihn gemächlich begleitet. Dieser Mann fährt immer durch ein Dorf. Meistens ist das Wetter gut. Meistens ist das Fahrrad in einem schlammigen Braun gestrichen worden, und da es bereits Walter Ulbricht erleben musste und ganz am Ende Helmut Kohl, sieht es auch nicht mehr ganz frisch aus. Der Mann, der mir hier begegnet, schiebt sein schlammbraunes, nicht mehr frisches Fahrrad. Neben ihm läuft ein sehr großer und sehr felliger Hund, gebückt mit gesenktem Kopf, er sieht traurig aus, als wäre er das letzte Exemplar einer fast schon niedergemachten Spezies und wüsste davon. Vielleicht aber hat er auch, wie ich, einfach nur Durst. Links öffnet sich der Blick auf die Felder, die von der Abendsonne beschienen werden. Die Bäume werfen lange Schatten auf den hüfthohen Weizen. Mir kommt ein Radfahrer mit hochrotem Kopf entgegen, der, als er genau auf meiner Höhe ist, einmal laut stöhnt, als wäre es äußerst wichtig, dass ich nun weiß, dass er sich sehr anstrengt. Dann begegnet mir eine Frau in diesem Waldstück, die eine Pflanze vor ihrem Bauch trägt. Ich starre sie kurz an, weil es mir äußerst merkwürdig vorkommt, in diesem allumfassenden Grün jemanden zu sehen, der eine eingetopfte Pflanze von A nach B trägt oder, wer weiß das schon, mit ihr spazieren geht.

Vor einer Karte, die übertitelt ist mit »Radtouren durch die Regionalparks«, suche ich kurz meinen Standpunkt, was immer eine gute Sache ist, und sehe, dass ich an der Bundesstraße 101 stehe, es ist die Marienfelder Allee. Seitlich der Karte ist ein Zettel mit Reißzwecken befestigt: »Fröhliche Radler für gemeinsame Radtouren gesucht. Alter egal. Wichtig ist der

Spaß an Bewegung und Gemeinschaft.« Aus zwei Gründen ist das nicht meine Sache: Das Alter ist nicht egal und ich bin nicht fröhlich. Ich esse einen Schokoriegel. Rechts der Stadtteil Marienfelde. In der Ferne das Heizkraftwerk Lichterfelde mit seinen drei Türmen und die Wohnhochhäuser der Thermometersiedlung in der Ferne. Direkt vor mir liegt ein Weizenfeld, es sieht sehr sanft aus, als könnte man sich hineinlegen. Der Himmel ist blau, wenige kleine Wolken ziehen langsam nach Osten. Zu beiden Seiten des Weges, ein Stück weiter, wachsen große Obstbäume. Als West-Berliner Mauerkind erkenne ich unter ihnen Apfel- und Sauerkirschbäume. Über dem Weizenfeld stehen laut zwitschernd Feldlerchen in der Luft, großen Kolibris ähnlich, was ein ziemlich gewagter Vergleich ist.

Die Thermometersiedlung ist nach der Gropiusstadt die zweite Westplatte auf meinem Weg, ich fahre darauf zu, ich war nie dort. Ich halte an einem Hertha-BSC-Stromkasten an der Osdorfer Straße. Hier in der Nähe gab es Mitte der Achtzigerjahre einen der Aussichtstürme, die auf West-Berliner Seite an der Mauer standen und von denen man auf den Todesstreifen und die dahinterliegende DDR sehen konnte. Wenn meine Freunde und ich uns langweilten, und das taten wir oft, fuhren wir mit den Fahrrädern, obwohl wir es nicht durften, aus unserem Viertel raus, weiter nach Süden, und hielten am Lilienthalpark. Dieser Park wurde in den Dreißigerjahren rund um einen Hügel angelegt, den Otto Lilienthal 1894 auf einem Feld, nahe einer Ziegelei, aufhäufen ließ, um an ihm Flug- und Gleitversuche durchzuführen. Als Kinder kletterten wir auf den zwölf Meter hohen Hügel, von dem Lilienthal bis zu achtzig Meter weit glitt, und rannten mit weit von den Körpern gestreckten Armen hinunter. Wir kannten die Geschichte, wir waren Lilienthal, wir wollten fliegen. Dann, als zweiter Punkt unserer Ausflüge hinaus aus dem Hoheitsbereich der Eltern, fuhren wir ein paar Meter weiter zu jenem Aussichtsturm, stiegen hinauf und veranstalteten einen Höllenlärm, bis sich auf dem Todesstreifen genügend Soldaten versammelt hatten, die mit Jeeps und Motorrädern kamen, uns durch Ferngläser beobachteten, fotografierten und filmten. Dann folgte Schritt zwei: Wir sammelten den Müll aus den Mülleimern unweit des Turmes, steigerten den Höllenlärm um weitere Dezibel und schleuderten den Müll auf den Todesstreifen. Weitere Soldaten kamen hinzu und filmten uns. Nach einer dieser Aktionen erzählten wir davon in der Schulklasse und einen Tag später kamen zwei Mädchen aufgeregt auf uns zu: Sie hätten uns gestern auf DDR 1 in den Nachrichten gesehen, wie wir Müll auf den Boden der Deutschen Demokratischen Republik geworfen und Staatsbediensteten den Mittelfinger gezeigt hätten. Erst einen Tag später klärten die beiden uns darüber auf: Wir waren nie auf DDR 1 zu sehen.

An einem Stromkasten kreuze ich die Osdorfer Straße um 19:00 Ortszeit. Kurz darauf spreche ich in mein Handy, dass sich links ein Feld befindet und rechts die Stadt, genauer die Thermometersiedlung, und es merkwürdig sei, dass genau hinter den Hochhäusern dieser Siedlung das flache Land beginnt und es vielleicht an Eigentumsverhältnissen liegen mag. Und eigentlich sei das auch völlig egal, ich sage scheißegal, denn ich habe einen Hunger, ich sage Scheißhunger, denn mit dem Hunger bricht sich das übertriebene Gefluche, das ich eh an den Tag und die Nacht lege, Bahn und schert sich einen Scheiß. Rechterhand erheben sich also die Hochhäuser der Thermometersiedlung, die so heißt, weil drei der vier Straßen, die sich durch die Siedlung ziehen, nach den Physikern Anders Celsius, Daniel Gabriel Fahrenheit und René-Antoine Ferchault de Réaumur benannt wurden. In den sechzig Gebäuden leben annähernd 5 000 Menschen. Wir machten früher einen Bogen um diese Gegend. Auf der Straße wurde gemunkelt, dass es dort gefährlich sei, es gebe Schlägereien, Straßengangs würden Baseball-Jacken, die sehr teuer und beliebt waren, abziehen. Ein Bekannter, ein Skater, der eine dieser Jacken besaß, war von der Straßengang 36 Boys, die nicht nur in Kreuzberg unterwegs war, so zusammengeschlagen worden, dass er erst nach Wochen wieder in die Schule kam. Sein rechter Mundwinkel war eingerissen und musste genäht werden. Die Jacke hatte er nicht mehr. Umgeben von hübschen Einfamilienhäusern und Mietshäusern, hat sich hier in der Thermometersiedlung der typische soziale Sound entwickelt: hohe Arbeitslosigkeit und Jugend- und Kindergewalt. Die Senatsverwaltung für Stadtentwicklung und Wohnen kennzeichnete die Siedlung 2017 in ihrem Monitoring Soziale Stadtentwicklung ernsthaft als »Gebiet mit besonderem Aufmerksamkeitsbedarf« – so etwas hat die deutsche Sprache nicht verdient. Ich halte an einer Bank, lehne das Fahrrad mit den Fahrradtaschen gegen einen Baum und setze mich. Dem Mann neben mir nicke ich kurz zu.

»Du fährst Fahrrad!«, sagt er.

Ich denke kurz daran, es zu verleugnen oder zu antworten, nein, gerade nicht, doch eigentlich komme ich nur auf diese Gedanken, weil ich Hunger habe.

»Ja, ich fahre Fahrrad.«

»Mmmh«, sagt er und fragt nach ein paar Momenten: »Fährst du auf dem Mauerweg? Das machen hier viele. Mit Satteltaschen und so, den ganzen Tag!«

Wir wenden kurz unsere Köpfe zu meinem Fahrrad mit den Fahrradtaschen. Ich sage, dass ich den ganzen Weg fahren will, einmal rum, dass ich in West-Berlin geboren bin und es mich deswegen interessiert.

»Du kommst aus Berlin?«, fragt er.

Ich nicke und frage: »Und du?«

»Türkei. Ich bin Araber. Arabischer Türke«, sagt er. Er lacht. Dann erzählt er, dass er aus dem Südosten der Türkei komme, direkt von der syrischen Grenze. Er sei Alevit. In einer Woche wolle er wieder mit seiner Frau und den beiden Kindern in seine Heimat und die Verwandtschaft besuchen, von denen einige sehr nett und die meisten so seien: Er tippt sich mit dem Zeigefinger gegen die Stirn. Er habe Angst davor, sich während des Fluges mit Corona anzustecken. Während er das sagt, fällt mir auf, dass sich, seit es Corona gibt, niemand mehr ansteckt, sondern nur noch infiziert. Seine Frau komme aus dem gleichen Dorf wie er. Er lacht schallend. »Ich bin schon mal verheiratet gewesen, weißt du? Mit ihrer besten Freundin.«

Ich starre ihn an. »Mit ihrer besten Freundin?«

Er nickt.

Ich sage: »Das ist krass!«

»Ja, sehr krass«, sagt er.

Ihm sei seine jetzige Frau schon auf seiner Hochzeitsfeier aufgefallen, aber da hätte er, also wirklich, nein, das hätte er nicht machen können. Ein paar Monate später seien sie sich zufällig auf der Straße wiederbegegnet und tja, das sei es dann gewesen. Sie mussten das Dorf verlassen und woanders hinziehen, das sei besser gewesen für alle. Nach einer kurzen Pause reicht er mir die Hand und sagt: »Ich bin Haydar.« Nachdem ich meinen Namen genannt und wir uns eine Weile freundlich angesehen haben, sagt er unvermittelt: »Ich bin Alevit.«

»Hast du mir schon gesagt.«

Er nennt seinen Geburtsort und den Ort, wo die Verwandtschaft lebe, ich wisse schon. Er tippt sich wieder mit dem Finger an die Stirn. Ob ich wisse, wo das liege? Er kramt in seiner Hosentasche und findet eine Serviette, leiht sich von mir einen Kugelschreiber, den ich aus einer der Fahrradtaschen krame, und zeichnet dann, ohne auch nur einmal zu zögern, die Umrisse der Türkei auf die Serviette. Dazu kommentiert er: »Schwarzes Meer, hier ist der Ararat, ungefähr da die Kurden, da ist Syrien, hier unten Zypern, weißt schon, gehört eigentlich uns!« Er lacht schallend. »Hier macht Wolfgang Urlaub, Antalya.« Er lacht wieder. »Und hier rum, das Marmarameer, wunderschön, und hier Istanbul. So, fertig.« Wir sehen beide auf die Türkei, die Haydar so rasch und vermutlich exakt auf die Serviette gezeichnet hat. Mit dieser Genauigkeit könnte ich Deutschland nicht zeichnen, und vielleicht nicht mal Berlin, aber ich lebe auch dort, wo ich geboren wurde. Er sei Alevit, sagt er wieder. Die Türken hätten das Trinkwasser vor ein paar Jahren vergiftet und da hätten sie das erste Mal zu den Waffen gegriffen. Die Aleviten seien eigentlich sehr friedlich, aber wo Schluss ist, ist Schluss. Seitdem bewacht die Polizei die Wasserwerke und Kläranlagen. Wo er wohne, frage ich ihn. Er zeigt mit dem Daumen hinter sich.

»Im Viertel. Es ist ganz gut. Viele meiner Leute sind dort.«

Wir sagen eine Weile nichts und sehen auf die Wiese vor uns.

»Alle nehmen sie das Weihnachtsgeld, aber Weihnachten?« Er hebt beide Arme, legt die Stirn in Falten. »Verstehst du? Weihnachten nein, aber Weihnachtsgeld!«

Ich nicke.

»Das kapieren sie nicht. Die leben immer noch zu Hause. Die wollen hier gar nicht mitmachen.«

Als ihm klar wird, dass ich ihn verstanden habe, macht er mit der rechten Hand eine Wegwerfgeste über die Schulter.

»Weihnachten nein. Aber sie nehmen das Weihnachtsgeld! Und dann aber fünfmal am Tag: Schuhe aus, Kopf runter, Arsch hoch, Kopf runter, Arsch hoch!«

Ich sehe ihn überrascht an.

»Ich darf das«, sagt er.

Als ich ihn frage, warum er in Deutschland lebe, winkt er sofort ab. Er sucht für ein paar Momente nach Worten, nickt dann aber nur langsam und sagt: »Ich bin hier, schon lange!« Er verabschiedet sich, seine Frau habe gekocht, wie immer, leckeres Essen. Er gibt mir die Hand und dann geht er. Haydar, der Alevit, der Araber, der Türke, der arabische Türke, aber immer Alevit, der jetzt rübergehen wird zu einem der Häuser, nach oben zu seiner Familie, dreht sich noch mal zu mir um und winkt.

Die Wärme des Tages hat ein wenig nachgelassen, ich fahre weiter. Ich biege scharf nach rechts in die Kirschblütenallee. Die Bäume geben Schatten. Die Wiese, auf der sie stehen, ist hüfthoch gewachsen. Einige jugendliche Liebespärchen liegen zwischen den Bäumen und flüstern sich was. Eine Mutter sitzt auf einem Spielplatz und sieht ihrem Kind beim Spielen zu. Ein leichter Wind weht. Es ist eine sehr schöne, fast kleinstädtische Atmosphäre. Ich halte auf dem Parkplatz eines Supermarktes. Schräg gegenüber befindet sich ein Musterhaus, das aussieht wie ein kleiner ausgebauter und geschmückter Bunker. Neben den Fahrradständern steht eine Frau, deren Alter nicht zu erkennen ist. Sie stützt sich auf die Laufhilfe, in deren Korb der Einkauf des Tages. Aus der Einkaufstasche gucken Bananen, eine Lauchstange, eine Dose mit einem Fertiggericht und die Hälse von zwei Schnapsflaschen. Bei dem Anblick der Dose muss ich an meinen Opa denken, der nicht kochen konnte oder es nicht wollte und gerne Kohlrouladen aus der Dose aß und immer ein paar Dosen davon in der Küche als Vorrat hatte. Die Frau trägt einen roten ausgewaschenen Rock und ein T-Shirt, auf dem »Star« steht. Sie macht Pause, vielleicht war der Weg durch den Supermarkt weit und anstrengend.

Sie schnauft ein paarmal und nickt mir dann zu.

»Boah, heiß!«

»Ja«, sage ich.

Sie schnauft wieder, arretiert die Laufhilfe, dreht sich und setzt sich auf die Sitzfläche. Ihr linker Arm ist mit einer Schlange tätowiert, und da ihr Arm in den Jahren oder auch vielleicht Jahrzehnten, seitdem die Schlange sich bei ihr befindet, an Umfang gewonnen hat, ist auch die Schlange breiter geworden und sieht nun aus einiger Entfernung eher aus wie etwas, von dem man nicht weiß, was es sein könnte.

»Heiß«, sagt sie noch mal.

»Sie müssen viel trinken«, sage ich. Wir sehen beide gleichzeitig auf die Schnapsflaschen.

»Wasser oder so.«

»Jaja, is ja jut! Schon klar!«, sagt sie.

Wir winken beide ab. Ich gehe in den Supermarkt und kaufe Wasser, Brot und Käse und viel zu viele ungesunde Sachen. Ich habe keine Lust, nach einem Restaurant zu suchen, in dem ich, Maske tragend, am Eingang die Frage »Sind Sie allein?« beantworte und dann einen der raren, auf Abstand gebrachten Tische belege, allein mit mir und meinem schlechten Gewissen. Ich werde auf einer Parkbank oder am Teltowkanal essen. Ich fahre am Wasser entlang und höre von der Kanalseite lauten Rap. Sicherlich sitzen ein paar Jugendliche am Ufer, und als ich näher komme, denke ich, bei der Rap-Band, die sie hören, war ich vor drei Jahren auf einem Konzert und stand in der letzten Reihe, zusammen mit meiner Frau und anderen Menschen jenseits der vierzig. Meine Frau und ich nannten diese letzte Reihe, in der wir standen, Seniorenreihe.

Der Kanal bleibt rechts von mir, was sollte er auch anderes machen, und die Abendsonne bricht sich durch die dichtstehenden Bäume und ihre Blätter und wirft ein gesprenkeltes

Licht auf den Weg vor mir. Berlin hat über 76 Kilometer schiffbare Kanäle. Der Teltowkanal ist mit 29 Kilometer Länge der längste im Berliner Stadtgebiet. 29 Kilometer, das ist die ungefähre Luftlinie vom Brandenburger Tor bis nach Werneuchen. Werneuchen? Wo liegt das noch mal? Es ist nicht wichtig, es ist weit weg. Ich erreiche Teltow, verlasse den Mauerweg und ziehe Geld an einem Bankautomaten. Ich werde hier über Nacht bleiben. Ich bin viel zu erschöpft, um weiterzufahren oder mit der S-Bahn nach Hause zu kommen. Als ich mich umdrehe, glotze ich eine Weile auf den heranfahrenden Bus, auf den X10, Endstation Zoologischer Garten. Ich denke, dass das überhaupt nicht sein kann, dass dieser Bus, hier draußen im Vorgarten von Berlin, bis zum Zoo fährt. Ich sehe auf den Plan. Vierzig Minuten und man erreicht den Kurfürstendamm, das heilige Zentrum des Bummelns in West-Berlin.

Die Straße wurde auf Initiative des Reichskanzlers Otto von Bismarck nach dem Vorbild der Pariser Champs-Élysées angelegt. Aus dem Reitweg und der Mittelpromenade wurden in den Fünfzigerjahren des letzten Jahrhunderts Parkplätze und aus den Vorgärten die Terrassen der Cafés und Restaurants. Der Kurfürstendamm, kurz: Ku'damm, der Breitscheidplatz und die Tauentzienstraße, kurz: Tauentzien, waren das Zentrum West-Berlins. Sie waren Einkaufs-, Ausgeh- und Bummelgegend. Das KaDeWe, das Kaufhaus des Westens, war einzigartig, natürlich, die Cafés und Restaurants waren voll, immer voll, man saß nebeneinander, in mehreren Reihen, dazwischen kleine Caféhaus-Tische, den Blick auf den Bürgersteig gerichtet, auf die, die vorbeikamen. Wer nicht so viel Geld hatte, und zu denen gehörte ich als Schüler, saß mit Coladose und Minipizza auf den Stufen der Kaiser-Wilhelm-Gedächtniskirche auf dem Breitscheidplatz. Die Kirche wurde 1943 durch einen britischen

Luftangriff demoliert. Das Kirchenschiff fing Feuer, der Dachstuhl stürzte zusammen und später knickte der Hauptturm ein. Die Alliierten verhinderten den Wiederaufbau. Den zerstörten Hauptturm ließ man stehen, und so heißt dieses Gebäude im Volksmund »hohler Zahn«. Neben der Kirche entstanden zwei Gebäude, die 1961 eingeweiht wurden: ein hoher fünfeckiger Glockenturm und ein achteckiges Kirchenschiff, die an Hässlichkeit und Abstraktion kaum zu überbieten sind und die der Volksmund »Lippenstift und Puderdose« nannte. Fast jeder Reiseführer nennt diese Bezeichnungen, doch auf der Straße spricht niemand davon, warum auch, es ist schlichtweg die Gedächtniskirche, die Kaiser Wilhelm II. zum Gedenken an seinen Großvater Kaiser Wilhelm I. erbauen ließ.

Einmal ging ich mit Schulfreunden über den Ku'damm und wir bemerkten eine Menschenansammlung vor dem Glockenturm. Ein Mann war auf den Turm geklettert, hatte dort ein weißes Bettlaken befestigt, auf dem »Verlass mich nicht!« zu lesen war. Der Mann stand in zwanzig Meter Höhe auf einem der Vorsprünge und bewegte sich nicht. Die Feuerwehr kam, es wurde weiträumig abgesperrt, so weiträumig, wie man es in den Achtzigern machte, also kaum. Die Feuerwehrleute spannten ein Sprungtuch, die Drehleiter wurde ausgefahren. Nachdem ein Feuerwehrmann im Rettungskorb auf Höhe des Mannes eine Weile mit diesem gesprochen hatte, wurden beide in dem Korb unter Applaus der Menge nach unten befördert. Es war gut, dass es so ausging, aber wir warteten doch eigentlich, weil wir sehen wollten, wie der Mann aus höchster Höhe in das Sprungtuch springt, und dann diese doch reichlich enttäuschende Lösung.

Wir saßen also mit Coladose und Minipizza zwischen Lippenstift und Puderdose, und das, was vor uns passierte, war wie ein riesiges bewegtes Fernsehbild. Auch ältere Leute saßen da, und wir fühlten uns erwachsen, weil wir zwischen ihnen saßen, und schließlich hatten wir von eigenem Geld eine Cola und dieses Stück Minipizza gekauft. Manchmal stand in Hörweite eine Gruppe peruanischer Panflötenspieler, umringt von Menschen, und sie spielten die üblichen Panflöten-Hits der Achtzigerjahre. Manchmal vollendeten Pflastermaler Bilder, die sie mit Kreide auf den Asphalt malten. Manchmal war der sogenannte Grimassenschneider da, ein kleinerer Mann, der sein Geld mit genau dieser Tätigkeit verdiente. Er gewann zweimal die Weltmeisterschaft der Grimassenschneider, was nur allzu verständlich ist, schließlich konnte der Mann seine Unterlippe über die Nase hochziehen. Er soll sich, so die Wahrheit oder eine Räuberpistole erster Güte, sechs Zähne ziehen lassen haben, damit das alles etwas einfacher ging. Die Passanten auf dem Ku'damm lachten über ihn, natürlich, es sah komisch und auch reichlich bescheuert aus. Und hin und wieder flippte er aus und beschimpfte alles, was sich in seinem Sichtfeld bewegte. So vergingen die Minuten und Stunden auf den Stufen der Gedächtniskirche. Manchmal schien die Sonne, manchmal nicht, manchmal war es trocken, manchmal war es weniger trocken. Nur eine einzige Konstante, abgesehen von den Touristen und Gebäuden, gab es immer: Helga Goetze, die Frau, die täglich viele Stunden mit einem Plakat auf den Stufen vor der Gedächtniskirche verbrachte, wetterfest gekleidet, und für die sexuelle Befreiung warb. Auf dem Plakat stand »Ficken ist Frieden – Liebe ist das Herz der Welt – Rettet den Sex«. Passanten rief sie zu: »Hui, Ficken ist Frieden!« Und wenn das nicht ausreichte, rief sie irgendwas mit dem Wort »wichsen«. Sie diskutierte mit Passanten, sie reagierte auf die Ablehnung, die ihr entgegengebracht wurde, sie rief und störte. Diese Frau war eine einzige Provokation, sie meinte es ernst. Sie machte mir ein bisschen Angst als Kind, weil sie so völlig anders war, und andererseits fand ich sie faszinierend. Ich war mir nicht sicher, ob sie verrückt war. Viel später, als ich in Hamburg lebte und begonnen hatte, Gedichte zu schreiben und in kleinen handkopierten, zusammengetackerten Literatur-Fanzines meine ersten Veröffentlichungen hatte, bemerkte ich in einer Zeitschrift auch einige Gedichte von Helga Goetze. Der Verleger gab mir ihre Berliner Adresse und ich schrieb ihr einen Brief, in dem ich ihr sagte, wie wichtig ich ihre Sache fände, erklärte ihr meine als Kind ambivalente Sicht auf sie und bedankte mich bei ihr. Wenige Tage später schickte sie eine Postkarte mit einem Gedicht von ihr, darunter stand in mehreren Farben »Ficken ist Frieden«.

Nur ein paar Schritte von ihrem festen Demonstrationsplatz entfernt steht der Weltkugelbrunnen, den niemand, wirklich niemand so nannte, sondern schlichtweg nur »Wasserklops«. Der »Wasserklops« war einer der wichtigsten Treffpunkte auf dem Kurfürstendamm. War ich verabredet, dann dort. Treppen, die den »Wasserklops« umgeben, führen vom Breitscheidplatz in das Souterrain des Europa-Centers. Der Fotograf Daniel Josefsohn, der in den Neunzigerjahren einige Fotos machte, die zu Bildikonen einer Generation wurden, hat ein Foto von dem Mercedes-Stern gemacht, der sich auf dem Dach des Europa-Centers befindet. Es ist der größte, sich drehende Mercedes-Stern der Welt und hat dazu die größte drehbare Neonanlage der Welt und West-Berlin war so oder so das größte, sich nicht drehende West-Berlin auf der ganzen Welt. In dem Mercedes-Stern hat Josefsohn die Schauspielerin Julia Hummer in einer Bewegung fotografiert, die einen im Unklaren lässt, was das jetzt überhaupt alles soll. Ihr Gesicht ist nicht zu sehen, vielleicht ist sie es gar nicht. Es ist ein großartiges Foto, es ist pure Irritation, und seit ich es kenne, verbinde ich das Europa-Center mit diesem Foto. Sterne gibt es viele, auch manche dieser Größe, und vielleicht ist das Bild auch an völlig anderer Stelle entstanden. Es ist mir egal, mir gefällt schlichtweg die Vorstellung, dass die tolle Schauspielerin Julia Hummer dort oben von dem tollen Fotografen Daniel Josefsohn fotografiert wurde. Gehe ich heute in das Center – und das passiert sehr selten –, ist es eine ziemlich traurige Angelegenheit. Viele Flächen stehen leer, der Schuhputzer, der dort schon immer mit seinen Arbeitsutensilien saß, sitzt dort noch immer – oder es ist jemand anders, das ist nicht wichtig. Mit fast neunzig Metern Traufhöhe war das Gebäude einige Zeit das höchste der Stadt und das interessanteste: Über die Stockwerke des Einzelhandelsbereichs bis in den Keller, in einer Art Innenhof, erstreckt sich eine Uhr, in der farbiges Wasser in einer Anordnung aus Kugeln und miteinander verbundenen Röhren den Zwölf-Stunden-Takt bis auf die Minute abbildet. Nachts um 1 und um 13 Uhr eines jeden Tages leeren sich alle Gefäße und die Rechnung beginnt von neuem. Meine Schwester und ich standen immer lange vor dieser Uhr und beobachteten gebannt den Lauf des Wassers. Im zweiten Innenhof befindet sich ein Wasserbecken, in dem eine Installation der Pariser Künstler Bernard und François Baschet befestigt war, ursprünglich eine Auftragsarbeit für die Neue Nationalgalerie, die 1982 dem Europa-Center als Dauerleihgabe überlassen wurde. Es gibt kein Kunstwerk auf der Welt, vor dem ich mehr Zeit verbracht habe. Die Installation hieß »Lotusbrunnen« und war ein Wasserspiel, das aus vielen metallenen, silbernen Blütenkelchen bestand, die wippend kleine Wassermengen auf Blütenblätter verteilten. Es plätscherte und rauschte, es blinkte und wippte und manchmal hielt ich meine Hand in das Wasser. Ein Werk zum Staunen, Beobachten. Doch nach und nach stand ein Blütenkelch nach dem anderen still und irgendwann bewegte sich gar nichts mehr. 2012 wurde die Anlage abgebaut.

Vom Teltowkanal zum Königsweg

Aber ich bin in Teltow. Ich war noch nie zuvor in Teltow. Ich merke ein weiteres Mal, wie eingeschränkt meine Sicht auf Berlin ist. Vor dem Barbershop, einem Frisör, der um 22 Uhr noch immer geöffnet hat, sitzen vier Muskelpakete. Als ich mit dem Fahrrad auf der anderen Straßenseite an ihnen vorbeifahre, brüllt einer der Männer: »Ey, Digga, Grüße gehen raus an dich!«

Ich drehe mich zu ihm hin.

»Kannst dich ruhig ma bedanken!«, brüllt er.

»Danke!«, rufe ich.

Er nickt.

Zwei Ecken weiter finde ich ein Hotel, das geöffnet hat. Seit ein paar Tagen darf Brandenburg wieder Besucher aus der ganzen Welt beherbergen. Der Mann an der Rezeption sieht mich überrascht an. Hier wird, ich bin sicher, so gut wie gar nichts los sein.

»Haben Sie ein Zimmer für eine Nacht?«, frage ich und mir fällt auf, dass ich das noch nie gefragt habe, oder es ist so lange her, dass ich mich nicht mehr daran erinnern kann. Alles ist immer vorgeplant, reserviert, gebucht, der Weg planiert, geebnet, alles geregelt. Es fühlt sich für einen Moment sehr gut an.

Der Mann sagt: »Das können wir gerne machen! Ein Zimmer wäre noch frei.«

Ich sehe ihn belustigt an, denn sicherlich ist alles frei, doch er bemerkt meine Reaktion hinter meiner Maske nicht.

»Heute gibt es einen Sonderpreis!«

»Aha«, sage ich, »und warum?«

»Wir haben zwei Specials im Angebot.«

»Und die wären?«

»Special Nummer eins: Der Fahrstuhl ist kaputt.«

»Ich bin sportlich«, sage ich und denke, ich möchte, verdammt noch mal, heute eigentlich keine Treppenstufen mehr laufen. »Und Nummer zwei?«

»Zwischen 22 und sechs Uhr ist das Wasser abgestellt.«

Ich sehe ihn an, denke, es ist mir egal, und sage: »Ich nehme das Zimmer!«

Ich steige die Stufen bis in den 3. Stock hoch und in dem Zimmer angelangt, lasse ich mich in den Sessel fallen, lege die Beine hoch, packe das Essen aus und bleibe eine Stunde, wo ich bin, genau in dieser Position. Am späten Abend, in der herannahenden Dämmerung, treibt mich die Neugier doch noch aus dem Hotel. Ich fahre durch die kleinen Straßen von Teltow und komme an der Buchhandlung Buchkontor vorbei, die eine ehemalige Buchhandelskollegin betreibt. Ich sehe durchs Fenster. Leider ist längst geschlossen. Vielleicht ist auch die Kollegin während Corona umhergefahren und hat Bücher ausgeliefert. Neben der Buchhandlung betreibt sie einen gleichnamigen Verlag, der außer Krimis, Erinnerungsbüchern und einem Teltow-Kalender Bücher zur Geschichte Teltows publiziert. Ich drehe eine Runde und komme bei der Volkssolidarität vorbei, an einem Fahrradladen, einem Lackdoktor, es sieht alles ganz hübsch aus, über Kopfhöhe hängen an den Laternenmasten Geranienkübel, die von Firmen oder Privatpersonen finanziert wurden. Trotz der späten Uhrzeit möchte ich noch einen Kaffee trinken und entdecke auf der Hauptstraße einen Späti, vor dem fünf Männer an einem Biertisch sitzen. Vor ihnen steht ein wild gestikulierender Mann. Ich schließe mein Fahrrad an, was ihn kurz irritiert und verstummen lässt, dann macht er weiter.

»Hör ma, Alter! Ick bin keen Aggressiva, echt nich!«

Einer der fünf an dem Biertisch, hellblaues T-Shirt, Anglerhut, graue Haare, der wie ein Buddha mit verschränkten Armen und dickem Bauch an der Scheibe des Spätis lehnt, grunzt einmal laut. Daraufhin korrigiert sich der Mann: »Früher, weeßte, ick bin keen aggressiver Mensch mehr, weeßte. Früher, joa. Aber jetze nich. Und hier, wenn ick dit sehe in Berlin, wie die da alle inner S-Bahn und keener trägt Maske und so, bin ick da unterwegs, kommen da zwee Türken und stellen sich so uff, ohne Maske!«

Mein Blick geht in die Runde. Von den fünf Männern sind zwei Türken, zumindest tragen sie Atatürk-T-Shirts. Sie verziehen keine Miene.

»So kann dit allet nüscht werden, mit Corönchen und so, Berlin, weeßte.«

Einer der Männer, ein Hutzelmännchen, dröhnt, ohne auch nur seine Körperhaltung, geschweige denn seine Hand, die auf seiner Bierflasche liegt, zu rühren: »Ey, Berlin, bleib mir do weg mit die Scheiße!«

Stilles, zustimmendes Nicken in der Runde. Berlin, klare Sache, ist irgendetwas zwischen Abgrund, Verachtung und der Ort, an den der Nachwuchs hinzieht und nicht wieder zurückkommt.

»Bier?«, fragt der Buddha.

Die Runde bejaht, trinkt schnell aus. Der Buddha drückt sich hoch, sammelt die leeren Flaschen zusammen und geht rein. Ich folge ihm. Er stellt sich an den Späti-Verkaufstresen und sagt: »Noch ma!«

Der Typ hinterm Tresen öffnet fünf Flaschen, die Kronkorken klinkern über den Boden, und reicht sie dem Buddha.

»Bekomme ich bei Ihnen einen Kaffee zum Mitnehmen?«, frage ich.

»Natürlich, mein Herr. Einen Moment!« Und einen Moment später: »Wünschen Sie mit Milch und Zucker?«

Ich starre den Mann an. Ist das nun Ironie, Ernsthaftigkeit, preußisches Duckmäusertum, verarscht der mich? Egal, ich sage: »Bitte mit Milch!«

Ich bin, denke ich, der, der hier noch nie war, der von außen kommt, auch noch aus dem Scheiß-Berlin, was der Mann nicht wissen kann, aber vielleicht lebe ich schon so lange in dieser Stadt, dass ich nach ihr aussehe. Berlin, immer nur Berlin, wo, stiege man ein, der X10 vierzig Minuten später dort hält, wo die Junkies die Regierung stellen. Auf Bauchhöhe stehen auf dem Verkaufstresen Hertha-BSC-Feuerzeuge, daneben Handdesinfektionsmittel in kleinen Flaschen, daneben Kondome der Marke Billy Boy, auf dem Aufsteller heißt es: »Wir treiben es nach allen Regeln der Kunst«. Ich zücke mein Handy und mache ein Foto von diesem Ensemble. Der Mann nickt. Mit dem Kaffee fahre ich in den Stadtpark. Zwei Männer stehen sich an einer Tischtennisplatte gegenüber, als würden sie gegeneinander spielen, und unterhalten sich leise. Auf einem der Spielgeräte sitzt ein Mann, der aufgeregt telefoniert und wild gestikuliert, wütend wird, in das Telefon brüllt. Er lässt seinem Gegenüber am Telefon keinen Raum, lässt ihn nicht zu Wort kommen, vielleicht tut er auch nur so, als würde er telefonieren, und eigentlich telefoniert er mit seinem eigenen Oberstübchen, in dem ein Mann wohnt, der aussieht wie er und auch den ganzen Tag telefoniert. Weiter hinten fotografiert eine Frau einen Mann mit nacktem, trainiertem Oberkörper, der auf einem kleinen Hügel posiert.

Ich habe lange Basketball im Verein gespielt. Ich spielte erst auf dem Flügel, dann hin und wieder im Aufbau. Ich hatte zweimal in der Woche Training, dann irgendwann viermal, am Wochenende Turniere. Ich mochte meine Mitspieler, wir wurden von einer ehemaligen Nationalspielerin trainiert, die gleichzeitig meine Klassen- und Französischlehrerin war und uns, wenn wir mies spielten, auf eine gute Art und Weise so zusammenfalten konnte, dass wir danach besser wurden. Keine Ahnung, wie sie das anstellte. Und doch wurde es mir zu eng, es wurde mir zu viel. Ich hörte von einem auf den anderen Tag mit Basketball auf und begann mit Langlauf. Ich mochte es, allein zu laufen, und laufen zu können, wann ich wollte, ohne auf vorgegebene Trainings- oder Hallenzeiten achten zu müssen. Ich las Bücher über Langlauf und Marathon und bemühte mich, meine Ernährung den Trainingseinheiten anzupassen. Von einer der Cousinen meiner Mutter, die im Berliner Umland wohnte und kurz nach der Öffnung der Mauer den Kontakt zu uns suchte, bekam ich ein Buch von Emil Zátopek geschenkt. Zátopek war lange ein Held für mich. Der Mann mit dem merkwürdigen Laufstil, der deshalb auch »die tschechische Lokomotive« genannt wurde und der selbst auf dem letzten Kilometer eines Marathons noch genug Kraft besaß, um einen Endspurt hinzulegen. Ich trainierte nach seiner Intervallmethode, während der sich der Körper, abwechselnden Belastungs- und Erholungsphasen ausgesetzt, nicht vollständig erholen konnte. Es war – zugegebenermaßen – eine etwas merkwürdige, in sich zurückgezogene Art der Freizeitbeschäftigung für einen Pubertierenden, und doch kamen Freunde, Partys und Schule – exakt in dieser Reihenfolge – nicht zu kurz. Ich lief erst im Preußenstadion, dann im Stadion Lichterfelde, und auf dem Weg dorthin lief ich immer durch die Gärtnerstraße, auf derem Mittelstreifen rechts und links Birken standen und der Asphalt aufgesprungen war. Die Strecken, die ich lief, wurden immer länger, und irgendwann war das Laufen von Ellipsen langweilig und ich lief am Stadion Lichterfelde vorbei. Fortan trainierte ich am Teltowkanal, der im Süden Berlins die Spree mit der Unteren Havel verbindet. Es gibt kaum eine Strecke, die mir vertrauter ist, deren leichte Anhebungen und Senkungen ich besser kenne. Ich sah über ein paar Jahre den Bäumen beim Wachsen zu, während ich zwei oder drei Mal die Woche an ihnen vorbeilief, und Woche um Woche wurde die Strecke länger. Ich befestigte Gewichte an meinen Knöcheln, ich bunkerte eine Wasserflasche auf halber Strecke, ich war allein mit mir und der Strecke, ich war unverwundbar. Die Strecke war bei sehr vielen Läufern beliebt, sie ist relativ eben und deshalb schnell, und so trainierte dort auch Uta Pippig. Sie lief und ihr Trainer begleitete sie auf dem Fahrrad. Der eine oder andere lief im Abstand von ein, zwei Metern hinter ihr, sofern er überhaupt dieses Tempo halten konnte und sich nicht zu dämlich dabei vorkam. Ich bewunderte ihren Laufstil, ich las über ihre Erfolge in der Zeitung, und als wenige Tage vor der Wiedervereinigung Deutschlands der Berlin-Marathon stattfand, lief sie als erste Frau durchs Ziel. Wir Läufer nickten einander zu, wenn wir uns begegneten, ein fast unmerkliches Heben der rechten Hand. Und so grüßte uns auch Uta Pippig und wir sie, es war das Highlight der Strecke.

Nun stehe ich neben dem neuen Hafen von Teltow an dem Kanal, an dem ich so viel Zeit in meiner Jugend verbracht habe. Bis hierher bin ich nicht gelaufen, es wäre auch zu weit gewesen. Der Kanal liegt still da, fast erhaben, so ganz ohne Verkehrslärm und mit den Lichtern Berlins im Hintergrund. Hunderte von Schwalben schießen, schrill pfeifend, auf und ab. Kleine Motor- und Segelboote liegen im Hafen, der nicht viele Anlegeplätze hat. Am Ufer sitzen zwei Gruppen Jugendliche, die sich eigenartig erwachsen unterhalten, in gedämpfter Lautstärke, einander zuhörend, aber vielleicht ist es auch schlichtweg das Licht, das abkippende, verschwindende, das den Himmel in ein zartes, verwaschenes Rot taucht, und der

Klangteppich aus Schwalben über uns, der den Jugendlichen das Jugendliche nimmt. Ich würde mich gerne an das Ufer setzen, doch müsste ich mich genau zwischen die beiden Gruppen platzieren. Ich würde das, was ich sehe und schön finde, durch meine Anwesenheit verändern oder stören.

Als ich wieder an dem Barbershop vorbeikomme, winke ich den vier Männern zu, die noch immer vor der Tür sitzen. Der von vorhin ruft: »Schneller, Digga!«

Ich lese vor dem Einschlafen, selbst wenn es nur zwei, drei Seiten sind. Da ich nicht vorhatte, irgendwo zu übernachten, habe ich kein Buch dabei. In der Schublade des zweiten Nachttisches neben dem Doppelbett liegt eine Bibel. Ich lese in der Schöpfungsgeschichte, und während ich mich darüber amüsiere, dass ich in der Bibel lese, einige Monate, nachdem ich endlich aus der Kirche ausgetreten bin, finde ich die Lektüre doch ziemlich interessant. Als ich am nächsten Morgen aufwache, weiß ich nicht genau, wo ich bin. Für einen Augenblick denke ich, ich wäre im Urlaub, aber dann ist es doch nur Teltow. Ich liege in einem Bett fünfzehn Kilometer Luftlinie von meiner Wohnungstür entfernt. Ich verzichte auf das Frühstück, für sieben Euro würden sie mir eins zum Mitnehmen zusammenstellen, doch auf ein wortwörtlich zusammengestelltes Frühstück, das dann sicher doch nur in einer Brottüte über die Plexiglasscheibe gereicht würde, verzichte ich lieber. Ein paar Häuser weiter treffe ich bei einem Bäcker ein Kölner Ehepaar, das im selben Hotel übernachtet hat und nach dem ich ausgecheckt habe. Beide sind sehr sorgfältig aufeinander abgestimmt gekleidet, die Frau trägt ein weißes Sommerkleid, der Mann einen weißen Hut mit breiter Krempe. Wir nicken uns zu. Ein paar Handwerker betreten die Bäckerei, die Verkäuferin ruft: »Maske!«

Am Teltowkanal

»Wie, Maske?«, sagt einer der Männer.

Die Verkäuferin sieht ihn nur stumm an, weil er ganz genau weiß, worum es geht, und alles, was sie nun sagen würde, auf seine Kosten ginge.

»Nee, dann jeh ick eben woanders hin!«

Die Männer drehen um, stehen noch kurz vor dem Laden, erst aufgeregt, dann unschlüssig, wo sie nun eine Alternative finden könnten. Ich bestelle einen zweiten Kaffee und sage der Frau, sie könne ihn in dieselbe Tasse füllen.

»Der Fleischer nebenan hat einen Spüler. Wir nicht, müssen alles per Hand machen. Aber Sie bekommen sicherlich eine neue Tasse.«

»Danke, aber ich will dieselbe Tasse, und ich brauche keinen Löffel, keine Untertasse!«

»Sind Sie sicher, junger Mann?«

»Ich bin ganz sicher!«

»Na jut. Uff Ihre Verantwortung!«

Auf der Straße stauen sich die Autos Richtung Berlin. Es ist früh, es ist Berufsverkehr und die Schatten sind noch lang. Ich fahre auf der falschen Straßenseite und auch noch auf dem Bürgersteig, der drei Meter breit ist, was den Mann, der mir entgegenkommt, verleitet zu rufen: »Ick würd's ma uff der anderen Seite probieren, junger Mann!« Es ist gut, dass zumindest einer aufpasst. Bei Corona passen ja ganz viele auf, online und auch im richtigen Leben, bei Radwegen sind es schon erheblich weniger. Und junger Mann, ich bleibe auf ewig ein junger Mann.

Ich biege in die Zehlendorfer Straße ein, überquere den Teltowkanal, auf dem gerade ein weißes Motorboot Richtung Neukölln fährt, biege dann ab auf der zu Berlin gehörenden Seite. Ich fahre nun wieder auf dem Mauerweg, Richtung Zehlendorf, Richtung Dreilinden, Richtung Hannover, Atlantischer

Ozean, New York. Junger Mann, fällt mir wieder ein, immer wieder junger Mann! Wann hört es endlich auf, dass ich als junger Mann angesprochen werde? Oder wann beginne ich mich darüber zu freuen, so angesprochen zu werden? Rechts sind Wiesen, auf denen weiße Pferde grasend stehen, was ein schöner, stiller Anblick am Morgen ist. Wolken ziehen, der Hafen von Teltow, an dem ich gestern Nacht war, liegt leer auf der anderen Kanalseite. Es scheint noch wärmer als gestern zu werden. Ich hatte das T-Shirt – ein zweites hatte ich vergessen mitzunehmen –, kurz bevor das Wasser im Hotel abgestellt wurde, mit etwas Seife gewaschen und über Nacht zum Trocknen aus dem Fenster gehängt.

Ich verlasse den Teltowkanal und halte mich rechts. Neben der Strecke zieht sich ein breiter Graben entlang. Schilf wächst an den Rändern, zwei Reiher sitzen auf Bäumen, die der letzte Sturm umgekippt haben mag. Hohe Bäume stehen rechts und links des Grabens in dem langgezogenen Park. Sergey hat sein Portemonnaie mit allen Papieren verloren und bittet darum, es bei der Polizei abzugeben oder bei ihm anzurufen, darunter eine Telefonnummer. Die Zettel hängen an einigen der Bäume. Kurz nachdem ich Teltow verlassen habe und das Ortseingangsschild nach Berlin passiere, fällt mir auf, dass die Anordnung der Häuser und der Straßen mit dem Überqueren der Brücke eine völlig andere ist. Im Süden Berlins liegen vor der Stadtgrenze erst Industrieareale, Vorstädte und ein paar Hotels für Handelsreisende. Hier fehlt dieser Übergang. Abrupt ist die Großstadt da mit ihren viergeschossigen Mietshäusern, vor denen sich Fahrradwege, Bürgersteige und Bushaltestellen befinden. Auf der anderen Seite des Teltowkanals ist die Kleinstadt, die Stadt, die schon immer klein und früher ein Dorf war. Ich biege links in die Ludwigsfelder Straße ab und wieder links in die Neuruppiner. Mein Blick bleibt an dem

Straßenschild »Ginsterheide« hängen und ich sehe neugierig in die kleine Straße hinein. Ein paar Schritte entfernt beginnt Kleinmachnow, amtlich festgelegt und sicher genau hinter dem Ortseingangsschild. Ich fahre weiter, vorbei an Reihenhäusern, die, genau wie der Name sagt, Häuser in einer Reihe sind, eine Wiederholung der Wiederholung. Später dann ein paar Häuser bewohnt von Menschen, die nicht wussten, was sie mit ihrer Kreativität oder sublimierten Wut oder Enttäuschung machen sollten, und sich dann überlegt haben, wie ihr Haus aussehen und was es ausdrücken soll. Das wird besonders an den Vorgärten deutlich, in denen beschnittene Bäume stehen. Es sind Formen, die Gott in der Schöpfung nicht vorgesehen hatte.

Wo die Karl-Marx-Straße in die Benschallee übergeht und wo einst die Mauer verlief, steht ein Stück der Berliner Mauer, daneben ein Schild: »Willkommen im Landkreis Potsdam-Mittelmark«. Auf dem Platz ist ein kleiner, dezimiert wirkender Wochenmarkt aufgebaut. Die Stände halten noch größeren Abstand zueinander, als es Menschen gerade sollen. Es werden Blumen, Käse und Feinkost aus Südeuropa angeboten. Auf die Längsseite eines kleinen Lieferwagens hat jemand in schwarzer Farbe gesprüht »Fick AfD«, was wohl einer Lebensaufgabe gleichkäme. Ich war vierzehn und politisierte mich, nachdem die rechtsextreme Partei »Die Republikaner« nach der Berlin-Wahl im Januar 1989 mit 7,5 Prozent der Stimmen und elf Abgeordneten in das Berliner Abgeordnetenhaus einzog. Ich stellte mir vor, dass fast jeder Zehnte, dem ich auf der Straße begegnete, diese Partei gewählt hatte. Der Bundesvorsitzende Franz Schönhuber war ein ehemaliges Mitglied der Waffen-SS und in einem Werbespot verknüpfte die Partei »Ausländerpolitik«, wie sie damals genannt wurde, und Kriminalität, unterlegt mit Ennio Morricones Filmmusik aus dem Western »Spiel mir das

Lied vom Tod« von Sergio Leone. Es war aus heutiger Sicht ein Vorgeschmack auf die AfD.

Dieses Jahr am 17. Juni dachte ich kurz daran, dass das mal ein Feiertag war, ein beliebter, so mitten im Sommer, als Vorhut der großen Ferien, und ebenso ein Gedenktag, der an den Aufstand von 1953 erinnerte, an dem es in der DDR landesweit Demonstrationen und Streiks gab, die gewaltsam niedergeschlagen wurden. An jedem 17. Juni erklärten die Eltern auf ein Neues, warum es diesen Feiertag gab. Darüber scheint die Zeit hinweggegangen zu sein, es spielt keine Rolle mehr, niemand gedenkt mehr, warum auch, nun ist ja alles zusammengewachsen, was zusammengehörte, nun ist alles wieder heil und gut, alle Bösen sind frei und wieder gut, alle Guten auch, und alle dürfen sich umarmen. Als ich mal eine Lesetour durch Sachsen absolvierte, in Hoyerswerda ankam und gleich auf dem Marktplatz, nach Größe sortiert, Pullover bedruckt mit Reichskriegsflaggen vor einem Laden hängen sah, eine Beherbergung hatte, die unweit des Hauses lag, das im Herbst 1991 zwei Tage angegriffen wurde – unter dem Applaus der Nachbarn und der tolerierenden Nichthilfe der Polizei – fragte ich am Abend einige Menschen, die sich in dieser Stadt für Kultur engagieren, was denn mittlerweile mit denen sei, also mit den bis zu 500 Menschen, die damals das Haus angriffen oder den Angriff bejubelten, und sie sagten, die hätten sie befriedet. Vielleicht befriedete man, indem man den 17. Juni von der Liste der Feiertage strich, auch jene, die an der Grenze nur ihre Pflicht taten und abdrückten, wenn sie mussten. Die CDU Kleinmachnow hat an dem Stück der Mauer einen Trauerkranz abgelegt, die Schleifen ordentlich ausgerichtet und deren Enden mit faustgroßen Steinen beschwert. In der Dauerkleingartenkolonie in der Benschallee weht eine Deutschlandfahne. Überall, wo West-Berlin war, wehen Fahnen. Sind es keine Hertha BSC- oder andere Fußballvereins-Fahnen, sind es Deutschlandfahnen. Warum hisst jemand so eine Fahne in seinem Garten? Vielleicht, damit er nicht vergisst, in welchem Land er lebt, oder damit die anderen sehen, in welchem Land sie sind. Weil dann in Zehlendorf in der Dauerkleingartenkolonie an der Benschallee ein Kolumbianer zu einem Sudanesen sagen kann: »Oh fuck, we are in Germany!« Natürlich ist es eine Markierung, ist Standpunkt und Stolz. Der Stolz auf ein Land, auf etwas, womit man nur zufällig etwas zu tun hat, Stolz auf ein Konstrukt.

Ich biege ab auf den Königsweg und ich weiß jetzt schon, dass es eine sehr langweilige Strecke werden wird. Ich bin diesen Weg schon mal gefahren, es ist lange her, so lange, dass ich mich nicht mehr genau daran erinnern kann. Sicherlich war es kurz nach der Maueröffnung, und sicherlich waren meine Eltern begeistert davon, nun auch hier entlangfahren zu können. Sie zog es nach Brandenburg und an den Rand Berlins, mich zog es in die Mitte und in den Prenzlauer Berg. Das Einzige, woran ich mich erinnere: Der Weg führte immer und immer geradeaus und es war unglaublich langweilig. Ich halte irgendwann an und trinke etwas. Unweit hält ein älteres Paar an, das auch mit Rädern unterwegs ist. Auch sie trinken aus ihren Flaschen.

»Wir waren mal in Marzahn«

»Sie sind alleine unterwegs, junger Mann?«, spricht mich die Frau an.

Und weil das mehr eine Feststellung als eine Frage ist, sage ich nur ein knappes »Ja« und frage die beiden, wo sie hinwollen.

»Wir fahren den Mauerweg entlang, Stück für Stück. Im letzten Jahr waren wir oben in Spandau und Reinickendorf. Und nun hier, mal sehen, wie weit wir kommen. Notfalls«, sie zeigt auf ihre beiden hochwertigen Klappräder, »passen die hier in den Kofferraum von einem Taxi. Und Sie?«

Ich erzähle den beiden, was ich vorhabe, einmal ganz rum, und ein Buch soll es werden, ich sei Schriftsteller.

Der Mann kommt näher und meint, dass man davon wohl nicht leben könne, »Außer Sie sind Goethe!«, und ich sage, dass wir das ausschließen können. Ob sie aus Berlin kommen würden und ob ich ihnen ein paar Fragen stellen dürfe? Die beiden sehen mich aufmerksam an und der Mann sagt: »Na, dann machen Se mal!«

Es dürfe auch gerne ausführlicher sein, ich hätte Zeit.

»Wir haben auch Zeit, jede Menge!«, sagt die Frau.

»Wie war das, als die Mauer fiel?«, frage ich.

»Schön!«, sagt die Frau. »Ein paar Tage danach haben wir uns mit meiner Cousine und ihrem Mann, die in Brandenburg wohnten, getroffen, sind durch den Tiergarten, bis zum Brandenburger Tor, und da haben wir dann durch die Mauer geguckt. Es waren sehr viele Menschen da. Man konnte durch dieses Loch durchgucken, vielleicht auch durchsteigen, das weiß ich nicht mehr genau. Das war für uns alle ein Wahnsinnserlebnis!«

»Das war für mich«, sagt der Mann, »ein ähnliches Erlebnis wie zum Beispiel an dem Tag, als die Flugzeuge in die Twin Towers reingerast sind. Ich hab in meinem Dienstzimmer gesessen, kommt so 'n jungscher Inspektor rein, stellt sich in die Tür und sagt, da ist ein Flugzeug reingerast! Nö, hab ich gesagt, das kann gar nicht sein! So 'n Moment war das. Das wirkt auf einen. Emotional.«

Ich sehe ihn verdutzt an und frage, ob er die Maueröffnung wirklich so fürchterlich fand wie den Angriff auf das World Trade Center?

»Nein, es war nicht fürchterlich, es war irgendwie nicht glaubhaft, weil man ja nichts anderes kannte.«

Ob sie es erwartet hätten, es ging ja alles sehr schnell?

Der Mann steigt von seinem Fahrrad und verlagert seinen Schwerpunkt auf das rechte Bein. »Die DDR war ökonomisch am Boden, das war der eigentliche Grund, nicht so sehr der Volksaufstand, das kam zusätzlich dazu, und der Versprecher von dem Schabowski war dann der auslösende Teil, was hatte der gesagt, meines Wissens, und fummelte an seinem Zettel, meines Wissens ist die Mauer geöffnet oder so ähnlich, und da guckte man erst mal und dachte, na, der ist ja genauso blöd wie der Krenz. Und die Grenzer an der Mauer, die waren natürlich völlig überrascht, erst haben sie die jungen Leute, die johlend, schreiend, jubelnd mit ihren Trabis kamen, abgewehrt. Wir sind gleich nach der Wende nach Brandenburg raus und haben Rehe gesehen.«

Ob sie denn auch nach Ost-Berlin gefahren seien, nachdem die Mauer fiel?

Sie nicken zaghaft.

Waren sie mal in Lichtenberg, Hohenschönhausen oder Köpenick?

»Nie«, sagt die Frau und der Mann fragt: »Warum?«

Ich zucke mit den Schultern. »Aus Interesse und weil es Teil dieser Stadt ist, in der Sie wohnen.«

»Ich fahre auch nicht nach Hermsdorf. Und auch nicht nach Lichtenberg, ich habe keine Beziehung dazu. Wir waren mal in Marzahn, ganz zu Anfang, weil dort Verwandtschaft von uns gewohnt hat. Diese Blocks, in denen wir da waren, das stellte sich im Nachhinein in einem Gespräch heraus, die wurden extra für Stasi-Angehörige gebaut.«

Die Frau steigt nun auch von ihrem Rad. Ich lehne mein Fahrrad gegen einen Baum.

Sie seien wirklich nie los, um sich mal den Ostteil der Stadt anzugucken?

»Ein Mal«, sagt die Frau, »auch in Marzahn, um uns die Gärten anzusehen, diese chinesischen Dinger, ein Mal. Allerdings war das auch zehn Jahre später. Aber das ist auch weit für uns. Da müssen wir einmal durch die ganze Stadt durch, das überlegen wir uns, ob wir zwei Stunden am Tag unterwegs sein wollen. Wissen Sie, alles, was hinterm Alex liegt, das interessiert uns nicht mehr. Zu Anfang waren wir doch in dem Viertel, was jetzt ein Luxusviertel geworden ist, gleich hinterm Alex, weißt du das noch?«

»Ja, irgendwie«, sagt der Mann.

»Da hatten die so schöne Restaurants. Nördlich, linkerhand.«

Ob sie denn nicht mal in einem der Theater waren oder in den Opernhäusern in Mitte?

»Ja, immer, natürlich! Das haben wir gemacht. Auch in den Museen«, ruft die Frau.

Und essen gehen am Kollwitzplatz, frage ich. Das sei doch irgendwann unter West-Berlinern sehr angesagt gewesen, ich würde es von meinen eigenen Eltern kennen.

Der Mann räuspert sich und sagt: »Ich habe den ganzen

Osten mal kennengelernt durch eine Busrundfahrt, die mein Arbeitgeber organisiert hat, öffentliche Verwaltung, na ja, für uns als Bewilligungsausschuss, und da habe ich drauf gedrungen, dass wir nicht durch West-Berlin, sondern durch Ost-Berlin fahren, und dadurch habe ich den Kollwitzplatz und diese Sachen kennengelernt. So ist das dann gelaufen. Von alleene, ach!« Er winkt ab.

»Ich habe«, sagt die Frau, »mit einer Freundin eine Rundfahrt gemacht, Musikstätten, mit Führung, im Bus. Das war ganz toll. In Ost-Berlin. Und mit meiner Cousine war ich viel unterwegs. Kulturell war immer alles gut.«

Ich versuche es weiter. Pankow, frage ich, Köpenick?

»Wir haben mal mit einem unserer Enkel eine Dampferrundfahrt durch den Osten gemacht, da sind wir in dieser Bucht los. Und das Schloss, da waren wir auch mal, das Schloss in Köpenick. Und in Klein-Venedig waren wir auch. Die haben bestimmt auch schöne Viertel, gute Viertel, schöne Villenviertel.«

Sie sind also nur bis zum Kollwitzplatz, aber nicht weiter, und ansonsten haben sie sich südlich gehalten. Wahrscheinlich merken mir die beiden an, worüber ich nachdenke, und vielleicht kennen sie auch diesen Gedanken über genau diese Generation von West-Berlinern, die den Fall der Mauer gut fanden, denen aber die aufeinandergeschichteten Wohnungen von SED-Wählern suspekt waren.

»Wissen Se, bei mir ist die Aversion so stark, ich will da nicht hin«, sagt der Mann.

»Wir haben dazu keinen Bezug«, sagt die Frau, »aber Mitte ist toll, ich liebe Mitte, diese schönen alten Bauten, die Museumsinsel, das Nicolaiviertel, da könnte ich jeden Tag sein, ich finde das wunderschön!«

Woran sie denken, wenn sie an das alte West-Berlin denken?

Die Frau muss nicht überlegen, sie antwortet sofort: »Wenn ich ans Rathaus Schöneberg denke, das ist für mich ein Stück Heimat, weil ich von dort fünf Minuten entfernt gewohnt habe mit meinen Eltern. Und als wir da einzogen, fuhr da noch die Straßenbahn lang, und so nach und nach wurde es natürlich immer dichter. Mein tollstes Erlebnis war, als ich noch zur Schule ging und es hieß, John F. Kennedy hält vor dem Rathaus Schöneberg eine Rede, eine Ansprache, und da haben wir alle freibekommen und sind dann da hin, durch den Volkspark. Der Volkspark ist auch so eine Art Heimat, für meinen Mann und mich, weil wir da sehr viel Freizeit verbracht haben, bevor wir zusammen waren und nachdem wir uns kennengelernt hatten. Da gab es so einen Hirsch, einen goldenen Hirsch, und dann sind wir immer durch den ganzen Park gelaufen, und es gab viele Liegewiesen dort, und auf diese Liegewiesen, da habe ich mich im Sommer oft hingelegt und habe ein Buch gelesen, das war richtig schön. Aber noch mal John F. Kennedy: Wir hatten alle freibekommen und es war eine irre Ansammlung von Menschen vor dem Rathaus, und da sagte er den berühmten Satz ›Ich bin ein Berliner‹. Und was mich auch sehr an dieses Rathaus immer wieder erinnert, ist die Freiheitsglocke, die einen wunderschönen Klang hat. Immer wenn die Freiheitsglocke geläutet hat, war das etwas Besonderes!«

Der Mann hat, während seine Frau sprach, ein paarmal zustimmend genickt und sagt nun: »Das war ein sehr tiefer, nachhallender Klang.«

»Und unsere Schule«, redet die Frau weiter, »wir gingen auf dieselbe Schule, lag ja auch direkt am Volkspark.«

»Also, am Ausläufer, der Volkspark ging ja bis zum Fenn, so hieß der See«, sagt der Mann.

»Und wir mussten«, ergänzt die Frau, »mit unserem Zeichenlehrer immer an das Fenn und dort zeichnen.«

»Und wir«, sagt der Mann, »mussten im Sport unseren Tausendmeterlauf um das Fenn machen. Es gab keine andere Gelegenheit, sich sonst irgendwo in der Nähe im Wald zu bewegen.«

Die Frau hebt leicht ihre rechte Hand, sie ist wieder dran. Ich drehe meinen Kopf zwischen den beiden hin und her. Es ist ein wunderbares Erinnerungs-Pingpong, was die beiden hier machen.

»Der Lochowdamm, das war für uns das beste Schwimmbad im Sommer, da haben wir uns alle getroffen aus der Schule und sind da schwimmen gewesen«

»Ja«, sagt der Mann.

»Da hatten wir unsere ersten Bikinis an!«

Die Frau lacht, es ist ein Lachen, das sich erinnert, ein Lachen, dass sie um vierzig Jahre jünger macht. Der Lochowdamm trug den Namen eines deutschen Generals des Ersten Weltkriegs und wurde 1968 in Fritz-Wildung-Straße umbenannt. Im Volksmund blieb die Bezeichnung Lochowbad, aber wer jünger als vierzig Jahre ist, kennt das noch immer existierende Freibad unter dem Namen Sommerbad Wilmersdorf.

Wo sie denn hingefahren seien, wenn sie richtige Ausflüge gemacht haben?

»Mein Mann hat die Räder aufmontiert, auf das Autodach, und dann sind wir immer in den Tegeler Forst gefahren oder in den Spandauer Forst, bis nach Eiskeller, und in Eiskeller sind wir immer an der Mauer entlang, und da gab es diese Vopos auf der anderen Seite, die da durch ihre Ferngläser geglotzt haben, und wir haben fröhlich gewunken, das hat uns nicht weiter gestört, wir waren auf der sicheren Seite, so habe ich das immer empfunden.«

»Jedenfalls«, sagt der Mann, »bedeutete das für die Ureinwohner Berlins eine Inkaufnahme von erheblichen Schwierigkeiten, um nicht schon wieder in den Grunewald zu fahren, sondern Richtung eines anderen Grüns im Norden. Also fuhr man dann vom Süden bis nach Tegel oder Spandau, das erforderte immer eine lange Fahrt über die Stadtautobahn.«

Die Frau nickt. »Wir konnten aber auch mit einem Tagesvisum Ausflüge machen, aus Berlin raus, und waren in Meißen und in Leipzig, und da konnte man auch in Restaurants gehen und bekam ein Bier für fünfzig Pfennig, Ostpfennig. Man musste an der Grenze einen Zwangsumtausch machen.«

»Da sind wir an der Grenze gefilzt worden. Unsere Kinder mussten das Auto verlassen, und dann haben die unter die Rücksitzbank gesehen, und die war völlig vermüllt, mit Lutschern, Papierchen, Kaugummi, Spielfiguren, unsere Kinder haben sich jedenfalls gefreut!«

»Solche Ausflüge konnte man machen, mit vorheriger Anmeldung und Zwangsumtausch, und spätestens um 24 Uhr musste man wieder zurück sein. Man durfte von der Transitautobahn nicht runter, man fuhr zu seinem Ziel, so einfach mal runter und durch die Landschaft fahren, das ging nicht.«

War es irgendwann langweilig, immer Ausflüge zu den gleichen Orten zu machen?

»Ja«, sagt der Mann, und noch mal »ja«, ein kurzes fast tonloses Ja.

»Also die Zeit, als mein Vater noch lebte, das war die Zeit vor '56, der ist mit mir da immer rausgefahren, Wannsee und Albrechts Teerofen. Da konnte man an dem Kanal entlanggehen, bis zu einem bestimmten Punkt. Nicht umsonst sind wir dann immer nach Tegel oder Spandau gefahren. Irrsinnig, wer käme heute auf die Idee, um ins Grüne zu kommen, einfach nach Tegel zu fahren oder nach Spandau, mit kleinen Kindern! Und die Fahrt in die Lüneburger Heide, um den Kindern Schafe und Löwenzahn und Spargelfelder zu zeigen.«

Ob sie mal zu Mauerzeiten in Ost-Berlin waren?

Beide nicken. »Über den Tränenpalast, es gab auch noch einen Übergang in Neukölln.«

Wie dieser Teil der Stadt auf sie gewirkt habe?

»Sehr trist«, sagt die Frau, »öde, grau, die Farbe an den Häusern war abgeplatzt, Straßenfluchten, alles vergammelt und verlassen, aber manches war auch modern. Aber wenn man die Hauptplätze und Hauptstraßen verließ und in die Nebenstraßen ging, war da alles trist ... oder?«

»Prunk und Pracht nach außen«, sagt der Mann, »die Karl-Marx-Allee zum Beispiel, wir sagten immer Stalinallee. Die Wohnungen selbst, ich habe das beruflich gemacht, bis in den Kern marode. Wir mussten allein nach der Wende aus dem Berliner Haushalt für die Erneuerung der Wasserrohre, die zugewachsen waren, fünf Milliarden hinlegen. Es lief nichts mehr, die technische Infrastruktur war im Arsch, die soziale Infrastruktur war im Arsch, und keiner wusste da, was Investitionen bedeuten für das Fortbestehen einer Gesellschaft.«

»Na aber wirklich«, sagt die Frau, »die haben da ihre Aufmärsche gemacht, die haben aus der ganzen DDR die Jugend hingekarrt. Wenn man an der Grenze stand und rübersah, sah man nur Brache, zum Beispiel der Potsdamer Platz, der sah aus!« Sie stöhnt auf. »Nichts, gar nichts war da, nur Wüste, auch da, wo jetzt das Bundeskanzleramt steht. Ich war damals im Tiergarten, in Moabit an einer Schule und bin da immer so hintenrum gefahren, auf der Umgehungsstraße. Da war links und rechts nichts, überhaupt nichts!«

Sie waren also in Ost-Berlin, in Leipzig, in Meißen, mit offenen Augen und neugierig. Und dann lebt man mittendrin, umgeben von einer Mauer, wie das – blöde Frage, ich habe keine Vorstellung, zu jung für den Überblick – gewesen sei?

»Das war schon abartig«, sagt die Frau.

Wir sehen einander an und schweigen kurz.

Dann frage ich: »Und wie fühlte sich das an?«

»Scheiße!«

»Sehr bedrückend!«, sagt die Frau.

»Scheiße«, wieder der Mann.

»Wir haben uns«, wieder die Frau, »immer etwas bedroht gefühlt. Wir konnten nicht einfach weg, wir hatten hier auch Verpflichtungen, beruflich, unsere Eltern waren hier, wir konnten nicht einfach weg.«

»Vielleicht kann man das vergleichen«, sagt der Mann, »mit einem sehr großen Gefängnishof, und die West-Berliner hatten Ausgang, um mal frische Luft zu schnappen.«

»Na ja«, sagt die Frau, und nach einem Moment: »Es hat die West-Berliner aber auch zusammengeschweißt, die Kieze auch. Wir hatten sehr schöne Orte hier, zum Beispiel die Kneipenkultur, das war ganz großartig, da haben wir die ganzen Weltmeisterschaften gesehen, es hatten noch nicht alle einen Fernseher. Fast an jeder dritten Ecke war so ein Treff, und die Leute sind da auch hingegangen, das war immer eine nette Atmosphäre, man konnte sich dort mit allen unterhalten in den Kneipen, so was gibt es heute gar nicht mehr. Die Kneipen hier in Berlin waren was Besonderes.«

Ob sie meinen, dass man einen besseren Kontakt zu Nachbarn und zu Arbeitskollegen hatte?

»Ja, natürlich. Wie das bei einem Gefängnishof eben so ist.«

»Hinzu kam, dass West-Berlin nicht so viele exzentrische Typen hatte wie vielleicht die Bundesrepublik, diese furchtbar reichen Leute. Wir hatten hier auch Reiche, aber die waren nett, ansprechbar, die haben ihren Reichtum nicht so zur Schau gestellt. War doch so, oder?«

»Natürlich! Zwischen Arm und Reich gab es nicht diese drastischen Unterschiede wie heute, aber das ist ja überall so.«

Wir schweigen eine Weile.

»Und natürlich dieses Schauen auf die politischen Führungspersönlichkeiten«, sagt der Mann, »Ernst Reuter in den Fünfzigern!«

»Willy Brandt«, sagt die Frau

»Dann kam Suhr, dann Willy Brandt, das waren Leute, da ging man hin, die hörte man, weil da was rauskam, was Substantielles, nicht nur Geschimpfe oder Uns-geht's-Gut, sondern präzise, objektive Tatbeschreibungen, das war für die Leute erfrischend!«

Ob das für sie bei Diepgen und Momper auch noch so war? Beide sagen gleichzeitig: »Nee.« Dann der Mann: »Momper ging gerade noch so, aber das wurde immer schlimmer. Diepgen, so ein Heini, völlig korrumpiert durch die damalige Bauwirtschaft. Momper kam aus der Bauwirtschaft, hat versucht, das alles etwas menschlicher zu machen, während es bei dem anderen nur Shakehands mit Halbkriminellen gab.«

»Und ganz schlimm«, sagt die Frau, »Wowereit!«

»Na ja«, meint der Mann, »dit kam später, das ist ne andere Sache! Maßgeblich war auch Landowsky, also, es wurden richtige Schmierengeschäfte damals betrieben, und man hat versucht, sich reinzuwaschen. Weil die Leute zu gläubig waren. Wenn die Leute jahrelang in einem Gefängnishof leben, dann glaubst du an alles, was jemand dir von oberhalb der Mauer sagt, du hast keinen Vergleich mehr.«

Ich frage sie nach Prominenten, die sie mit West-Berlin in Verbindung bringen, und denke, nun kommt Harald Juhnke, ganz sicher kommt jetzt Harald Juhnke, oder zumindest Götz George, der oft mit seinem großen Hund am Schlachtensee spazieren ging.

»Schauspieler«, sagt die Frau, »wir kannten viele Schauspieler, und Eiskunstläufer, Marika Kilius zum Beispiel, wir hatten ja den Sportpalast, Hans-Jürgen Bäumler, das waren Stars, die haben ja auch die Europameisterschaft oder so was gewonnen, das waren richtige Stars.«

Der Sportpalast wurde 1910 gebaut. Zu seiner Eröffnung dirigierte Richard Strauss Beethovens Neunte. Wer dort alles auftrat: Frank Zappa, die Berliner Philharmoniker, Josef Goebbels, Benny Goodman, Louis Armstrong und der Führer. Es fanden auch Bockbierfeste, Kostümbälle, Veranstaltungen von KPD, NSDAP und SPD statt. Doch in erster Linie gab es dort Sportveranstaltungen: Eishockey, Eiskunstlauf, Boxen, Fahrradrennen. Der Sportpalast hatte Platz für bis zu 10 000 Menschen und war eine Weile die größte Halle der Stadt. 1973 wurde er aus finanziellen Gründen abgerissen und wenige Jahre später entstand an dieser Stelle das Gebäude »Wohnen am Kleistpark«, das seit 2001 »Pallasseum« genannt wird und wohl eine der größten Ansammlungen von Satellitenschüsseln auf Balkonen im öffentlichen Raum beherbergt. Im Volksmund wird der Wohnblock, in dem in 514 Wohnungen mehr als 2 000 Menschen leben und der die Pallasstraße überspannt, »Sozialpalast« genannt, einerseits in spöttischer Anlehnung an den Sportpalast und zynisch im Hinblick auf die sozialen Probleme, die diese Wohnanlage seit langem hat.

»Sehr toll waren auch die Don Kosaken, die waren damals sehr beliebt, diese urigen Lieder, da waren auch ganz alte Russen dabei, die in dem Chor sangen.«

Ich erzähle den beiden, dass dieser Chor noch immer existiere, sie sollten darauf achten, gerade um Weihnachten rum gebe es Konzerte in der Stadt.

»Wie früher!«, sagt die Frau.

Der Mann unterbricht sie. »Weißt du, Ost-Berlin war damals kulturell weitaus mehr auf der Höhe als der Westteil Berlins, und Schüler hatten die Möglichkeit, Eintrittskarten für die

Theater und Opern da drüben für billig Geld zu ergattern, und konnten dann da rübergehen. Die besten Aufführungen, die ich in meinem Leben erlebt habe, stammen aus Ost-Berlin, das war ganz fantastisch, was dort geboten wurde, während hier eigentlich nichts war, wenn ich das richtig in Erinnerung habe, vielleicht war das für Schüler auch zu teuer hier.«

»Aber, hör mal«, unterbricht ihn die Frau energisch, »Schiller-Theater! Da waren wir doch auch!«

»Hinterher, hinterher!«, sagt der Mann. »Ich bin ja recht früh ins Theater gegangen, zehnte, elfte Klasse, da war ich immer in Bewegung, das habe ich sehr schätzen gelernt, was es da drüben gab.«

»Ich war als Jugendliche nie in Ost-Berlin«, sagt die Frau, »weil ich mit meinen Eltern aus der DDR geflüchtet war, und dadurch habe ich natürlich diese Schülerkarten nie in Anspruch genommen, obwohl mein Musiklehrer immer sagte, geh doch mal rüber in die Oper! Nein, ich traute mich nicht. Wer weiß, wofür es gut war. Ich war jedenfalls alleine nicht drüben. Ich hätte dann auch mit der S-Bahn fahren müssen und wieder zurück, das war mir damals einfach zu riskant. Und mein Vater ist nie durch die DDR gefahren, nur geflogen! Der war ja Republikflüchtiger.«

Der Mann nickt. »Wir sind mal mit dem Bus durch die DDR gefahren, da wurde sie dann aufgerufen.« Er deutet auf seine Frau. »Kommen Sie mal mit! Ich wollte mitgehen, aber das wurde verwehrt. Sie musste dann alleine los und ihren Koffer da in der Baracke öffnen, diese Heinis hatten nichts anderes zu tun, als selbst Jugendliche zu schikanieren. Das war der Inhalt ihres Berufs.«

»Und dann«, sagt die Frau, »waren wir beide mal in Werder, in diesem niedlichen kleinen Dorf. Da waren wir in einem Restaurant, und dann setzte sich einer zu uns, und der versuchte mir einzureden, dass er mich kennt, und dass ich bei so einem Sportfest mitgemacht hätte, das wäre doch ganz toll gewesen. Was der alles erzählt hat! Also auf diese plumpe Art und Weise wollten die Ossis zu den Westleuten Kontakt aufnehmen, vielleicht auch im negativen Sinn, die aushorchen und so was. Darauf haben wir uns gar nicht eingelassen. Wir haben uns halb totgelacht! Stimmt ja gar nicht, haben wir gesagt.«

Ob sie aufgefallen seien?

Die Frau sieht mich erstaunt an.

»Ja, natürlich!«, sagt sie.

»Na aber, Mensch!«, ruft der Mann. »Die ostdeutsche Klamottenproduktion war rudimentär, um dit ma zu sagen. Die haben ihren ganzen Mist aus der Sowjetunion bezogen. Schwerindustrie war gut, chemische Industrie, Leuna und so weiter, war gut, aber bestimmte Industriezweige, zum Beispiel Textilien, war minimal. Und wenn sie gute Textilien gemacht haben, musste das nach Westdeutschland, wegen der Devisen, dann haben wir das gekriegt, aber nicht der DDR-Bürger, der hat nüscht davon gesehen.«

Die Frau nickt, überlegt eine Weile und sagt dann: »Wir sind auch nach dem Mauerfall überall aufgefallen, schon allein, wenn wir uns unterhalten haben, sei es auf der Straße oder im Restaurant, immer! Am Nachbartisch saßen dann Ossis, die haben immer nur geguckt, horch und guck, und das ist noch immer so, bei den Älteren, wenn wir in Brandenburg sind, in einem Restaurant, dann denken wir nach einer Weile, hier stimmt irgendwas nicht! Warum ist das so leise? Und die Leute, die gucken nur oder reden ganz leise. Es gibt auch viele, die sind nicht so indoktriniert worden, bei denen ist das anders.«

Ob es für sie ...

»Wir müssen jetzt mal weiter, junger Mann!«, ruft der Mann

und fügt in normaler Lautstärke hinzu: »Das ist gar nicht so einfach, bei mir wühlt das rum, emotional, verstehen Sie?«

Ich sage, dass ich das sehr gut verstehen würde, es täte mir leid, wenn ich ihnen zu nahegetreten sei, und es wäre nicht meine Absicht gewesen, dass wir uns nun in – ich sage es tatsächlich – emotionaler Schräglage voneinander verabschieden würden.

»Wat is denn mit Ihnen? Kommen Sie ooch aus West-Berlin?«

»Ja«, sage ich.

»Hat er doch gesagt!«

»Ach ja, hatte er ja gesagt!«

Die beiden lächeln mich an, als würde jetzt, wo sie sicher sind, dass auch ich aus West-Berlin komme, alles gut werden, mit uns, Berlin und der Welt. Wir winken uns zu und die beiden fahren los.

Von der Avus bis zu Loretta am Wannsee

Nach einer Weile erreiche ich die Königswegbrücke, die 1997 errichtet wurde und unter der die A 115 verläuft, jene Autobahn, auf der West-Berlin verlassen und auf der nach West-Berlin eingefahren wurde. Jene Autobahn, die zur Kontrollstelle Dreilinden führte und weiter nördlich zur Avus wird. Auf der Automobil-Verkehrs- und Übungsstrecke, abgekürzt Avus, war es erlaubt, zwischen dem Funkturm und dem Grenzkontrollpunkt Dreilinden das Auto ohne Tempobegrenzung auszufahren. Hier machten alle West-Berliner die für die Führerscheinprüfung notwendige Autobahnstunde. Das Auto war in West-Berlin, neben den Mahlzeiten, dem Trinken und Atmen, etwas absolut Lebensnotwendiges. Die rot-grüne Koalition in den Achtzigerjahren begrenzte das Tempo auf hundert, und da sich viele der Insassen von West-Berlin nun ihrer Möglichkeiten und sicherlich auch irgendwie ihrer Freiheit beraubt sahen, gab es lauten Protest. Unter anderem wurden Aufkleber in hoher Stückzahl hergestellt, auf denen stand: »100?! Ick gloob ick spinne!« – allein dieses kurze Statement drückt den kompletten Berliner Charme aus. Das Tempolimit blieb und die Avus wurde zu einem stinknormalen Teil der Autobahn. In meiner Erinnerung ist sie so etwas wie die Einfahrtschneise, und zwar die einzige, nach West-Berlin. Jedes Mal, wenn wir aus dem Brandenburgischen kommend, müde die Avus entlangfahren, soeben haben wir Dreilinden passiert, und dann irgendwann auf der Hälfte der Strecke wird der Funkturm deutlich sichtbar, denke ich: Jetzt sind wir in Berlin. Ich denke es auf keiner anderen Straße, die nach Berlin führt. Von der Königswegbrücke sehe ich eine Weile runter auf die Autobahn.

Die drei Grenzübergänge innerhalb des amerikanischen Sektors wurden nach dem im Flugverkehr gebräuchlichen NATO-Alphabet benannt: Checkpoint Alpha war der Grenzübergang Helmstedt-Marienborn, Checkpoint Bravo der Grenzübergang Dreilinden und Checkpoint Charlie der alliierte Grenzübergang innerhalb Berlins. Über Dreilinden, niemand sagte Checkpoint Bravo, fuhr der gemeine West-Berliner per Auto in den Urlaub, und bevor er dies tun konnte, stellte er sich mit seinem Auto in eine Warteschlange und wartete, manchmal stundenlang. Wir passierten den sowjetischen Panzer, der seitlich der Autobahn stand, kurz nach dem Verlassen West-Berlins, kurz vor dem DDR-Kontrollpunkt. Der Panzer stand auf einem Sockel und war so ausgerichtet, dass sein Geschützrohr auf West-Berlin zeigte. Es soll der erste Panzer gewesen sein, der 1945 Berlin erreichte, und ziemlich sicher ist er es wohl nicht. Aber eine gute Geschichte bleibt eine gute Geschichte.

Es war immer sehr heiß an diesen Sommertagen, an denen wir in den Urlaub fuhren. Die Familien, die viel Geld hatten, konnten es sich leisten, auch zu viert in den Urlaub zu fliegen. Die Familien, die keins oder zu wenig hatten, machten Urlaub auf dem Balkon, und alle anderen, und es wirkte an der Grenze immer so, als wären es so gut wie alle, nahmen das Auto. In den wenigsten Autos gab es damals Klimaanlagen, und so saß man beisammen bei geöffneten Fenstern, atmete die Abgase der dreitausend anderen Autos ein, die darauf warteten, wieder einen Meter oder zwei vorwärtszurollen. Erreichten wir das erste Kabinenhäuschen der Grenzkontrolle, nahm uns ein Beamter in graugrüner Uniform die Pässe ab, fragte, ob wir Funk, Waffen oder Munition dabeihätten, verstaute die Pässe in roten Hüllen und legte sie auf ein überdachtes Förderband, das bis zu der tatsächlichen Grenzübergangsstelle führte. Dort gab es exakt das gleiche Prozedere. Auf die Frage nach Funk,

Der ehemalige Kontrollpunkt Dreilinden

Waffen und Munition sollten meine Schwester und ich unter keinen Umständen irgendetwas sagen, wir sollten, wenn möglich, während dieses Fahrtabschnitts überhaupt nicht sprechen. Es herrschte jedes Mal eine bedrückende, angespannte Atmosphäre in unserem Auto. Dann bekamen wir die Pässe zurück und durften losfahren. Mit der Grenze im Rücken prasselten Dutzende von Fragen zu dem eben Erlebten auf unsere Eltern ein. Wir waren nun in den DDR, wir fuhren hinein. Nein ... Nein, wir fuhren zwar hinein, aber mit dem Ziel, hindurchzufahren, denn das Verlassen der Autobahn und Autobahnparkplätze war verboten. Das regte die Fantasie von uns Kindern ungemein an. Was denn passieren würde, wenn wir es täten? Meine Mutter sagte meistens etwas wie: »Na, was denkt ihr, was die dann mit uns machen!« Und damit war eigentlich auch schon alles gesagt. Es würde Schlimmes passieren. Ebenso war es verboten, sich mit Bürgern der DDR zu treffen. Warum, fragte ich mich als Kind, hießen Menschen, die in der DDR lebten, Bürger der DDR? Sicherlich war auch ich bald ein Bürger, zwar Bürger West-Berlins, aber immerhin. Die Achtziger waren die Jahre des Bürgernennens und Genanntwerdens. Jeder Mensch, der über achtzehn Jahre alt war, und egal, wo er herumlief, war Bürger, ganz sicher.

Die Transitstrecke sollte zügig und wenn möglich ohne Unterbrechungen zurückgelegt werden. Jeder Sommerurlaub begann mit der größtmöglichen Anspannung. War es klug gewesen, um diese Uhrzeit loszufahren? Hätte man nicht besser doch lieber nachts schon aufbrechen sollen? Oder die Kinder schon zwei Tage früher aus der Schule nehmen? Mein Vater stand nachts auf, packte den Kombi bis unters Dach und ließ doch hinten einen Platz frei, groß genug für zwei von der langen Autofahrt gelangweilte Kinder, die manchmal allein oder zu zweit auf diesem Platz im Kofferraum saßen und die Autos beobachteten, die hinter uns fuhren. Meine Schwester und ich spielten Auto-Quartett und hin und wieder unterhielten sich unsere Eltern über die Trabis und Wartburgs, die immer auf der rechten Spur fuhren, während die Automobile aus dem kapitalistischen Ausland an ihnen vorbeizogen. Wir sahen in die Autos hinein, manchmal winkten wir, manchmal winkten Leute zurück, und unsere Eltern ermahnten uns, damit aufzuhören. Wir fuhren über diese großflächigen, vielleicht fünfzig Meter langen Betonplatten, und an jeder Bruchnarbe gab es das Geräusch der darüberrollenden Vorder- und Hinterreifen. Es war ein sehr eigenwilliger Sound, der die Eltern bei jeder Fahrt erst nervte, bis sie sich irgendwann daran gewöhnten. Es war ein Geräusch, an das ich mich noch immer gut erinnern kann – und jeder, wirklich jeder, der öfter die Grenze passierte, kann das. In der DDR sahen die Autobahnschilder verblasst aus, wie zu lange hingestellt, vergessen und von der Sonne ausgeblichen. Die Höchstgeschwindigkeit lag bei 100 km/h, rechts und links stand der brandenburgische Kiefernwald, der auch ein bisschen aussah wie hingestellt und vergessen. Das Geräusch, immer wieder das Geräusch, da-damm, da-damm, da-damm, stundenlang, rechts und links, dicht an dicht, Kiefer neben Kiefer, stundenlang, und die graue Straßendecke vor uns.

Fuhren wir Richtung Helmstedt, kamen wir an der Magdeburger Börde vorüber, eine weite, fast leere Fläche, die den Himmel darüber noch weiter und leerer erschienen ließ, und mitten in dieser Weite ragte der Dom von Magdeburg empor, wie ein Kommazeichen, das den Erzählfluss der Weite und Leere unterbrach. Ich fragte mich immer wieder, wie es wohl in dieser Stadt und vor allem in diesem Dom aussehen mochte. Erst vor wenigen Jahren, nachdem ich mit meinen pubertierenden Kindern im Harz war, in dem die Steinpilze herumstanden, als wäre alles, wirklich alles in Ordnung, und ich mit den Kindern auf den Brocken stieg, was für sie, ganz klar, eine Nötigung darstellte, fuhr ich mit ihnen auf dem Rückweg nach Berlin über Magdeburg. Was wir denn da jetzt bitte überhaupt wollen, sie seien schon auf den Brocken, auf den natürlich total bekloppten Brocken gestiegen, so viel gelaufen wie noch nie in ihrem Leben, sowieso alles übertrieben, und wenn ich so hobbylos sei, solle ich das alles das nächste Mal alleine machen. Wir standen vor dem Dom und für eine Weile verschlug es auch den Kindern die Sprache. Wir gingen hinein, erst durch den Dom, dann durch den Kreuzgang. Dann sagte eins der Kinder: »Können wir jetzt wieder gehen?« Und ein anderes sagte: »Wir haben jetzt alles gesehen.« Ich gab schnell nach. Ich war im Dom, ich hatte ihn von innen gesehen. Würde ich das nächste Mal an der Magdeburger Börde vorbeifahren und die Türme des Domes sehen, würde ich mich erinnern.

Erreichten wir Westdeutschland, atmeten die Eltern auf und das beklemmende Gefühl wich für ein paar Minuten einer Partylaune, die bald wieder schwand, denn Südfrankreich war doch noch ein paar Kilometer entfernt. Aber das Schlimmste, wie die Eltern immer sagten, lag nun hinter uns. Meine Eltern hatten für ein paar Jahre eine Leidenschaft für den Süden Frankreichs und so verbrachten wir dort einige Male die kompletten Sommerferien. Auf den Rückfahrten, mit einer Übernachtung am Kaiserstuhl, einem kleinen Mittelgebirge im Südwesten Baden-Württembergs, mussten wir wieder an der Grenze warten, hörten da-damm, da-damm und sahen die graue Straßendecke vor uns. Die Eltern gaben sich alle erdenkliche Mühe: Wir spielten Karten und »Ich sehe was, was du nicht siehst«, die Auswahl an Süßigkeiten war großzügig, wir merkten uns die Ortskürzel der Kennzeichen anderer West-Autos und fragten die Eltern danach. Sie kannten natürlich alle großen Städte in Deutschland, aber darüber hinaus fast nichts. Ihre damalige Unwissenheit auf diesem Gebiet war so phänomenal wie meine heutige über die Lage deutscher Mittelgebirge. Meine Unkenntnis von Westdeutschland ist leider auch noch immer ziemlich ausgeprägt. Das mag daran liegen, dass der gemeine West-Berliner fast überall Urlaub machte, nur nicht in Westdeutschland. Zudem lernte ich in der Schule weder die Bundesländer in Westdeutschland noch die Lage wichtiger Städte, Flüsse oder Mittelgebirge. Es gibt Länder in Europa, über die ich einen besseren topografischen Überblick habe. Den Süden Frankreichs kenne ich besser als die sogenannten alten Bundesländer – abgesehen von der Gegend um den Kaiserstuhl. Ich liebte das Fach Sachkunde. Wir gingen mit unserer Lehrerin in den nahe gelegenen Park und lernten Raben und Krähen voneinander zu unterscheiden. Wir lernten die Anordnung und Namen der Straßen, die zwischen unserer Schule und dem Zentrum unseres Bezirks lagen. Dahinter fing irgendwo Berlin an, weiter hinten irgendwann auch Westdeutschland, bestimmt, irgendwo, aber damit hatten wir nichts zu tun, es war schlichtweg egal. Als mein Sohn in der Schule die deutschen Bundesländer und ihre Landeshauptstädte auswendig lernen musste, kaufte ich eine Deutschlandkarte und befestigte sie in der Küche. Manchmal stehe ich davor, reise mit den Augen herum, entdecke zum Beispiel den Spessart und denke, ach so, der Spessart, da ist er also, und bemühe mich, es mir zu merken.

Dann erschien irgendwann das ausgeblichene Straßenbahnschild, auf dem »Transit West-Berlin« und darunter »Teltow« stand. Wir fuhren auf die von Nadelwald gesäumte Kurve zu, die so einzigartig war, dass wir bei ihrem Anblick sofort wussten, dass es nun nicht mehr weit war. Fuhren wir dann, zumeist am Abend des letzten Ferientages, wieder in West-Berlin ein, waren meine Schwester und ich damit beschäftigt, die mittlerweile neu aufgehängten Reklametafeln zu lesen und uns darüber angeregt auszutauschen. Schließlich waren wir sechs Wochen – also eine Ewigkeit – nicht mehr dagewesen und hatten viel Zeit auf südfranzösischen Landstraßen, in Dörfern und Kleinstädten verbracht. Aber vielleicht war es auch eine Reaktion auf die Stunden monotoner Transitstrecke – es gab wenige Orte auf der Welt, die ich kannte, an denen es langweiliger und stumpfer sein konnte.

Ich fahre weiter, ich bin hier ganz allein unterwegs, vor mir und hinter mir der Weg, der über sanfte Hügel führt, umgeben von Mischwald. Ich fahre vor mich hin, ich trete die Pedale, ein Mechanismus, scheint es, der von ganz allein stattfindet. Ich denke über alles Mögliche nach, nur nicht darüber, dass ich auf dem Mauerweg unterwegs bin und ein Buch über West-Berlin schreiben möchte. Nach einer Weile entsteht eine angenehme Leere in meinem Kopf, wie ich es auch vom Joggen kenne. Der Körper konzentriert sich allein auf die immer gleiche Bewegung. Ich trete und trete und der Wald fährt an mir vorbei. Als ich nach einigen Kilometern wieder aus diesem Zustand auftauche, weiß ich für einen kurzen Moment nicht, wo ich bin und was ich hier mache. Es ist Berlin, ich bin im Wald. Es ist der Düppeler Forst, und in diesem Forst kommt mir eine Frau mit einer dunkelblauen Maske entgegen. Dazu trägt sie eine große Sonnenbrille. Offensichtlich gehört sie zu denen, die ein bisschen Lust empfinden, sich mit gesellschaftlicher Akzeptanz komplett vermummen, verstecken zu können, ein wenig aus der Öffentlichkeit und der Wahrnehmung der anderen zu verschwinden. Die gesichtslose Frau nickt mir, als wir aneinander vorbeikommen, fast unmerklich zu. Eine Minute später überhole ich einen Jungen auf einem BMX-Rad, der in einem Hertha BSC-Trikot steckt. Am Ende des Königswegs befindet

Die einsamste Haltestelle von West-Berlin

sich ein kleiner Parkplatz, auf dem ein Campingbus und ein Pkw parken. Seitlich davon sitzt eine Kindergartengruppe auf zwei Baumstämmen, alle brüllen gerade sehr laut »Marmelade, Schokolade« und die Erzieherin macht ein Foto. Ich halte auf einem Platz, der gleichzeitig der Wendekreis für den Bus zu sein scheint. Vor einer fünfzehn Meter hohen Waldfront steht verloren ein Haltestellenschild. Es ist die einsamste Bushaltestelle Berlins. Eine Weile höre ich einer Nachtigall zu.

Auf der Nathanbrücke überquere ich den Teltowkanal und halte an der Bäkestraße Ecke Neue Kreisstraße. Ich sehe auf die Brücken und erinnere mich daran, wie wir dort nach Albrechts Teerofen fuhren, ein schmaler Streifen, umgeben von der DDR, der zu West-Berlin gehörte. Südlich dieser Brücken schrieb der Schriftsteller Rolf Haufs sein erstes Prosa-Buch mit dem Titel »Das Dorf S.«. Vorn in dem Buch findet sich eine handgezeichnete Karte von Steinstücken, dieses Buch legt Wert auf Genauigkeit. Rolf Haufs protokolliert: »Der Weg ist 1247 m lang und 212 cm breit. Er hat drei Ausweichstellen. Die erste unter den Kiefern gleich hinter der Schranke. Die zweite, wo ein Pfad den Weg kreuzt. Bei der dritten sieht man Rauch aufsteigen, gleichmäßig, gerade in den Himmel. Telefonmasten laufen mit. Die Kabel hängen durch. Porzellanköpfe. Hinter den Bäumen, Büschen, hinter wadenhohem Gras Bahngleise. Fünfzehn Minuten also. Der Koffer wurde nicht kontrolliert. Ich sehe Häuser und Zäune. Eine Straße. Eine Telefonzelle. Die Straße macht eine Kurve.« Es ist der lakonische und doch genaue Blick auf die Gegend, in die der vierundzwanzigjährige, vom Niederrhein nach West-Berlin gekommene Haufs zog. Der Architekt und Maler Johannes Niemeyer, an den der gleichnamige Weg in Steinstücken erinnert, vermietete ihm ein kleines, heute verfallenes Haus auf seinem Grundstück. In dieser Zeit entstand das Buch. »Vor den Schildern, vor der Schranke, hinter den Schildern, hinter der Schranke, unter dem Emblem, zwei Soldaten. Der eine sieht durch ein Fernglas über die Grenze, wo ein Polizist steht, der durch ein Fernglas über die Grenze sieht, wo ein Soldat steht.« Es ist absurd und es ist auch ein wenig lustig, wie Rolf Haufs diese alltägliche Situation beschreibt. Etwas muss ihn hierhergezogen haben, denn niemand, der hier nicht schon ein Haus oder eine Art Heimat hatte, lebte wohl freiwillig auf einem solchen Flecken Land. Steinstücken war eine Exklave auf dem Gebiet der DDR, ausschließlich zugänglich über einen Korridor – wie Haufs schrieb, »1 247 m lang und 212 cm breit« –, der immer wieder von den Sowjets blockiert wurde. Die einzige Verbindung zwischen Steinstücken und West-Berlin, auf die Verlass war, war die durch die gesamtdeutsche Luft per Hubschrauber. Nachdem General Lucius D. Clay, der für die Errichtung der Luftbrücke verantwortlich war und nun als persönlicher Vertreter John F. Kennedys in Berlin fungierte, per Hubschrauber am 21. September 1961 Steinstücken einen Besuch abstattete und anschließend ein ständiger US-Militärposten in der Exklave eingerichtet wurde, entstand in Steinstücken ein Hubschrauberlandeplatz. Nach dem Bau der Mauer gelang vielen Menschen die Flucht an dieser Stelle nach West-Berlin, da die Exklave nur durch spanische Reiter, Konstruktionen aus Holz und Stacheldraht, verbarrikadiert war. Als jedoch mehr als zwanzig Grenzsoldaten der DDR auf diesem Weg in den Westen flohen, wurde auch Steinstücken durch eine Mauer abgeriegelt.

Der erste Stromkasten, der mir hier auf der zu Brandenburg gehörenden Seite des Griebnitzsees begegnet, ist in den Vereinsfarben des SV Babelsberg gestrichen. Sollte ganz Deutschland so aufgeteilt sein? Jeder Verein – nichts gegen den SV Babelsberg, der in der Regionalliga Nordost das Beste gibt –

beansprucht ein Areal, und sei es nur die linke Hecke eines Kleingartenvereins. Ich biege in die Stubenrauchstraße ein. In einem großen Garten, der aus Rasen, drei, vier Bäumen und wieder Rasen besteht, fährt ein elektrischer Rasenmäher herum, der ein Sirren von sich gibt und aussieht wie ein nach etwas suchendes Tierchen. Ansonsten ist der Garten leer. Das Haus wirkt, als habe vorgestern früh oder am Mittag vor einer Woche jemand die Tür zugezogen und es nicht mehr betreten, und dass in diesem Haus die Haustür zugezogen wird, scheint nicht allzu oft vorzukommen.

Es ist sehr heiß, ich trinke eine meiner Flaschen aus, stelle mich in den Schatten, die das verbliebene Teilstück der Berliner Mauer wirft, lehne mich dagegen, beobachte eine Frau, die auf dem Griebnitzsee schief auf einem Stehpaddel-Board steht. Auf einem weiteren Board folgen ihr zwei Kinder im Schneidersitz, die orangefarbene Rettungswesten tragen. Ich fahre die Straße entlang, die parallel zum See verläuft. An einem der Häuser ist eine Sonnenuhr angebracht, die die nicht heiteren Stunden überspringt. Auf einem Grundstück fegt ein Jugendlicher etwas im Garten zusammen, was an sich keine Erwähnung wert wäre, würde es sich nicht um einen Jugendlichen handeln, jene heranwachsenden Menschen, für die eine Welt einzustürzen droht, werden sie, versehen mit einem Einkaufszettel, in den hundertfünfzig Meter entfernten Supermarkt geschickt. Große, protzige Häuser auf weiten Grundstücken, wie man weiß, allesamt in Privatbesitz, umgeben von massiven Zäunen, säumen die Straßen. Die bloße Existenz dieser Gebäude und das Wissen, wie Kapital zu Kapital kommt, lassen diese Straßen – insbesondere die Karl-Marx-Straße – in ihrer Monumentalität pervers erscheinen. An einem der Zäune wird mit mehreren Plakaten ein freier Zugang zum Seeufer und ein Streifen zum Spaziergehen gefordert. Auf einem Grundstück, auf dem nichts

zu sehen ist außer Rasen in idealer Halmlänge von vier Zentimetern, steht ein lilafarbenes Schaf aus Plastik. Das ist Kunst,
muss Kunst sein, Kunst als Irritation, als Provokation in Neu-
babelsberg am Griebnitzsee, auf einem Millionenanwesen, umgeben von Millionenanwesen. In jedem zweiten Haus befindet
sich eine private Gesundheitseinrichtung oder Privatpraxis. Es
wäre eine durchaus interessante Vorstellung, die Kreuzberger
1. Mai-Demo hierhin zu verlegen.

Während ich über die Brücke nach Klein Glienicke fahre, sehe
ich das erste Ausflugsschiff, seit Corona Bewohner von Berlin
geworden ist. Auf dem Deck sitzen sechs Menschen, eingehüllt
in Decken. An der Glienicker Brücke pralle ich auf die Stadt oder
sie auf mich oder sie in meine Ohren und auf meine Nerven. Es
ist brutal laut. Der Verkehr flutet und knattert und bollert. So
laut war es nicht mehr, seit ich in Neukölln auf den Mauerweg
abbog. Ich fuhr in einer schmalen Schneise der Ruhe, so kommt
es mir nun vor. Neben mir hält ein anderer Radfahrer, auch er
ist mit einer Fahrradtasche unterwegs. Er sieht auf die Straße,
nimmt seine Sonnenbrille nicht ab und schüttelt ein paarmal
den Kopf, als würde er nicht verstehen, was da vor ihm gerade passiert, oder findet es einfach nur falsch. Wir passen eine
Lücke im Verkehrsfluss ab und fahren nebeneinander über
die Straße. Hier befand sich die Endhaltestelle der Buslinie 6.
Der 6er fuhr bis zur Glienicker Brücke und wieder zurück. Der
Park, der auf der rechten Seite vor der Brücke liegt, hatte die
schönsten Wiesen von West-Berlin. Es waren stattliche Wiesen, hüfthoch das Gras, mit Blumen, deren Namen ich nicht
kannte. Wir trafen uns dort mit anderen Familien und rannten
in einem Pulk von Kindern durch den Park. Es gab dort so viel
Platz, es war unglaublich. Warfen wir uns eine Frisbee-Scheibe
zu, konnten wir uns so weit voneinander entfernt hinstellen,

wie wir die Scheibe niemals werfen konnten. Es zirpte und raschelte, die ganze Wiese schien in Bewegung zu sein. Wir picknickten auf großen Decken, unsere Mütter hatten das Essen zubereitet, unsere Väter hatten die Autos gefahren und alle waren guter Dinge, es war Wochenende, die Sonne schien, die Kinder waren beschäftigt. Vor der Glienicker Brücke, auf der rechten Seite, von Westen kommend, steht eine von Schinkel entworfene »Neugierde«, eine überdachte Rotunde mit Brüstungsgitter. Schinkel, natürlich, es ist egal, wohin man geht, man wird auf etwas von Schinkel Entworfenes treffen. Nachdem die neue, natürlich auch von Schinkel entworfene Brücke 1834 eröffnet wurde, hielten sich die Bewohner des Schlosses Glienicke gerne auf dieser Rotunde auf, um neugierig – daher der Name »Neugierde« – in die Kutschen sehen zu können, die entweder vom Stadtschloss oder aus der Stadt kommend nach Potsdam fuhren oder den entgegengesetzten Weg hatten.

Auf der Glienicker Brücke fand im Kalten Krieg vier Mal ein Austausch von insgesamt 38 Geheimagenten, politischen Gefangenen und einem während eines Spionageflugs abgeschossenen Piloten statt. Die Brücke bot sich dafür an, da sie gut zu sichern war. Auf beiden an die Brücke grenzenden Bereichen gab es keine dicht besiedelten Wohngebiete, die USA waren in Zehlendorf stationiert, der KGB im Osten in Sichtweite der Brücke in der Villa Kampffmeyer. Der Regisseur Steven Spielberg drehte 2014 an Ort und Stelle den Höhepunkt seines Films »Bridge of Spies« mit Tom Hanks, der sich an den ersten Agentenaustausch, der hier stattfand, anlehnte. Eine besonders spektakuläre Flucht gelang hier am 10. März 1988. Drei Männer durchbrachen mit einem Zehntonner, auf den sie Gasflaschen geladen hatten, die Grenze, genauer das Eingangstor zu den Grenzanlagen, einen Sperrschwenkbaum, einen Schlagbaum

Glienicker Brücke

und ein Stahltor. Schüsse fielen nicht, wohl aus Bedenken, eine der Gasflaschen zu treffen und so die komplette Grenzanlage zu zerstören, doch die Gasflaschen waren leer. In der Behörde der Bundesbeauftragten für die Stasi-Unterlagen existiert ein Foto dieses Zehntonners: Rechts sind die Reifen platt, der Motorblock ist eingerissen, die Stoßstange hängt herab.

Dass auch an der Brücke zusammengefügt wurde, was vielleicht nicht dem Willen eines jeden entsprach, zeigt sich aus einiger Entfernung: Die Glienicker Brücke ist in der Farbe Grün gestrichen worden, doch die Hälfte, die zu Brandenburg gehört, in einem helleren Farbton als die zu Berlin gehörende. Als Kind habe ich mich, wenn wir hier im Park waren, seltsamerweise nie gefragt, was auf der anderen Seite der Havel lag. Natürlich die DDR und Potsdam, das wusste ich, aber meine damalige Neugier betraf allein die Frisbee-Scheibe, das Picknick und die summende, zirpende, in allen Herrgottsfarben blühende Wiese. Als ich das erste Mal, es mag 1990 gewesen sein, mit dem Fahrrad über die Brücke fuhr, war ich aufgeregt und hielt auf der anderen Seite an, drehte mich um und sah zurück dorthin, wo ich so viele Sonntage verbracht hatte. Es sah alles ziemlich normal aus, fast langweilig. Die Straße dann allerdings, die in die Potsdamer Innenstadt führte, wirkte, als hätten sich Menschen die größtmögliche Mühe gegeben, alles verrotten zu lassen. Es war schwierig, Fahrrad zu fahren, da die Straßendecke aus den unterschiedlichsten Belägen bestand, hin und wieder von tiefen Schlaglöchern unterbrochen. Die Gebäude, die ich sah, hatte lange Zeit niemand mehr liebgehabt. Es war das präzise Gegenteil der Gegend, in der wir wohnten.

Zwischen Glienicker Park und der Havel fahre ich weiter bis zur Anlegestelle Krughorn. Ein Paar in meinem Alter, auch sie sind mit Rädern unterwegs, sitzt auf einer Bank und isst selbst geschmierte Brote. Auf der anderen Seite der Havel steht die 1844 fertiggestellte Sacrower Heilandskirche, die ab 1961 im Sperrbereich lag. Der Glockenturm war Teil der Grenzmauer. So war die Kirche von keiner Seite erreichbar und verwahrloste. Vier Jahre nach dem Fall der Mauer wurden ihre Innenräume rekonstruiert. Den Blick nach rechts, erkenne ich weiter hinten die Pfaueninsel an dem weißen Schloss, das an der Südspitze der Insel steht. Vor uns fährt gerade ein gefüllter Lastkahn Richtung Potsdam, ihm entgegen kommt der Ausflugsdampfer »Lichtenberg«. Auf einem gemieteten Partyfloß sind zwei Dutzend Jugendliche unterwegs, die laut kreischend vom Deck ins Wasser springen, und ich denke kurz, wie gut es wäre, noch mal zwanzig zu sein und von so einem Floß zu springen. Ach was, denke ich dann, die Jugend ist vorbei, kommt nicht wieder und das ist alles auch ganz gut, und was, verflixt, hindert mich eigentlich daran, auch ins Wasser zu springen? So wie der Rhein als natürliche Grenze genutzt wurde, die Oder, die Donau, haben auch die Alliierten die Gewässer als Grenze genutzt: den Teltowkanal, den Griebnitzsee, den Wannsee. Waren in einem strengen Winter diese Gewässer gefroren, konnten sie zu einer Fluchtroute werden, sodass die Grenzsoldaten der DDR in dem Eis eine breite Rinne offen hielten.

Vor dem Wirtshaus Moorlake, das renoviert und neu angestrichen ist, sitzen Menschen auf Biergartenmöbeln und speisen. In West-Berlin war das Wirtshaus ein Ausflugsklassiker. Komplette Familien fuhren zur Pfaueninsel, entweder mit dem Bus oder dem Auto, liefen bis zum Wirtshaus, aßen dort und spazierten oberhalb des Hanges wieder zurück, eine Strecke, die jeder bewältigen konnte. Eine Fähre, die das Berliner Festland mit der knapp siebzig Hektar kleinen Insel verband und noch immer verbindet, legt die vielleicht hundert Meter hinüber zurück. Ich hatte vorgehabt, mit der kleinen Fähre zur Pfaueninsel zu fahren und dort ein, zwei Stunden spazieren zu

gehen, aber die Schranke ist geschlossen und ein Schild ver-
rät, dass der Fährbetrieb erst wieder am 27. Juni aufgenommen wird. Die beiden kleinen weißen Fährschiffe liegen an
der Insel. Bauchige, unten hin ins Hellviolette gehende Wolken ziehen langsam über die Insel hinweg. Den Pfauen gehört
nun also gerade die ganze Insel, was eine schöne Vorstellung
ist. Als Kind suchte ich vergebens, Mal um Mal, und nie fand
ich eine der begehrten Pfauenfedern. Ich mochte es auf der
Pfaueninsel, ich mochte sogar den Weg dorthin. Er führte eine
kleine Weile durch den Wald, und durch einen Wald zu fahren,
zumal mit dem Auto, das war in West-Berlin nur an wenigen
Stellen möglich. Es gab die Havelchaussee, es gab den Weg zu
der Pfaueninsel und dann gerät die Aufzählung auch schon ins
Stocken.

Friedrich Wilhelm III. hielt sich auf der Insel einen Zoo, zu dem
Braunbären, Löwen, Lamas und Rentiere gehörten und aus
dem später der Zoologische Garten hervorgegangen ist. Der
West-Berliner hatte eine merkwürdige Zuneigung zu den Tieren des Zoologischen Gartens. Den Zweiten Weltkrieg überleb-
ten von 3 715 Tieren nur 91, darunter zwei Löwen, ein Elefant,
zwei Hyänen, zehn Mantelpaviane, ein Schwarzschnabelstorch
und ein Flusspferdbulle. Eine merkwürdige Mischung, die da
übrig geblieben war. Der Flusspferdbulle namens Knautschke war zwei Jahre alt, als Deutschland von sich selbst befreit
wurde. Er lebte bis zum Sommer 1988. Für die West-Berliner
wurde er über Jahrzehnte ein Lieblingstier, schließlich gab es
ihn bereits, als die Hälfte der Stadt zu West-Berlin wurde, und
begleitete das Leben dieser merkwürdigen Stadt fast bis zu ihrem Ende. Über Weh und Ach und alle seine 35 Vaterschaften
berichteten die Medien, und auch als er 1988 an den Folgen
eines Revierkampfes mit einem seiner Söhne so schwere Ver-

letzungen erlitt und eingeschläfert werden musste. Am Eingang des Flusspferdhauses im Zoo steht eine Bronzeskulptur von Knautschke in den Originalmaßen. Ebenso heiß verehrt wurden die beiden Pandas, die Bundeskanzler Helmut Schmidt 1980 im Rahmen der sogenannten Panda-Diplomatie für den Berliner Zoo entgegennahm. Da China das einzige Land ist, in dem Pandas leben, dienten sie als Geschenke, mit denen sich China dem Westen annäherte. Die beiden hießen Bao Bao und Tjen Tjen. 1984 verendete das Weibchen an einer Virusinfektion, und als Bao Bao 2012 an Altersschwäche starb, las ich es auf einem der U-Bahn-Monitore und war seltsam berührt. Schließlich kannte ich dieses Tier, seit ich klein war. Waren wir zusammen im Zoo, stellte mein Großvater ihn mir jedes Mal vor, als wäre Bao Bao der Anführer einer höheren Ordnung, zumindest irgendetwas, das besser und anständiger ist als unsere Gattung. Seit 2007 werden Pandas von China nur noch gegen hohe Gebühren verliehen. Mit hoher medialer Aufmerksamkeit kam 2017 ein Panda-Pärchen in den Berliner Zoo, das pro Jahr eine Leihgebühr von 900 000 Euro kostet.

Auf der Pfaueninsel blieben seinerzeit die Pfauen. Und fuhren wir mit der letzten Fähre wieder zurück, gehörte die Insel, die nach ihnen benannt war, ganz ihnen. Die Vorstellung, wir würden die letzte Fähre verpassen, war aufregend, und insgeheim wünschte ich es mir. Doch es kam nie dazu. Was wir in einem solchen Fall denn machen würden, löcherte ich meine Eltern. Ich wollte hören, dass wir hier bei den Pfauen übernachten müssten oder hinüberschwimmen, wir müssten dann schwimmen! Doch meine Eltern zuckten nur mit den Schultern. Es würde nicht passieren, sagten sie. Und jedes verflixte Mal, wenn ich jetzt zu der Insel hinübersehe, denke ich: Schwimmen, du musst einmal in deinem Leben zu dieser Insel schwimmen!

Schräg gegenüber, auf dem Berliner Festland, auf einer Anhöhe am Rand der Stolper Berge, befindet sich die Kirche St. Peter und Paul, daneben das im Stil russischer Bauernhäuser errichtete Blockhaus Nikolskoe, das seit über 150 Jahren als Ausflugslokal dient. »Siehe, ein russisches Bauernhaus!«, schrieb König Friedrich Wilhelm III. an seine Tochter, die den Zarensohn Großfürst Nikolai geheiratet hatte. »Es ist eine vollkommene Kopie des Blockhauses, das dir so gefiel und in welchem wir froh waren, als ich euch in Petersburg besuchte. Du wünschtest damals ein solches Haus und meintest, man könne darin ebenso vergnügt sein wie in einem kaiserlichen Palaste. Deine Worte habe ich nie vergessen und dir zum Andenken daran ein solches Haus erbauen lassen. Heute wollen wir es einweihen und nach dem dir teuren Namen soll es immer heißen: Nikolskoe.« Als Teile des Gebäudes 1984 durch einen Brand zerstört wurden, war das tagelang West-Berliner Gesprächsthema. Ein Jahr darauf wurde es originalgetreu restauriert wiedereröffnet.

Nikolskoe war wie das ein paar hundert Meter Luftlinie entfernte Wirtshaus Moorlake ein beliebtes Ausflugsziel. Der West-Berliner Bildungsbürger spazierte in einem Familienbündnis von drei Generationen ein wenig durch den Wald, kehrte in einem der Gasthäuser ein und spazierte wieder zurück zu den Autos. Meine Schwester und ich waren – wie es sich für Stadtkinder gehört – keine begeisterten Waldgänger. Wir beschwerten uns lautstark, nölten auf dem ersten Kilometer, und dann verschwanden wir im Wald. Meistens fand einer von uns einen großen Ast, der andere wenig später auch einen, und so liefen wir dann nebeneinander, die Äste kilometerweit hinter uns herziehend. Mein Vater hatte in seinen Taschen immer eine Handvoll Campino-Bonbons und sie halfen uns auf dem letzten Kilometer.

Ich verlasse die Havel auf der Pfaueninselchaussee, was einer der schönsten Straßennamen Berlins und auch eine der schönsten Straßen Berlins ist, denn sie führt, auf und ab über kleine Hügel, fast ausschließlich durch den Düppeler Forst. Rechts und links Laubwald und plötzlich, mitten in diesem Wald, kommt mir ein alter BVG-Bus mit Wodka-Gorbatschow-Reklame entgegen. Es ist der 218er, der von der Pfaueninsel an der Havel entlang bis zum S-Bahnhof Messe Nord fährt. Wodka Gorbatschow, der seit 1921 in Berlin hergestellt wird und somit schon länger existiert als der Politiker Michail Sergejewitsch, hatte wohl im wiedervereinigten Deutschland seine größte Beliebtheit. An der Königstraße, die eine der ersten befestigten Straßen in Preußen und ein Teilstück der Verbindung zwischen den beiden Residenzstädten Berlin und Potsdam war, sitzen zwei Männer und eine Frau vor einer Bäckerei an einem Tisch. Nachdem ich mir etwas zu essen und trinken gekauft habe, nehme ich Platz am Nebentisch. Die drei unterhalten sich über Goethe, warum auch immer, und sie bemühen sich, das eine, das wirklich wichtigste und eigentlich auch das einzige Zitat, das man von Goethe auswendig kennen muss, korrekt wiederzugeben, warum auch immer.

»Der Goethe«, sagt die Frau und macht eine abfällige Handbewegung.

»Weeß ick nich«, sagt der junge Mann.

»Wie jing dit noch ma?«, sagt der alte Mann. »Wer Jutet will, lalala, sacht ma!«

»Nee, wer Schlechtes will!«, ruft die Frau.

»Mensch, wie jing dit denn noch ma, hatt ick inner Schule«, sagt der Alte.

»Hab ick auswendich jelernt, weeß ick nich mehr«, sagt die Frau.

»Ja, mußten wa ooch lesen!«, ruft der junge Mann.

Der Alte nickt. Sie schweigen eine Weile.

»Na pass ma uff, ick kiek ma nach!«

Die Frau greift ihr Smartphone, lässt ihre Fingerkuppen vorsichtig, als könne sie, falls sie etwas Falsches berührt, das Gerät, das ihr nicht ganz geheuer ist, kaputt machen.

»Jeeenau!«, sagt sie und zieht das E in die Länge. Die Männer sehen sie gespannt an.

»Lotte, wat 'n jetze, hastet oda nich?«, sagt der Junge.

Die Frau verändert ihre Körperhaltung. Aus der auf einem Plastikstuhl vor einer Billigbäckerei an einer mehrspurigen Straße lümmelnden Lotte ist nun die aufrecht sitzende Frau mittleren Alters geworden, die konzentriert auf ihr Handy sieht und dann verblüfft den Mund öffnet.

»Ja, jenau, ick erinner mich wieder!«, sagt sie.

»Mensch, kannste jetze ma oda wat? Dit is ja zum Mäusemelken!«

»Jürgen, Schnauze!«

»Kannste jetze ma?«

Und dann sagt die Frau im perfekten Hochdeutsch, als würde sie aus der Nähe von Hannover kommen, denn dort sollen alle Menschen perfektes Hochdeutsch sprechen: »Ein Teil von jener Kraft, die stets das Böse will und stets das Gute schafft.«

»Lotte, jenau, kenn ick, dit is richtich!«, ruft der Alte.

»Ick hab ooch«, sagt der Junge, »Goethe zwei, äh, Faust zwei jelesen, hab ick ma probiert, ma rinjelesen, die Story und so, weeß nich, hab ick sein lassen, wat soll ick sagen, war irgendwie kafkaesk.«

Ich lasse augenblicklich die Gabel mit dem Kuchen sinken.

»Jenau!«, ruft der Alte. »Kinder, ihr sollt studieren!«

Und der Junge ruft: »Papa, wir wollen masturbieren!«

Die drei grölen los, die Frau kriegt sich gar nicht mehr ein.

Ich bringe das Geschirr zurück in die Bäckerei und fahre weiter auf der Königstraße Richtung S-Bahnhof Wannsee. Würde ich mich in die entgegengesetzte Richtung wenden, käme ich wieder an der Neugierde vorbei und zur Glienicker Brücke. Ich erinnere mich an eine Fahrt auf dieser Straße, es war kurz nach '89, eine Fahrradtour mit einem Freund, nach Potsdam über die Brücke und wieder zurück. Warum, überlege ich heute, habe ich im aufregenden Alter von vierzehn oder fünfzehn Jahren Fahrradtouren gemacht? Hatte ich nichts Besseres, Wichtigeres zu tun? Unterwegs hatte ich an einem Straßenstand einen großen Karton mit frisch gepflückten Erdbeeren gekauft. Den Karton befestigte ich mit einem Klemmgurt auf dem Gepäckträger. Ich weiß noch, dass mir irgendwo in Zehlendorf an einer Ampel, an der wir warten mussten, auffiel, dass es an dem Hinterreifen meines Rads rot auf den Boden tropfte. Die Erdbeeren hatten sich durch das stetige Auf und Ab der Fahrradwege und Bordsteine in Matsch verwandelt, den ich dann in Zehlendorf in ein Gebüsch warf. Meine Enttäuschung war groß, wollte ich doch, der ich aus der großen weiten Welt kam, meinen Eltern dieses Mitbringsel präsentieren, das ich unter Anstrengungen aus Brandenburg hinter Potsdam direkt ins Herz von Berlin gefahren hatte.

Ich erreiche die Ecke, an der der Kronprinzessinnenweg von der Königstraße abgeht, die Ecke, an der sich der Biergarten »Loretta am Wannsee« befindet. »Macht's gut, Nachbarn«, so verabschiedete sich Hans-Werner Kock, einer der Moderatoren der »Berliner Abendschau«, am Ende einer jeden Sendung. Der Mann mit der großen Brille war Kult, scheinbar völlig ungerührt moderierte er alles weg, was ihm vorgelegt wurde, und bevor er seinen letzten Satz sagte, mit dem er uns wieder alleinließ, ohne ihn, den großen, bärigen Typen, der ebenso auch hätte Bürgermeister sein können, ging ein langsames verschmitztes Lächeln über sein Gesicht, und erst dann sagte er es: »Macht's gut, Nachbarn.« Und wir waren alle Nachbarn, überall Nachbarn, Ost-Berliner wie West-Berliner, und wir hier, wir lebten alle zusammen in der großen Wohnanlage West-Berlin. Es war egal, wo man unterwegs war, es mussten nur genügend Menschen zugegen sein und sicherlich traf man einen, den man kannte, Kollegen, Lehrer, Mitschüler und tatsächlich auch Nachbarn. Die Massen schoben sich am Sonntag durch den Grunewald, anschließend saß man zu Hunderten im Ausflugslokal »Loretta am Wannsee«, stellte sich an die Schlangen an für Bratwürste, Maiskolben und Crêpes und die, die es durften, tranken die dritte Weiße mit Strohhalm, Himbeere oder Waldmeister, und über dem Wannsee ging die Sonne unter. Der hintere Bereich der »Loretta« war für die Kinder vorgesehen, einige Spielgeräte waren im Boden verankert. Wir konnten ein paar kleine Hügel rauf- und runterrennen und uns in Gebüschen voreinander verstecken. Es waren Wespensommer und die Wespen ertranken in der Brause.

Ich war vor ein paar Jahren wieder in der »Loretta«, wollte wissen, wie es dort nun aussah und ob ich etwas wiederkennen würde. Ich lief die schmale Treppe hoch. Es war renoviert worden, den Spielbereich brachte ich mit meiner Erinnerung nicht mehr in Übereinstimmung und das Speiseangebot hatte nun bayerischen Einschlag. Ich verstehe nicht, warum es Obatzda am Wannsee gibt, aber ich verstehe auch nicht, warum sich Menschen in meinem Alter so kleiden, als hätten sie die Infantilität wiederentdeckt und verwechselten sie mit einem politischen Statement, aber ich muss auch nicht alles verstehen, so oder so nicht. Außerdem bin ich schon etwas älter, ich habe Leierkastenmännern eingewickeltes Geld in den Hinterhof geworfen, ich habe Musik mit einem Walkman gehört, ich habe in West-Berlin gelebt, in dieser – wie die offizielle Sprachregelung der DDR lautete – »besonderen politischen Einheit«. Doch das eigentlich Besondere – abgesehen davon, dass die Stadt von einer Mauer umgeben war und in einem anderen Land lag – bestand darin, dass die Bundeswehr nicht präsent war, weshalb Männer keine Wehrpflicht ableisten mussten. Eine sogenannte Berlinzulage wurde gezahlt, die acht Prozent des Bruttogehalts betrug. Wer in West-Berlin gemeldet war, besaß keinen bundesdeutschen Personalausweis, sondern den »Behelfsmäßigen Personalausweis« mit grünem statt grauem Einband. Für die Wetternachrichten war nicht der Deutsche Wetterdienst verantwortlich, sondern das Institut für Meteorologie der Freien Universität Berlin, die natürlich schon deshalb frei war, weil sie in West-Berlin stand. Es gab keine Sperrstunde, ganz im Gegensatz zu Westdeutschland. Ein Telefonat innerhalb West-Berlins kostete dreißig Pfennig, egal, wie lange es auch dauerte. Da meine Schwester und ich irgendwann ein Alter erreichten, in dem ein Telefon lebensnotwendig wurde, meldeten unsere Eltern einen zweiten Telefonanschluss an. Nun hatten wir ein eigenes Telefon, das wir zwar teilen mussten, aber immerhin war es eines ohne Eltern, und wir brachten es zum Glühen. Mit meinen Freunden stellte ich Hörspiele am Telefon zusammen, die wir mit einem Mikrofon auf Kassette aufnahmen.

Über den Wannsee bis nach Gatow

Ich fahre runter zur Bootsanlegestelle an der Ronnebypromenade. Vor dem Schild, auf dem die Fahrtzeiten der BVG-Fähre angegeben sind, steht eine vierköpfige Familie mit Tourenfahrrädern und Satteltaschen. Als sie sich endlich orientiert haben, wenden sie ihre Fahrräder, geben das Schild frei und fahren weg. Es beginnt zu nieseln. Die nächste Fähre kommt in einer halben Stunde. Ich stelle mich unter einen Baum und sehe auf den grauen Wannsee, der unter einem grauen Himmel liegt, aus dem graue kleine Regentropfen fallen. In West-Berlin lag über dem Wannsee die große Weite, vielleicht das, was Tom Petty and the Heartbreakers mit »the great wide open« meinten. »Die Ärzte« saßen hier auf Handtüchern und hörten den Wellen zu, Conny Froboess sang 1951 – gerade mal sieben Jahre alt – »Pack die Badehose ein«, wurde damit Deutschlands erster Kinderstar, das Lied wurde ein Hit, der größer war als der Wannsee und so etwas wie die Initialzündung des deutschen Nachkriegsschlagers. Lüül & Band singen in ihrem Lied »West-Berlin«: »Unser Meer war der Wannsee, unsere Insel West-Berlin, alles war möglich, wenn die Sonne schien«. Der Wannsee, der schlichtweg eine große Bucht in der Havel ist, diente als Projektionsfläche für alles, was West-Berlin nicht bieten konnte. Doch ich habe als Kind nicht begriffen, was am Wannsee so toll sein sollte. Ich fand, dass die Spaziergänge an dessen Ufern zu den langweiligsten gehörten. Das Gewässer stank irgendwie immer nach totem Fisch, und jedes Mal, wenn ich nachsah, entdeckte ich auch einen. Aber was soll der Mensch machen, wenn es nichts Besseres gibt. Vielleicht ist das so etwas wie die Liebe zum Aggressor, genauso wie der gemeine West-Berliner nach der Wende die Ostsee mit einem Mal als das wundervollste Meer der Welt und aller Zeiten betrachtete.

Ich sehe in das Grau des Himmels und überlege hin und her, ob ich überhaupt nach Kladow fahren soll. Mit der S-Bahn wäre ich in vielleicht vierzig Minuten zu Hause, hätte ein Dach überm Kopf und könnte mich auf die Couch legen. Eigentlich genügt der Blick in den tiefgrauen Himmel, um festzustellen, dass das Wetter nicht gut ist und es bald richtig regnen oder gewittern wird. Doch da ich auf der Höhe der Gegenwart lebe und mitten in ihr, zücke ich mein Smartphone und tippe auf die Wetter-App, um bestätigt zu bekommen, dass es tatsächlich kein gutes Wetter ist und regnet. Ich sage leise: »So ein Blödsinn!« und stecke das Gerät wieder in die Hosentasche. Der Regen ist stärker geworden. Die Plätze unter den Bäumen sind belegt. Auch dort sehen Leute auf ihre Handys. An der Anlegestelle hat sich eine Schlange gebildet, erwachsene Menschen, die unter Schirmen stehen, auf das Wasser sehen und darauf warten, dass die Fähre anlegt, die noch gar nicht in Sicht ist und auf der sie hundertprozentig einen Platz bekommen werden. Zwei Bäume weiter sehe ich das Ehepaar, mit dem ich mich vorhin auf dem Königsweg unterhalten habe, und gehe mit dem Fahrrad zu ihnen.

»Sie waren ja schnell!«, sage ich.

»Wir haben eine Abkürzung genommen«, erklärt die Frau.

»So ein Scheißwetter«, sagt der Mann.

»Soll so bleiben«, sage ich.

Ein Mann mit seinem Hund, beide tragen eine Maske um den Hals, kommen an uns vorbei. Ich suche nach meiner Maske in der Fahrradtasche und finde sie nicht.

»Oben sind Läden, vielleicht haben Sie Glück«, sagt die Frau.

Ich fahre schnell zu dem Spätkauf am S-Bahnhof Wannsee, kaufe eine dunkelblaue Maske aus Stoff, die erheblich mehr als notwendig verdeckt und mit der ich mir vorkomme wie ein militanter Idiot, und schaffe es als Letzter an Bord. Die Fähre ist fast leer, vielleicht fünfzehn Fahrräder in den Ständern. Normalerweise bildet sich eine lange Schlange vor dem Steg und nie kommen alle mit und viele müssen eine halbe Stunde auf die nächste warten. Während die Fähre ablegt, suche ich mir einen Platz. Das Ehepaar sitzt auf einer Bank, die beiden nicken mir zu und sehen dann wieder durch die breite Fensterfront. Wind kommt auf, das Schiff schaukelt ein wenig. Der Himmel steht dunkellila über Kladow. Auf der rechten Seite ist das Strandbad Wannsee zu sehen.

Wir waren nie zeitig da, sondern kamen stets an, wenn alle ankamen oder die meisten schon da waren. So parkten wir auf einer der Zufahrtsstraßen, an deren Rändern schon Hunderte Autos parkten. Es war meistens sehr heiß an diesen Tagen und wir schleppten die Badetaschen und die große Decke zum Eingang des Strandbads Wannsee, an dem wir uns am Ende der langen Warteschlange anstellten. Eine Rutsche stand vielleicht zehn Meter vom Ufer entfernt im See und dort spielten Kinder, die größer waren, sich gegenseitig beleidigten und von der Rutsche schubsten. Es war immer voll, es roch nach Sonnencreme und Pommes, die Strandkörbe standen dicht an dicht und wir fanden meistens einen Platz zwischen den Strandkörben und dem FKK-Bereich, was außerordentlich interessant war. Natürlich badete ich auch im Wannsee, doch war das Gelände des Strandbads viel spannender. Ich lief umher, beobachtete die vielen Menschen, buddelte im Sand, der waggonweise von der Ostsee, aus dem Ort Timmendorfer Strand hierhergebracht wurde, und der Strand war über einen Kilometer lang. In den Zwanzigerjahren war dieses Stück Wannseestrand, das im Mai 1907 als Familienbad eröffnet wurde, kurz nachdem das Baden im Großen Wannsee erlaubt wurde, als Badewanne Berlins so stark frequentiert, dass auf alten Postkarten vor lauter Menschen kein Sand zu sehen ist. Noch heute ist das Strandbad eines der größten Freibäder Europas an einem Binnengewässer und doch hat es seine Attraktion verloren. Die Gebäude bekamen Risse, verfielen und schließlich war nach 1989 jeder Badesee in Brandenburg interessanter und jeder Himmel, in welcher Richtung man Berlin auch verließ, weiter, breiter, schöner.

Es ist stürmisch geworden und das Schiff schwankt. Die vor Kladow gelegene Vogelinsel Imchen, auf der Graureiher und Kormorane nisten, die nicht zugänglich ist und über der ansonsten ein Kranz von Vögeln fliegt, liegt in stürmischer See und erinnert mich bei diesem Anblick der Leere und Düsternis an Arnold Böcklins Gemälde »Die Toteninsel«. Als die Fähre anlegt, beginnt es zu gießen. Die Passagiere rennen zu den Gebäuden und verteilen sich in den Restaurants. Ich verlasse als einer der Letzten die Fähre und finde nur noch Platz unter der zwanzig Zentimeter breiten Überdachung einer Imbissbude, doch der Wind kommt zum Glück von der anderen Seite. Das Ehepaar steht neben mir. Beide haben sich rustikale Regenjacken übergezogen.

»So ein Scheißwetter«, sagt der Mann.

»Das soll jetzt ungefähr eine Stunde dauern. Laut Internet«, sage ich.

»Na ja, warten wir eben!«

Wir sehen auf einen bayerischen Biergarten, der sich schnell in einen kleinen See verwandelt. Der Wannsee ist aufgewühlt, der Himmel lila, es stürmt. Über der Insel Imchen fliegen die Vögel in einer Spirale, die Masten der Segelboote im Hafen schlagen aneinander und geben feine klirrende Geräusche von sich, die Blätter der Seerosen tanzen auf dem Wasser. In der Ferne sehe ich Wasserschutzpolizeiboote mit Blaulicht, die manövrierunfähige Boote abschleppen. Der Regen ist so dicht, dass ich die andere Seite des Wannsees nicht erkennen kann. Ein dunkler, milchiger Vorhang liegt zwischen Kladow und dem Rest der Stadt.

»Sagen Sie mal«, wende ich mich an die beiden, »wenn wir hier schon stehen ...«

»Ja?«, fragt der Mann.

»Ich hole uns einen Kaffee und frage Sie noch was? Wir stehen hier eh nur rum, es gießt, noch zwei, drei Fragen?«

»Fragen Sie doch mal Ihre Eltern!«

»Die sind jetzt aber nicht hier, oder?«

»Dit jefällt mir«, sagt der Mann, an seine Frau gewendet: »Dit ist irgendwie Berliner Logik, Na jut, fragen Se ma weita!«

Ich gehe unter der Überdachung zu dem Verkaufstresen und komme mit heißem Kaffee zurück. Wir sehen eine Weile auf die italienische Fahne am Eingang der Pizzeria »La Riviera«, die im Sturm knattert.

Ich frage die beiden, ob es etwas Besonderes für sie war, West-Berliner zu sein? Ich kann den Satz nicht beenden, die Frau sagt sofort: »Ja, was ganz Besonderes!«

Der Mann zögert und sagt dann: »Es war ein Makel, West-Berliner zu sein.«

»Nee«, sagt die Frau.

»Doch«, sagt der Mann und trinkt einen Schluck.

Die Frau beugt sich vor.

»Also, keiner wusste so richtig was über West-Berlin. Ich habe das als Erstes erlebt, als ich mit meinem Chor, in dem ich als Schülerin war, in Westdeutschland unterwegs war. Wo kommst du her? Berlin. Aha, Berlin. Die wussten nicht, wo Berlin liegt. Und wer etwas klüger war, fragte: aus West-Berlin oder aus Ost-Berlin? Die wussten nichts über Berlin. Damals gab es den Berlin-Tourismus noch nicht, durch die Mauer eben. Wir hatten hier nicht so viele Touristen. Heute ist es ja ein Muss, man muss in die Hauptstadt fahren! Es ist durch Ost und West auch viel interessanter geworden. Aber ich spreche jetzt von den westdeutschen Bürgern, die wussten oft nichts über West-Berlin und Ost-Berlin, in der Adenauer-Ära, das war noch nicht so weit. Und ich muss ehrlich sagen, ich war auch immer ein bisschen sauer auf die Wessis, wir haben die immer Wessis genannt. Wir waren die Berliner und das waren die Wessis. Wie soll ich sagen? Also, die haben diese Problematik ja nie kennengelernt, wie wir sie hier hatten. Es sei denn, sie haben auch direkt an der Mauer gelebt, in diesen Dörfern, die zerschnitten wurden, das waren aber Einzelfälle, aber die jetzt fett im Schwarzwald gelebt haben oder in Bayern, die haben sich einen Scheißdreck um Berlin gekümmert, wat is 'n dit, Berlin? Man muss sich auch mal klarmachen, in der Adenauer-Ära, na ja, Bonn war die Hauptstadt und keiner wollte nach Berlin! Was hatten die damit zu tun? Wir hatten hier zum Beispiel dieses Flüchtlingsaufnahmelager in Marienfelde, so was kannten die doch gar nicht. Die Leute, die aus dem Osten kamen, die mussten durch diese Lager gehen.«

Der Mann hat seinen Becher Kaffee abgestellt und sieht mich konzentriert an.

»Immer wenn man nach Westdeutschland fuhr oder sogar ins Ausland: Woher kommen Sie, aus West-Berlin oder aus Ost-Berlin? Dann war ich in der Situation, zu schildern, dass ein Ost-Berliner nicht ohne weiteres in westliche Länder verreisen konnte, es sei denn, er hatte hohe politische Rückendeckung. Sondern eben nur West-Berliner! Das hat kein Mensch begriffen! Verstehen Sie?«

Ich nicke.

»Das turbulente Leben«, sagt die Frau, »das gab es bei uns nicht, es war alles ruhig, gesittet. Es gab ja keine Einflüsse von außen, aus dem Ausland.«

Soll ich ihnen nun von Iggy Pop, David Bowie, dem »Dschungel«, den Einstürzenden Neubauten, den Genialen Dilettanten erzählen? Wahrscheinlich haben sie schon mal von dem einen oder anderen gehört oder sie haben keine Ahnung davon, warum auch? Sie erzählen, sie seien mittlerweile sechsfache Großeltern, wahrscheinlich haben sie sich, als Schöneberg leergetrunken wurde, um ihre Kinder gekümmert, um ihre Berufe, ihre Eltern. Und diese kulturelle Szene, war sie nicht wie jede Szene: klein, intensiv und laut? Und für die, die dabei waren, enorm wichtig, aber die Mehrheit interessierte sich einen feuchten Käse dafür?

Die Frau redet weiter: »Berlin zieht ja jetzt auch unheimlich viele Europäer an, ist doch klar, das war aber alles nicht. Wissen Sie, als wir mal Urlaub in London gemacht haben, und später auch in Paris, und wir kamen hier wieder zurück, da haben wir gedacht, o Gott, was ist das denn hier für ein Liliputanien! London war für uns riesig, und so viele Schwarze und Inder, das kannten wir hier gar nicht, und auch in Paris, dieses völlig andere Leben, da waren viele Araber und Marokkaner. Wenn ich ein schwarzes Kind in der Klasse hatte, ich war Lehrerin, war das etwas Besonderes.«

Wie war das mit den Alliierten? Kannten sie Leute von denen?

»Gar nicht, nein«, sagen beide, und dann die Frau: »Wenn du Amis kennenlernen wolltest, dann hättest du in bestimmte Restaurants gehen können. Zum Beispiel der Sohn einer Freundin von mir, der hat seine Frau da kennengelernt.«

Der Mann sagt: »Ich erinnere mich an die russisch besetzte Zone in Thüringen. Ich habe ja mal in Ilmenau gelebt, bis wir hier rüber, ich weiß nicht mehr, wann, zu meiner Oma konnten. Und die Russen waren jedenfalls, Ilmenau war damals ziemlich klein, sehr präsent. So etwas gab es hier aber seitens der Alliierten nicht.«

»Na«, die Frau zögert kurz, »die waren, wat weeß ick, wo hatten die denn ihre Kasernen? Im Norden, im Süden, in der Clayallee. Die haben sich sehr zurückgehalten. Die Bevölkerung hatte eigentlich nichts mit denen zu tun, es sei denn, sie haben jetzt so Paraden abgehalten, einmal im Jahr gab es das, da sind wir nie hingegangen, hat uns überhaupt nicht interessiert, nur diese Volksfeste, da sind wir mit unseren Kindern hin.«

»Schutzmächte als solche«, sagt der Mann, »waren sie eben nur mental, also, nicht wirklich wahrnehmbar, aber sie waren da.«

Die Frau nickt. »Wenn die Russen hier einmarschiert wären, da wäre schon was passiert!«

»Zeigen Se noch ma Ihr linkes Ohr, so, so, so, weiter, dass ich das auch sehe! So einen Mist gab es an der Grenze.« Der Mann zieht eine Grimasse. Er bricht ab, wahrscheinlich könnte er stundenlang von solchen Situationen berichten, nein, er lässt es. Er sagt: »Was hier ein Vorteil war: Die jungen Männer mussten nicht zur Bundeswehr. Und wir haben die sogenannte Berlinzulage erhalten, die dann der Weinhändler Pieroth in irgendwelchen Verhandlungen mit dem Bund sausen ließ. Wir hatten schon etwas mehr in der Tasche als ein Wessi, weil wir hier in Berlin gelebt haben, als Ausgleich für die politische Situation, in der wir lebten. Dit war für junge Leute attraktiv, hierher zu kommen, Einwohner zu werden, Berlinzulage zu kriegen und kein Militär.«

»Also doch besser als im Gefängnis?«, frage ich.

Der Mann grinst. »Ja, vielleicht! Wir waren kurz vor '89 drauf und dran, unsere Fühler nach Norden auszustrecken.«

»Aber wenn man so verwurzelt ist in der Stadt«, sagt die Frau, »man würde das vermissen, man kann nicht aufs Land, dauerhaft! Wenn du auf dem Land hockst, hast du auch weniger Kontakt zu anderen. Das ist einfach so. Dann hast du zwar dein Gärtchen, dein Häuschen, dann lernst du, das hängt natürlich auch sehr von dir selber ab, schwieriger Leute kennen!«

»Aber wenn die Kontakte da sind, dann sind sie etwas intensiver als in der Großstadt!«, sagt der Mann.

»Es kommt drauf an! Und du musst erst mal die Kontakte haben, und auf dem Land, gerade auch im Norden, das ist gar nicht einfach, da Kontakte zu kriegen. Ich weiß das von meiner Tante, die ist dort nach dem Krieg hin verschlagen worden. Die hat auch lange gebraucht, bis sie da, na ja. Die hat sich sozial engagiert, den Kindern des Lehrers Nachhilfe gegeben und hat alle Nichten und Neffen eingeladen, mich auch, da gab es nichts, nichts, kein Kino, nur Land.«

Ob sie denn beide in Berlin geboren seien?

»Ich komme aus der DDR«, sagt die Frau.

Ich erzähle, dass ich einen Schulfreund hatte, der tauchte plötzlich in der fünften Klasse auf. Der kam mit seiner Mutter aus Ost-Berlin, und er hatte es nicht einfach. Das war nicht nur Stefan, das war Stefan aus dem Osten, er ist aufgenommen worden und wurde innerhalb von zwei Tagen Teil meines Freundeskreises, aber er blieb Stefan aus dem Osten, der immer wieder auch deswegen gehänselt wurde.

Die Frau nickt. »Das kenne ich! Als ich im Westen in die fünfte Klasse kam, da wurde ich reingestopft, weil ich kein Englisch hatte. Ich hatte ja erst mal Russisch, und da war ich auch die Tante aus dem Osten, da hatte ich es auch nicht einfach. Ich kam aus dem Osten und ich hatte auch Ostklamotten, wir hatten ja nichts, ich fand mich furchtbar in den Sachen, und dann habe ich in den großen Ferien den Englisch-Stoff nachgeholt.

Ich habe mich in der Klasse auch nicht wohlgefühlt, weil das alles so niedliche kleine Mädchen waren. Ich war bodenständig, ein Landkind, ein Kleinstadtkind. Das war für mich total scheiße, und dann bin ich in der sechsten Klasse bei einem Lehrer gelandet, der ein Herz für Flüchtlinge hatte. Der war im KZ, der wusste ganz genau, wo es langgeht. Bei dem bin ich gelandet, und ab da ging es gut. Aber ich kenne dieses Gefühl.«

Der Mann räuspert sich.

»Ich komme aus der russischen Zone, aus Werneuchen, wo ich noch vom Apfelbaum gefallen bin. Weite Entfernungen, Sandwege, ein Riesengrundstück, fünf Fußballfelder groß, furchtbar. Und auf dem Grundstück gab es eine Hütte, und in der Hütte, das hat mir meine Mutter erzählt, gab es eine Falltür und ick bin natürlich da ruff und runterjepurzelt in den Keller. Dann nach Ilmenau. Die Winter waren schlimm, das weiß ich noch wie heute. Mein Vater war da Dozent an der Reichsfinanzschule. Und dann mit den Russen, nee, mein Vater hat gesagt, das geht hier nicht weiter, wir müssen nach Berlin. Dann sind wir zu meiner Oma ans Holsteiner Ufer, die haben uns aufgenommen. Von da aus ging es dann in die Markgraf-Albrecht-Straße. Da gegenüber war ein Trümmergrundstück und da haben wir als kleine Jungen immer gespielt. Steine, nicht so 'n Schamott, wat se heute machen, sondern richtige Steine, und dann wurden da Hütten gebaut und oben Wellblech und einmal ist das Wellblech mir auf den Kopf, dit war ne schöne ... Na ja, wenn de keen Grün hast, denn spielste da.«

»Du hattest es gut«, unterbricht ihn die Frau, »ich hatte gar keene Freunde. Meine Eltern haben auf dem Feld gearbeitet, und in gleißender Sonne saß ich am Wegrand und habe ausgeharrt, bis die fertig waren. Mein Onkel kam aus der Kriegsgefangenschaft, der hat dann auch geholfen, und abends fuhren wir müde mit dem Leiterwagen nach Hause, Mannometer, ich habe alleine gespielt. Da gab's keine Spielfreunde. Die hatte ich erst, als ich in die Schule kam. Ich hatte zwar ne Schaukel, ne Puppe und so kleine Sachen, die man eben hatte.«

»Am Kurfürstendamm«, sagt der Mann, »da fuhr früher noch die Straßenbahn. Bei Halensee haben wir Zündplätzchen auf die Gleise gelegt. An der Ecke gab es einen Kiosk und der hatte Lakritzerollen für fünf Pfennig und wenn ick reich war, konnte ick mir da Lakritzerollen kaufen.«

Der Regen ist schwächer geworden und geht langsam in Niesel über. Die Frau wendet ihr Gesicht zum Wannsee, blickt eine Weile in das Grau und sagt: »Mir ist dit nüscht! Ich will zurück, wir werden klitschnass!«

Sie entscheiden, mit der nächsten Fähre wieder zurückzufahren. Dann erzählen sie mir, dass sie schon drei Mal am Gardasee waren, dass es sehr schön dort sei und sie hoffen, bald wieder hinzukönnen. Ich warte noch ein paar Minuten, bis die Fähre in Sichtweite ist, und verabschiede mich dann von den beiden, die mit ihren zusammengeklappten Rädern, die aussehen, als könnte man sie auch in einem größeren Rucksack verstauen, wieder zurück zur Ronnebypromenade gefahren werden.

Über den nassen Wegen stehen Schwärme von Insekten in der Luft, durch die ich hindurchfahre und mir dabei eine Hand vors Gesicht halte. Eine Frau auf einem Fahrrad, die genau das Gleiche macht wie ich und genauso bescheuert dabei aussieht, kommt mir entgegen. Wir müssen beide laut lachen. Links der Straße liegt der Landhausgarten Dr. Max Fränkel. Fränkel, so ließe sich aus dem Namen des Gartens schließen, könnte derjenige gewesen sein, der ihn angelegt hat. Fränkel war jedoch nur der Mann mit dem Geld, ein Bankier in Berlin, der den Gartenarchitekten Erwin Barth damit beauftragte. Erwin Barth gestaltete auch den Volkspark Mariendorf, den Volkspark Jungfernheide, den Mierendorffplatz, den Savignyplatz und den Boxhagener Platz – und dies ist nur eine kleine willkürliche Auswahl. Auf dem Zaun des Landhausgartens sitzt ein Pfau, den ich erst für eine Skulptur halte, weil er sich nicht bewegt. Ich halte an und fotografiere ihn. Auf einem der Balkone des Hauses auf der anderen Straßenseite steht ein Mann und beobachtet mich dabei. Als ich mich zu ihm wende und ihm zunicke, dreht er sich rasch um und verschwindet in seiner Wohnung, als hätte ich ihn bei etwas Verbotenem ertappt.

Ich fahre weiter auf der Straße, auf der große Pfützen stehen. Von den Bäumen tropft es. Der Himmel ist noch grau, doch von Süden scheint es wieder etwas heller zu werden. Weiter durch ein Stück Wald, auf einer Betonstraße, die fast vollständig von Blättern bedeckt ist, die der Regen von den Bäumen geholt hat. Es ist düster. Ich brumme vor mich hin, dann wechsele ich vom Brummen zu einem Singen, irgendeine Melodie, die zu dieser Düsternis passt. Nach einer Weile – ich habe aufgehört zu singen, mir fiel einfach keine Melodie mehr ein – taucht rechts ein Campingplatz auf, auf dem große Zelte und Wohnwagen stehen, vor denen Vorgärten angelegt wurden. Die Vögel beginnen wieder zu zwitschern, selbst die vom Wolkenbruch niedergedrückten Zweige der Bäume scheinen sich wieder aufzurichten.

In Groß Glienicke liegt rechts der gleichnamige See. Es sieht sehr schön aus und bei gutem Wetter würde ich hier eine Weile bleiben. Doch das Nieseln ist zu einem stetigen Regen geworden und ich fahre rasch weiter und stelle mich mit dem Rad unter einen dichten Laubbaum, der über den Zaun eines Grundstücks ragt. Ich langweile mich. Dann lese ich auf meinem Handy Nachrichten aus der weiten Welt, verfluche den Regen und beschließe nach einer Weile, umzukehren, zurück zur Fähre, zurück nach Wannsee, und in der trockenen S-Bahn zurück nach Hause zu fahren. Als ich gerade das Rad unter den tiefhängenden Ästen des Baumes hervorgeschoben habe, fahren ein Vater und sein Sohn, der vielleicht acht oder neun Jahre alt ist, beide klitschnass, an mir vorbei. Der Sohn ruft: »Bitte, bitte weiter!« Und der Vater ruft zurück: »Okay, na gut, dann ziehen wir das jetzt durch!« und zwinkert mir zu. Na gut, denke ich, ich ziehe es jetzt auch durch, steige aufs Rad und fahre den beiden hinterher. An der Ecke, an der sich die Freiwillige Feuerwehr Groß Glienicke befindet und auf der anderen Seite das große Gutstor, hinter dem der Gutspark beginnt, sitzen zwei Mädchen mit ihren Handys in der überdachten Bushaltestelle. Sie sitzen da sicherlich schon seit zwei Stunden und werden es bestimmt noch zwei weitere tun, bis sie irgendwann zum Abendessen nach Hause gehen. Ich fahre weiter und halte mich parallel zur Bundesstraße 2. Aus dem Wald tritt plötzlich ein Mann mit einer langen grünen Regenjacke und gelben Regenstiefeln. Ich halte an. Wir nicken uns zu. Er fragt mich schroff, was ich hier mache.

»Ich fahre Fahrrad«, sage ich, »und Sie?«

»Doch nicht bei dem Wetter!«

»Doch«, sage ich und deute kurz auf meinen Vorderreifen, als müsste ich ihn darauf hinweisen, dass es tatsächlich ein Fahrrad ist. Von seiner Kapuze tropft es, von meinen Haaren tropft es.

»Und was machen Sie hier?«, frage ich erneut.

»Ich arbeite hier, sehen Sie doch.«

»Eigentlich nicht.«

»Das ist mein Revier.«

Als wäre das Wort Revier das Stichwort gewesen, kommt ein Hund fast lautlos aus dem Unterholz und stellt sich neben den Mann.

»Sie haben sich ja einen tollen Tag ausgesucht«, sagt er.

»Bis vor zwei Stunden war er gut«, sage ich

»Jetzt ist endlich Regen da. Gut für die Bäume. Gut für alle.«

»Das stimmt. Ich lebe in Kreuzberg, und da gieße ich ...«

»Kreuzberg!«, unterbricht er mich und sieht mich entgeistert an. Kreuzberg, allein die Existenz des Bezirks muss für den Mann eine Zumutung sein.

»Ja, da wohne ich«, sage ich. »Ist gar nicht so schlecht. Manchmal mies, manchmal gut, wie überall.«

Er nickt. Mit meiner Haltung, manchmal so, manchmal so, kann er seinen Frieden machen und muss Kreuzberg nicht mehr krass finden, zwischen Glienicke und Kreuzberg liegt sowieso der Wannsee und eh die hier sind, die Kreuzberger, ist er längst über alle Felder.

»Ich gieße in der Straße, in der ich wohne, ein paar Bäume, wegen der Hitze.«

Er sieht mich neugierig an. Ich sage, da gebe es eine Pumpe, da gehe ich mit zwei Eimern hin, die habe ich mir zu diesem Zweck gekauft, da sind Fische drauf. Ich hätte im Baumarkt wählen können zwischen Fischen, Kreisen und Herzen, und als ich meine Tochter, die mitkam, fragte, was davon am wenigsten peinlich sei, sagte sie: Kreise oder Fische. Warum, denke ich, erzähle ich dem Mann, den ich überhaupt nicht kenne, diesen Kram? Ich habe mich heute mit dem Ehepaar unter der Überdachung einer Imbissbude unterhalten, und das war es auch schon. Meine tägliche Kommunikation ist ansonsten umfangreicher und vielleicht hole ich nun das nach, was ich heute nicht hatte. Ich sehe den Förster an. Er findet es nicht merkwürdig.

»Wie viele?«, fragt er.

»Zwischen sechs und acht Bäume. Und immer zehn Eimer. Da habe ich zu tun.«

Ich habe wirklich gerade den Satz »Da habe ich zu tun« gesagt. Hochachtung, große Leistung, als hätte ich mir den Satz eines Rentners in einer Kleinstadt zugelegt, der ihn benutzt, um zu erklären, warum er jeden Tag in den Supermarkt geht und die Preise der Butter vergleicht.

»Hochachtung«, sagt nun tatsächlich der Förster zu mir und meint meine Wasserschlepperei. »Machen Sie das weiter. Es wäre gut, wenn das mehr Menschen machen. Es hat viel zu wenig geregnet – auch im letzten Jahr, die Trockenheit ist schlimm. Nehmen Sie mal einen Spaten und graben hier im Wald nach zwei Tagen Dauerregen. Nach fünfzig, sechzig, siebzig Zentimetern kommen Sie auf knochentrockenen Boden. Der Regen dringt gar nicht tief ein, weil es zu wenig ist. Der erreicht nicht die Wurzeln.«

Ich denke kurz an die vielen Birken am Rand des Mauerwegs und bin sicher, dass es ihnen samt ihres flachen Wurzelwerks gut geht.

»Weitermachen!«, sagt er zum Abschied. Es klingt fast wie eine Drohung. Er verschwindet mit seinem Hund im Wald.

Ich fahre weiter und begegne nach einer Weile neben der Bundesstraße nach Spandau einem Mann, dessen Fahrrad an einem Baum lehnt. Es sieht aus, als hätte er einen Unfall gehabt. Eine Frau, die dicht hinter mir fuhr und die ich erst jetzt bemerke, hält wie ich an.

»Ist alles in Ordnung mit Ihnen?«, frage ich den Mann.

Die Frau fragt: »Sind Sie verletzt?«

Der Mann schüttelt den Kopf. »Mein Arsch tut weh!«

»Da kann ich Ihnen nicht helfen«, sagt die Frau. »Schieben Sie!«

Der Mann lächelt. Die Frau fährt weiter. Ich frage ihn, ob er etwas trinken wolle. Ich hätte aber nur abgestandenes, warmes Leitungswasser, aber besser als nichts. Und denke

Die Rieselfelder bei Gatow

dann kurz darauf: Es ist Corona, keine gute Zeit für solche Angebote.

Er lehnt dankend ab und sagt: »Ich habe selbst noch.«

Er verzieht sein Gesicht, er hat Schmerzen.

»Ich bin seit heute früh unterwegs. Ich habe keine Übung mehr!«

Ich sage ihm, falls es überhaupt nicht mehr ginge, könne er doch notfalls sein Fahrrad abschließen, mit dem Bus nach Hause fahren und es morgen abholen. Wir sehen beide gleichzeitig auf sein Fahrrad, das aussieht, als könne man damit einen vierwöchigen Familienurlaub bezahlen.

Ich sage: »Oh!«

Und er sagt: »Genau.«

Rechts öffnet sich wieder die Landschaft. Die Felder von Gatow liegen, vom Regen aufgeraut, unter dem Himmel, der aus diffusen dunklen Farbtönen besteht. Ein Jugendlicher überholt mich, mit einem Turnbeutel auf dem Rücken, den heute alle in dem Alter auf dem Rücken haben. Er fährt freihändig, mit der rechten Hand hält er sich das Handy vor das Gesicht. Er scheint die Strecke auswendig zu kennen, und ich denke, dass es bestimmt ziemlich toll ist, hier jeden Tag langzufahren. Das denke ich, ein Mann in mittlerem Alter. Aber in einem Alter, in dem man einen dieser Beutel auf dem Rücken trägt und es cool findet und die komplette Musik des Erdballs zur Verfügung hat, was soll man da mit Weizenfeldern anfangen? Mein Blick schweift in die Ferne. Und schreibe ich einen solchen Satz, weiß ich, dass Lichtjahre zwischen mir und dem Jugendlichen sind, und das liegt nicht an dem Jugendlichen. Mein Blick schweift trotzdem in die Ferne und ich denke an Bauer Bathe.

Von Bauer Bathe bis zum Hahneberg

Wir kamen über die Stadtautobahn, umfuhren in Spandau den breiten Teil der Havel und bogen dann Richtung Süden ab. Es stand im »Tagesspiegel«, den meine Eltern abonniert hatten, sicherlich auch sonntags in der »Berliner Morgenpost«, die Eltern nannten sie »Mottenpost«, die meine Schwester und ich, wenn wir am Sonntag Brötchen holten, manchmal vom Kiosk mitbringen sollten. Das Besondere an der sonntäglichen »Morgenpost« waren die Immobilienseiten. Ich kannte keine Zeitung, die dicker und schwerer war. Und sobald in einer dieser beiden Zeitungen stand, dass es bei Bauer Bathe nun Erdbeeren zur Selbsternte gab, machten sich eine Menge Leute auf den Weg nach Gatow, das nördlich von Kladow zwischen der Mauer und der Havel lag. Es war toll, mit erdbeerverschmiertem Mund und roten Fingern, von denen es tropfte, in der Wärme zwischen den Erdbeerpflanzen zu stehen. Eine merkwürdig ländliche Gegend war es, die zwar zu West-Berlin gehörte und dennoch völlig anders und fremd aussah. Es gab dort fast nur Einfamilienhäuser, die um einen dörflichen Kern gruppiert waren, es gab wenige Läden und eine einzige Buslinie. Als ich – Jahre später, das Auto meiner Eltern hatte ich für den Abend ausgeliehen – in tiefster Nacht eine Bekannte, die ich mochte und die in Kladow wohnte, nach Hause brachte, sah ich das erste Mal in Berlin so dichte Nebelschwaden über die Straße ziehen, die hier eine Landstraße war, dass ich anhalten musste, weil ich nicht mehr erkannte, wohin wir fuhren. Bauer Bathe hat neben Erdbeeren, Kartoffeln und Salaten auch Gatower Kugeln angebaut, eine Gemüsesorte, die er in Berlin einführte und die wie eine Mischung aus Kohlrabi, Radieschen und Rettich schmeckt. Gatower Kugeln sind fünf bis sieben Zentimeter lang, sind weiß, ihre Form steckt im Namen, und sie sind wohl das einzige Gemüse, das je in West-Berlin erfunden wurde und bis heute angebaut wird.

Rechts passiere ich ein abgesperrtes Gelände, ein holpriger Weg führt hinein. Es könnte der Eingang zu einer riesigen, nicht mehr gepflegten Parkanlage sein, die so groß ist, dass man sich darin verlaufen kann. Ein Labyrinth aus Heckenwänden, in der Mitte ein verwunschenes windschiefes Haus, in das Leute hineingehen und nicht wieder herauskommen. Ein paar Meter weiter wird meine Fantasie jäh unterbrochen: Ich sehe Grabsteine und Gießkannen. Es ist schlichtweg ein sehr großer Friedhof, der sich an der Potsdamer Chaussee entlangzieht. In der nächsten Seitenstraße, die den Friedhof begrenzt, gibt es ein Café, das warme Küche und einen Raum für Festlichkeiten anbietet. Würde ich diese Seitenstraße Richtung Havel fahren, käme ich an die Kreuzung, an der das alljährliche Gatower Osterfeuer stattfindet. Der Himmel klart auf, ich fahre weiter Richtung Spandau. Oder auch: Spandau bei Berlin, wie der gemeine Spandauer zu sagen pflegt und auch der Restberliner. Der Stolz der Spandauer ist Legende, schließlich ist dieser Bezirk älter als Berlin. Und sonst, was ist da sonst? In Spandau sind Siemens, BMW, der Weihnachtsmarkt, der sich durch die ganze Altstadt zieht, die Zitadelle und ihre Fledermäuse, IKEA und das Bällebad und der Parkplatz davor, auf dem früher eine Losbude stand. Bei dieser Losbude gewann ich irgendwann als Kind ein Paar Clogs, deren Sohlen aus Holz waren und mit denen ich ein paar Tage durch die Wohnung lief. Man hörte mich sicherlich über zwei Etagen. Bela B., der Sänger, Gitarrist und Schlagzeuger der Band »Die Ärzte« ist in Spandau geboren und aufgewachsen: »Ich bin jedenfalls als Jugendlicher so schnell wie möglich von dort in die Stadt gezogen. Spandau war wie losgelöst von Berlin, ein eigener Ort für sich, mit allem, was Berlin hatte, nur ein bisschen piefiger. Wir hatten ätzende Sachen wie die Wiking-Jugend, wir hatten kaum Discos, unsere Punkrock-Partys fanden in Jugendheimen statt, und das Kaufhaus Hertie war DAS Kaufhaus in Spandau.« Eine ähnliche Aufzählung würde auch zu der Gegend passen, in der ich aufwuchs, wahrscheinlich für die meisten West-Berliner Bezirke oder Gegenden, die mehr als eine halbe Stunde von der Gedächtniskirche entfernt lagen. Als meine Schwester und ich alt genug waren, um bis zum Nachmittag alleine zurechtzukommen, begann meine Mutter wieder zu arbeiten. Sie fand eine Stelle in Spandau und ein paarmal holten wir sie ab und verbrachten den Rest des Tages in der Spandauer Altstadt, die den Kern dieser Kleinstadt bildet. Und egal, was sich der gemeine Spandauer so alles einbildet, ein bisschen hat er mit allem recht.

Rechts die Rieselfelder, links eine Parkeinbuchtung. Zwei Twingos stehen sich in der Parkeinbuchtung schräg gegenüber, alle Türen sind geöffnet. Aus einem der Autos schallt laute Schlagermusik und zwei sehr dicke Frauen tanzen davor. Eine Corona-Party, denke ich, nicht schlecht, wenn nur diese Musik nicht wäre, und doch sehe ich den beiden, während ich mit reduziertem Tempo an ihnen vorbeifahre, gerne zu. An den Zugängen zu den Rieselfeldern stehen Schilder, auf denen darauf hingewiesen wird, dass die Wege für Reiter und Pferdefuhrwerke gesperrt und Hunde an der Leine zu führen sind und das Betreten auf eigene Gefahr geschieht. Ich verlasse vor der Kolonie Karolinenhöhe die Bundesstraße und fahre an Pferdekoppeln vorbei. Der Weg führt durch dichte Vegetation und es scheint, als würde hier alles, wirklich alles wachsen, was in unseren Breitengraden auch nur wachsen kann. Die

Luft riecht gut, sie duftet, und kein Mensch begegnet mir. Es muss hier während des Unwetters sehr stürmisch gewesen sein, Zweige liegen auf dem Weg und der Weg ist noch nass. Ich scheuche eine Rotte Wildschweine mit Frischlingen auf, die den Hügel rechts hochrennt. Ich komme am Hahneberg vorbei, der eigentlich aus zwei Erhebungen besteht. Der alte Hahneberg war schon immer da, was sicherlich nicht stimmt, aber eine Behauptung lohnt es, er lag vom Mauerbau bis zum Fall der Mauer im Grenzgebiet und war nur den Grenztruppen der DDR zugänglich. Der neue Hahneberg, ein paar hundert Meter entfernt, vor dem ich nun stehe und hinaufsehe, entstand in den Sechziger- und Siebzigerjahren. An dieser Stelle wurde erst eine Kiesgrube zugeschüttet und dann Aushub und Bauschutt gesammelt, bis eine Höhe von fast neunzig Metern erreicht war. Daraus wurde Ende der Siebziger eine Erholungslandschaft und Naturreservat. Hier wächst nun sogar die Wilde Möhre und Mauswiesel, Flussregenpfeifer, Zauneidechsen und Rebhühner tummeln sich, wie auch die Dorngrasmücke und der allseits beliebte Steinschmätzer. Ich lasse das Fahrrad stehen und gehe hoch. Die Aussicht ist großartig. Ich sehe das Spandauer Rathaus, die drei Schornsteine des Heizkraftwerks Wilmersdorf, die mein Großvater »die drei schwulen Brüder« nannte, und den Fernsehturm, den man so oder so immer sieht, egal, wo man ist. Im Vordergrund steht eine Reihe Hochhäuser der Rudolf-Wissell-Siedlung, die in Weiß, Blau, Gelb, Orange und Magenta gestrichen sind.

Ein Stück dahinter erkenne ich das Olympiastadion. Dort lief ich als Jugendlicher am 6. Mai 1990 über die Zielgerade. Ich nahm an dem Lauf »25 km de Berlin« teil, auch Franzosenlauf genannt, da er von den französischen Alliierten in West-Berlin organisiert wurde. Die Strecke führte mit dem Start vor dem Olympiastadion zum Brandenburger Tor und über den Kur-

Blick vom Hahneberg auf die Rudolf-Wissell-Siedlung

fürstendamm zurück ins Olympiastadion. Ich hatte bis dahin nur an Zehn-Kilometer-Läufen teilgenommen und war am Ziel mit meinen Kräften am Ende. Als ich durch die Katakomben des Stadions lief und eine Runde im Stadion drehte, weinte ich die ganze Zeit. Ich erlebte mein erstes »Runners High«, ein Hochgefühl, ausgelöst von durch die Anstrengung produzierten körpereigenen Opiaten, und jedes Mal, wenn ich im Olympiastadion bin, um im Gästeblock Werder Bremen anzufeuern, denke ich an diesen Tag zurück. Ich sollte nicht unterschlagen, dass ich Elias Canettis »Masse und Macht« gelesen und in einer Saison jedes Heimspiel von Hertha BSC gesehen habe und völlig fasziniert und gleichermaßen abgestoßen von den Fangesängen und den wiederkehrenden Ritualen war. Ebenso verbinde ich das Stadion mit dem ISTAF, einem Leichtathletik-Stadionfest, das seit 1955 alljährlich dort stattfindet, und die Eintrittskarte dafür gewann ich jedes Jahr. Ich stand am ersten Verkaufstag des heiß begehrten Kinderscheckhefts am Kiosk und immer hatte ich Glück. Das Scheckheft war limitiert und jedes Exemplar hatte eine eigene Losnummer. Der Hauptgewinn war ein Einfamilienhaus, das in meiner Erinnerung Traumhaus hieß. Sicherlich hieß es Traumhaus, weil das Schiff, das im Fernsehen herumfuhr, ja auch Traumschiff hieß. Wir wohnten in einer Mietwohnung und ein Einfamilienhaus, ja, das wäre was gewesen! Die Lösungsworte, die es auf jeder zweiten Seite auszufüllen galt, waren enorm einfach, und so stand dem Gewinn des Einfamilienhauses eigentlich nichts im Weg. Die Seiten mit den Lösungsworten mussten herausgetrennt und in einem Briefumschlag verschickt werden. Doch statt des Hauses gewann ich immer wieder Freikarten für das ISTAF. Ebenso gewann ich immer Eintrittskarten für »Menschen, Tiere, Sensationen« und das Sechstagerennen. Beides fand in der Deutschlandhalle statt. »Menschen, Tiere, Sensationen« war eine Zirkus-Show, die ich monumental und spannend fand. Das Sechstagerennen hingegen eine irritierende Veranstaltung: Fahrradfahrer fuhren im Kreis, Männer tranken Bier und aßen Mettbrötchen, die Halle war verraucht und zwischendurch gab es Showeinlagen, die ein Publikum ansprachen, das zwar den Zweiten Weltkrieg verloren hatte, aber immer noch zu Freunden Kameraden sagte. Als ich das zweite Mal Karten für das Sechstagerennen gewann, verschenkte ich sie an einen Klassenkameraden. Das Scheckheft gibt es noch immer oder es gibt es wieder. Ich kaufte es vor ein paar Jahren an einem Kiosk und blätterte darin herum. In einer Ecke meines Herzens hatte ich gehofft, dass ich darin etwas wiederfinden würde. Es lag ein paar Tage auf dem Küchentisch, dann auf dem Kühlschrank, dann warf ich es weg.

Die Waldbühne, eine Freiluftbühne in der Nähe des Olympiastadions mit Platz für 22 000 Menschen, entstand 1936 nach Anregung von Joseph Goebbels als Dietrich-Eckart-Freiluftbühne. Eckart war früher Nationalsozialist und gilt als Mentor und Ideengeber Adolf Hitlers. Die Architektur der Bühne orientiert sich am Stil antiker griechischer Theater und wurde als kultische »Weihestätte« konzipiert, in der »Thingspiele« stattfanden. Ein Thing war bei den Germanen die Versammlung, bei der die Rechtsangelegenheiten eines Stammes verhandelt wurden. Die Nationalsozialisten machten daraus Großveranstaltungen, eine Mischung aus Theater und Kundgebung, zu denen mitunter bis zu 17 000 SA-Männer als Komparsen eingesetzt wurden. Im Rahmen der Olympischen Spiele 1936 wurde die Bühne eröffnet, die Turnwettkämpfe fanden dort statt und sie wurde für das Rahmenprogramm genutzt. An diesem Ort traten 1965 die Rolling Stones als Haupt-Act im Rahmen eines Festivals auf, das die Zeitschrift »Bravo« organisiert hatte. Sie sollten eine halbe Stunde spielen, beendeten den Auftritt aber bereits nach zwanzig Minuten. Das Publikum, das schon vor dem Beginn dieses Auftritts in aggressiver Stimmung gewesen war, tobte. Die Nacht endete mit über hundert Verletzten, einer völlig verwüsteten Waldbühne, die erst sieben Jahre später wieder bespielt wurde, und siebzehn demolierten S-Bahn-Zügen, die als Eigentum der Deutschen Reichsbahn auch Eigentum der DDR waren, was wiederum zu diplomatischen Verstimmungen führte.

Das erste Konzert, zu dem ich mit Schulfreunden ging und das kein Klassikkonzert war, wurde zu Ende gespielt und war friedlich. Im Sommer 1989 trat Herbert Grönemeyer in der Waldbühne auf und schon der Kauf der Eintrittskarten war aufregend. Während des Konzerts hyperventilierte eine Schulfreundin, die wir daraufhin, mittlerweile waren wir alle auch etwas hysterisch, zum Erste-Hilfe-Zelt brachten. Einige Minuten später hyperventilierte eine zweite, dann eine dritte. Wären wir keine Jungs gewesen oder in den Zehnerjahren aufgewachsen, hätten wir vielleicht auch hyperventiliert. So standen wir nur etwas dumm herum, hielten Hände und trösteten. Ein paar Jahre später spielte dort Bruce Springsteen das längste Rockkonzert, nein, überhaupt das längste Konzert, das ich je erlebt habe. Er kam gegen 18 Uhr mit einer Akustikgitarre auf die Bühne und spielte zwei Stunden und sang dazu. Dann kam er nach einer Viertelstunde mit seiner Band wieder und sie spielten bis 23 Uhr. Ich kann mich daran erinnern, wie das Tageslicht nachließ und die elektrischen Lichter angingen und für eine Weile die Waldbühne in diesem diffusen Zwielicht lag und Bruce Springsteen, den ich schon so lange live sehen wollte, vor mir spielte. Und er spielte wie einer, der arbeiten geht, der eine professionelle Leistung abliefert, dem es dennoch Spaß zu machen schien, das dreitausendste Mal »Born in the USA« zu singen, und das beeindruckte mich enorm. Ich habe diese kleine Erinnerung, die nicht mal eine richtige Geschichte ist, ungefähr zehnmal meiner Frau erzählt, die geduldig zuhörte, nein, es waren bestimmt fünfundzwanzig Mal. Irgendwann machte sie klar, dass sie diese wirklich sehr, sehr interessante Geschichte bitte nicht noch mal hören wolle. Ich bemerke nun rechtzeitig, wenn ich sie wieder auskramen will, und kürze enorm ab, indem ich nur sage: »Waldbühne, weißt schon!« Und jetzt, seit ich es hier aufgeschrieben habe, scheint diese Anekdote aus meinem Kopf verschwunden zu sein.

Das Olympiastadion, die Waldbühne, die Deutschlandhalle, die Eissporthalle, die Messehallen, alles, was in West-Berlin sehr aufregend und anziehend war, ereignete sich in dieser Gegend, im Ortsteil Westend. In den Messehallen fand die Internationale Grüne Woche statt, die Internationale Funkausstellung, die Internationale Tourismus-Börse, und die Hallen waren immer völlig überfüllt. Es hieß »International« und es war eine Massenveranstaltung, und diese Mischung holte jeden West-Berliner aus der Wohnung. Ich kam jedes Mal mit Tüten voller Aufkleber, Luftballons, Ansteckern und Prospekten aus einer anderen Welt nach Hause und hatten einen roten Kopf, weil die Luft nicht gut und flächendeckende Klimaanlagen dieser Größenordnungen noch nirgendwo eingebaut waren, wenn es sie überhaupt schon gab. Mit knappen 150 Metern Höhe war der Funkturm auf dem Messegelände eines der Wahrzeichen West-Berlins und bekam den infantil-bescheuerten Kosenamen »Langer Lulatsch«. 1932 wurde von diesem Turm die weltweit erste Fernsehsendung ausgestrahlt. Seit 1989 ist der Turm völlig uninteressant geworden, da es ja den Fernsehturm gibt, der auch noch in der Mitte der Stadt steht, der glänzen kann, wenn die Sonne darauf scheint, das höchste Bauwerk Deutschlands ist und so einzigartig, dass bei seinem Anblick auf Unterwäsche oder Kaffeebechern jeder Bescheid weiß.

In der Masurenallee, in der Nähe des Funkturms und auch in Westend gelegen, befindet sich das Haus des Rundfunks, in dem seit 2003 der rbb ansässig ist. Bis dahin residierte hier der SFB, der Sender Freies Berlin, der 2003 mit dem ORB, dem Ostdeutschen Rundfunk Brandenburg zusammengewachsen ist, weil damals alles zusammenwuchs, was zusammengehörte. In Berlin gibt es noch dreißig Paternoster und im Haus des Rundfunks sind es zwei. Mein Vater arbeitete in einem Gebäude, in dem es auch einen gab. Wenn ich ihn als Kind von der Arbeit abholte, fuhr ich damit. Es war ungeheuer spannend, in einem Fahrstuhl zu fahren, der keine Türen hatte und aus dem man steigen musste, während er fuhr. Als ich vor ein paar Jahren zu einem Interview im Haus des Rundfunks war und die Redakteurin mich wieder zum Ausgang begleitete, sagte sie: »Komm, wir fahren mal eine ganze Runde.« Wir stiegen nicht vor den Wendepunkten aus, wie ich es im Beisein meiner Eltern musste, nein, wir blieben in der Kabine, die über die große Scheibe, von der ich nur wusste, dass es sie gibt, in den anderen Aufzugsschacht umgesetzt wurde. Ich war fast vierzig Jahr alt und diese Frau – sie hatte absolut keine Ahnung und ich sagte es ihr erst danach – erfüllte mir diesen kleinen Kindertraum.

Ich wende mich Richtung Brandenburg und sehe Wald und einen Windpark. Auf der flachen Kuppe stehen zwei Holzbänke, auf der Rückseite der einen steht in großen Buchstaben, bestens sichtbar für alle hier oben: KÜSS SIE ENDLICH! Vielleicht hat das als Wink mit der Holzbank – ein Kalauer, an dem ich nicht vorbeikomme – die dorthin geschrieben, die endlich geküsst werden will, wer weiß. Ein Mountainbiker fährt immer wieder den Hügel hoch und rast ihn wieder runter. Kann man machen, denke ich. Bei der Gestaltung dieser Anlage haben sich, so wirkt es, Menschen viel Mühe gegeben, sie so schön wie möglich zu machen. Es sind viele Tiere hier, die Wildschweine begegnen mir am Fahrrad ein zweites Mal, vielleicht ist es auch eine andere Rotte, zum Glück verschwinden sie auch schnell wieder. Ich begegne Kaninchen, höre einen Kuckuck, sehe für Kleintiere angelegte Steinhaufen auf den Wiesen. Ich verlasse den Hahneberg und komme zu einer der hässlichsten Straßen Berlins: der Heerstraße. Da ist ein Rewe, ein dm, ein Bistro, die Allround-Tanzschule, und ich lese erst Allround-Tankstelle, denn was, zum Kuckuck, will hier bitte eine Tanzschule? Ein Gelenkbus macht eine Vollbremsung, er fuhr zum Glück nicht schnell, und der Fahrer springt hinter dem Lenkrad auf und zeigt der alten Frau, die ohne nach rechts oder links zu sehen über die Straße lief, einen Vogel. Eine womöglich gar nicht so schlechte Strategie: Die verbleibende Lebenszeit eventuell um ein paar Monate oder Jahre verkürzen, aber sich in dieser Zeit nicht mit so profanen Dingen wie Nach-Autos-Ausschau-Halten abgeben. Am Brunsbütteler Damm Ecke Nennhauser Damm flutet der Verkehr an einem mit Tieren bemalten Elektrizitätshäuschen vorüber. Ich fahre weiter zum Bahnhof und hoffe, dass bald ein Zug Richtung Stadtmitte kommt. Ich bin müde und erschöpft. Es ist nicht mehr weit. Vor der Gaststätte »Grenz-Eck Alt-Berliner Gastlichkeit« sitzt ein grauhaariger Mann und sieht in sein Bier. Auf der anderen Straßenseite, die mit Gras und kleinen Bäumen bewachsen ist, lag der Todesstreifen. Die neu asphaltierte Straße steigt leicht an und ich steige ab. Ich kann nicht mehr. Vielleicht kann ich noch, aber ich will nicht mehr. Außerdem beginnen heute die langersehnten Sommerferien der Kinder und ich habe eine Verabredung mit dem Schriftsteller Aras Ören. Rechts liegt eine weitere Kleingartenkolonie, beflaggt mit einer Deutschland-, einer Piraten- und einer Berliner Fahne. Am S-Bahnhof Staaken nehme ich den gläsernen Fahrstuhl, der zum Bahnsteig führt, und muss nur ein paar Minuten warten, bis der Zug einfährt, mit dem ich bis zum Alexanderplatz komme.

Als ich am Abend wieder zurück in Kreuzberg bin, die Wohnung leer, weil der Rest der Familie ebenso unterwegs ist, und mir einfällt, dass ich unser Beet auf dem Tempelhofer Feld dringend wässern muss, raffe ich mich noch mal auf. Neben dem Beet wächst ein Baum, den meine Stieftochter mit drei Jahren in die Erde gesteckt hat und der nun vier Meter hoch ist. Ein Nachbarbeet gehört einer türkischen Familie, doch wir treffen immer nur Mutter und Tochter. Die Mutter, die in einem kleinen Dorf aufwuchs, vermisste den Anbau von Gemüse, und so bewirtschaftet sie nun schon seit vielen Jahren ein großes Beet, in dem sie Kürbisse, Bohnen und Zucchini zieht. Mit der Tochter unterhalte ich mich immer, wenn ich sie sehe. Ob ihre Mutter mich überhaupt versteht, weiß ich nicht. Sie ist abweisend, aber nicht unfreundlich, sie hat eine merkwürdig unentschlossene Art und steht doch immer wieder plötzlich vor mir und drückt mir geerntetes Gemüse in die Hand. Ich bedanke mich formvollendet auf Türkisch und sie geht. Während ich zwei Tage den Mauerstreifen entlanggefahren bin, fiel mir immer wieder auf, wie wenig Freiraum es in der Stadt gibt. Der innerstädtische Freiraum, den ich nutze, ist das Tempelhofer Feld, und es ist der beste Ort Berlins, weil er den Blick nicht begrenzt, weil er eine Sicht freigibt, in die Weite, in den Himmel. Weil er Menschen zusammenbringt, die ansonsten vielleicht nichts miteinander zu tun hätten.

Kurz vor unserem Beet treffe ich den Schriftsteller Jan Brandt, der in den letzten Monaten das Laufen für sich entdeckt hat und in zügigem Tempo das Feld umrundet. Ich frage, ob ich ihn begleiten darf. Als ich als Jugendlicher Langlauf machte, hätte ich jeden abgewiesen, der mich hätte begleiten wollen. Nein, das sei okay für ihn, sagt Jan, er freue sich. Ich plaudere los, erzähle ihm von einigen Erlebnissen der letzten zwei Tage, und in diesem Moment wird mir klar, dass ich mich zwei Tage lang in einem andauernden Selbstgespräch befunden habe. Es mag sein, dass viele Schriftsteller so arbeiten, ich gehöre nicht zu ihnen. Ich schreibe kein Buch allein, ich brauche ein Gegenüber, das Vorschläge macht, korrigiert und fragt, in Frage stellt und anzweifelt und mir notfalls sagt, dass ich gerade auf dem falschen Fahrrad sitze und es diese Himmelsrichtung überhaupt nicht gibt und dass die Wahrscheinlichkeit hoch sein könne, dass das niemand, wirklich absolut niemand lesen möchte – und vielleicht ist das dann sogar genau der richtige Motor, um exakt an dieser Stelle einfach weiterzumachen, weiterzuschreiben. Ich plaudere also drauflos, Jan sagt hin und wieder etwas dazu, und für sein Tempo kann er ziemlich ruhig und normal sprechen. Er erzählt mir, dass es einen jährlich stattfindenden Ultralauf auf dem 161 Kilometer langen Mauerweg gebe. 2019 kam der erste Läufer nach elf Stunden ins Ziel. Der letzte, der das Ziel erreichte, brauchte dafür knappe dreißig Stunden. Es gehe beim Langlauf, sage ich, auch immer um Schmerz, Schmerz sei ein wesentlicher Motor. Jan nickt. Er sagt, Uta Pippig sei beim Boston-Marathon mit einer Darmentzündung und inneren Blutungen als Erste durchs Ziel gelaufen. Und nach einer Weile: »Ich war mit Schulfreunden in West-Berlin. Und der Geruch der U-Bahnhöfe, das hatte so eine ganz eigenartige Note. Ich dachte immer, jeder Bahnhof riecht anders. Und meine Freunde und ich haben ein Spiel draus gemacht, mit geschlossenen Augen herumzufahren und zu raten. Irgendjemand meinte, damit sollten wir uns bei ›Wetten, dass‹ bewerben.« Ich sage, dass ich als Frontstadtbewohner diesbezüglich völlig abgestumpft gewesen sei, schon immer, und keine Unterschiede bemerken würde.

Ich war mit sehr müden Beinen auf das Tempelhofer Feld gefahren, schließlich hatte ich in den letzten beiden Tagen knappe hundert Kilometer auf dem Fahrrad zurückgelegt, doch nun, neben Jan, spüre ich davon nichts mehr. Er beschließt, eine weitere Runde zu laufen, ich begleite ihn, wir ziehen einander nach vorne, immer weiter. Er erzählt von der Arbeit an seinem nächsten Buch und dann von dem Künstler Franz John, der 1990 tagelang auf dem Fahrrad die Mauer entlangfuhr und sie mit einer Super-8-Kamera filmte. Es sei die einzige filmisch komplette Abbildung der Berliner Mauer, bevor sie dann Stück für Stück verschwand und seitdem in Vorgärten oder anderen Ecken der Welt steht. Am Columbiadamm verabschieden wir uns. Ich drehe mich noch mal um und denke daran, dass wir gerade zweimal den Ort umrundet haben, ohne den es West-Berlin nicht gegeben hätte.

Während der Berlin-Blockade durch die Sowjetunion vom 26. Juni 1948 bis zum 6. Oktober 1949 versorgten die Westalliierten den Westteil Berlins mit 2,3 Millionen Tonnen Frachtgut. Dafür wurden fast 550 000 Hin- und Rückflüge durchgeführt. Der Tempelhofer Flughafen war neben dem Flugfeld Gatow der Knotenpunkt der Luftbrücke. Zu Stoßzeiten landeten und starteten die Flugzeuge im Neunzigsekundentakt. Lebensmittel, Brennstoffe und auch Baustoffe für den Ausbau des Flughafens Tegel und des Kraftwerks Reuter im Stadtteil Siemensstadt wurden befördert. Ernst Reuter hielt im September 1948, hinter ihm das Reichstagsgebäude und vor ihm 300 000 Menschen, seine berühmte Rede, in der er die »Völker der Welt« aufforderte: »Schaut auf diese Stadt und erkennt, dass ihr diese Stadt und dieses Volk nicht preisgeben dürft und nicht preisgeben könnt! Es gibt nur eine Möglichkeit für uns alle: gemeinsam so lange zusammenzustehen, bis dieser Kampf gewonnen, bis dieser Kampf endlich durch den Sieg über die Feinde, durch den Sieg über die Macht der Finsternis besiegelt ist.« Es war eine Rede, die an Überzeugung, rhetorischer Kraft und auch Pathos kaum zu überbieten ist.

Ich fahre weiter durch die Hasenheide und sehe, was denn sonst, den Fernsehturm. Dieses Gebäude ist zu Recht das Wahrzeichen der Stadt. Es ist wirklich fast von überall zu sehen, es sieht aus wie etwas, das in die Mitte dieser Stadt gerammt wurde, um deutlich zu machen, dass dort, genau dort, die Mitte ist. Dieser Turm macht eine Ansage: Wer mich sieht, weiß, wo ich stehe. Hier bin ich und ihr alle könnt mich sehen! Keiner ist größer als ich, denn ich bin riesig. Ich brauche kein Alleinstellungsmerkmal, mich gibt's nur einmal. Ich bin auf allem, was man bedrucken kann. In meiner silbernen Kugel spiegelt sich das Licht. Ich verbinde Berlin mit dem Himmel. Als ich in die Straße einbiege, in der wir wohnen, fällt mir auf, dass ich vergessen habe, das Beet zu gießen.

Zu Besuch bei Aras Ören

Drei Wochen später fahre ich nach Charlottenburg. In West-Berlin lebten Mitte der Siebzigerjahre fast 100 000 Menschen mit türkischen Wurzeln. Sie haben die Stadt verändert und geprägt und ohne sie würde Berlin heute vielleicht stillstehen oder zumindest so aussehen wie eine Stadt, in der ich nicht leben möchte. Ich besuche den Schriftsteller Aras Ören in seiner Wohnung in Charlottenburg. 1973 erschien sein Buch »Was will Niyazi in der Naunynstraße«, ein Jahr später »Der kurze Traum aus Kagithane« und 1980 »Die Fremde ist auch ein Haus«. 2019 legte der Verbrecher Verlag unter dem Titel »Berliner Trilogie« seine drei Langgedichte wieder auf. Wir kennen uns von einer Lesung, die ihm zu Ehren und aus Anlass des Erscheinens der Trilogie im Literarischen Colloquium Berlin stattfand. Ich las gemeinsam mit zwei Autorinnen Auszüge aus seinem Werk und wir unterhielten uns über den Einfluss seiner Literatur auf unsere Arbeit. Aras Ören saß in der ersten Reihe und ich war ziemlich aufgeregt, schließlich ist er einer meiner Helden der Gegenwartsliteratur. Ich bat ihn anschließend, den Stapel seiner Bücher, die ich mitgebracht hatte, zu signieren. Er schrieb in jedes »*merhaba*« und seinen Namen.

Bevor ich ihm die erste Frage stellen kann, zeigt mir Ören zwei große Schwarz-Weiß-Fotografien, die seitlich von seinem großen schweren Schreibtisch an einem der Bücherregale lehnen. Auf der einen sind drei alte Frauen zu sehen, die vor einem Lebensmittelladen sitzen, offenbar in einem Gespräch und doch mit Blick auf die Straße. Hinter den dreien sind Reklametafeln neben dem Schaufenster des Geschäfts befestigt. Auf dem anderen sind drei Männer abgebildet, die vormittags um elf Uhr vor dem Schuhgeschäft »Salamander« auf der Karl-Marx-Straße den Demonstrationszug zum 1. Mai beobachten, einer hält eine Schnapsflasche in der Hand.

»Sie brüllten, dass die Roten über die Mauer sollen«, sagt Ören. »Sehen Sie sich die Gesichter an! Verbittert, wütend!« Er stellt die Fotografien zurück und sagt: »Das war ein kleiner Prolog.«

Wir setzen uns in die Sessel an den flachen Wohnzimmertisch. An der einen Wand hängen Bilder. An der anderen befindet sich keine Bücherwand, die Wand, so scheint es, besteht aus Büchern. Ich will Ören meine erste Frage stellen.

»Wir waren neulich in Kreuzberg«, kommt er mir zuvor, »wir haben Bekannte besucht. In der Naunynstraße.«

Er hält inne und lacht ein kurzes dunkles Lachen. Und natürlich könnten wir jetzt sofort zu seinem legendären Buch »Was will Niyazi in der Naunynstraße« kommen, doch Ören erzählt weiter, von einer alten Freundin, die in den Siebzigern zusammen mit ihrem Mann bibliophile Bücher selber herstellte. In der Nähe des Oranienplatzes, auf einem Fabrikgelände, hätten sie alte Druckmaschinen gehabt, die sie nach dem Krieg gefunden hatten und mit denen sie die Bücher herstellten, auch drei von Ören, ein paar hundert Euro kosten die Originalausgaben von damals heute.

»Das war für mich eine sehr schöne Erfahrung, zu sehen, wie Ende des 19. Jahrhunderts, Anfang des 20. Jahrhunderts die Leute gewohnt haben, Offiziere, und hinten die Werkstätten, und auch der Landwehrkanal. Ich habe alles wiedergefunden, worüber ich gelesen habe. Das war Kreuzberg und es hat mir Spaß gemacht, darüber zu schreiben. Jetzt, wenn ich manchmal in Kreuzberg vorbeigehe, finde ich das alles nicht mehr wieder. Es ist vieles abgerissen worden, kahlsaniert. Das Kottbusser Tor, das erkennt man nicht wieder. Ich habe mal in der Kohlfurter Straße gewohnt. Ich habe das Haus gesucht, es stand in der Nähe des Landwehrkanals. Ich war Nachbar von der Kneipe »Die kleine Weltlaterne«. Ich habe an dem Haus geklingelt, da hat mir jemand geöffnet, ich ging rein. Das war kein Haus mehr, das war ein Neubau. Man sucht Spuren seines Lebens, und ich habe da keine mehr gefunden. Auch in der Naunynstraße Richtung Bethanien stehen jetzt viele Neubauten. Was positiv ist: Es wurden Bäume gepflanzt. Es stand damals kein einziger Baum und deshalb habe ich die Metapher der Schlucht gewählt, es war wie ein Kanal, zu beiden Seiten Häuser, eine ganz kahle Straße, kein bisschen Grün, da habe ich mich immer wie in einer Kanalschlucht gefühlt.«

»Warum sind Sie damals eigentlich nach West-Berlin gezogen?«, frage ich ihn.

»Das ist eine Schlüsselgeschichte in meinem Leben«, sagt er. »Ich habe mit achtzehn angefangen zu dichten, ein Jahr später habe ich ein Theaterstück begonnen. Meine Eltern, Verwandten und Bekannten haben gesagt, ich solle einen Beruf erlernen. Schreiben kannst du immer machen, aber das Brot damit verdienen kann man nicht. Das war Ende der Fünfzigerjahre. Und dann kam ich durch Zufall mit dem Universitätstheater in Istanbul in Kontakt. Ich durfte mir Proben ansehen, die Leute waren ein, zwei Jahre älter. Und eines Tages haben sie mich gefragt: Sag mal, hast du was zu tun? Einer von uns ist krank geworden, könntest du seine kleine Rolle übernehmen? Das war es! In der Türkei gibt es ein Sprichwort: Wenn der Bühnenstaub einmal in die Nase kommt, dann bleibt man auf der Bühne. Und ja, zwei Monate später habe ich eine riesengroße Rolle gekriegt. Istanbul war schon damals eine Metropole, es war die Zeit vor '68, ich war weg von zu Hause, vom Gymnasium, der Druck von der Gesellschaft war verschwunden, man fühlte sich ganz befreit und politisiert, und dann, 1960, gab es eine große Demonstration. Der damalige türkische Ministerpräsident Adnan Menderes setzte ein Ermächtigungsgesetz in Kraft, mit dem die Opposition mundtot gemacht werden sollte. Sie müssen wissen, dass es erst 1950 die erste demokratische Wahl gab, vorher gab es seit der Staatsgründung die Einparteienherrschaft der CHP, eine Partei, ein Staat, ein Volk, eine Dreißigerjahre-Mentalität. Und dann sind das erste Mal mehrere demokratische Parteien in die Wahl gegangen. Wir haben uns schnell politisiert und es kam zu Unruhen. Wir hatten auf dem Universitätscampus demonstriert, wir haben zwar weiter Theater gespielt, aber haben hinter der Bühne Flugblätter mit einer alten Druckmaschine hergestellt, und dann, das war im Mai 1960, waren wir für zwei, drei Tage von der Armee auf dem Campus eingekesselt. Wir haben gebrüllt und geschrien. Dann kam die Nachricht, dass es auch in Ankara Proteste gibt, und die Soldaten haben uns Zigaretten zugeworfen. Am nächsten Tag kam ein Offizier, zeigte auf uns und brüllte: ›Weg mit diesem Dreck!‹ Da waren wir fast tausend Leute, die da die ganze Zeit ›Tod dem Diktator‹ brüllten. Soldaten mit Bajonetten haben uns in Lastwagen gedrängt, und da hat einer von uns angefangen, die Nationalhymne zu singen, und alle Soldaten standen plötzlich stramm. Der Offizier befahl, uns wegzufahren, und wir haben wieder die Nationalhymne gesungen, drei, vier Mal. Sie brachten uns in eine alte Militärkaserne, die außerhalb von Istanbul lag. Auf jedem Lastwagen saß aber hinten ein Soldat oder Unteroffizier und die sagten uns: Springt weg! Als wir in der Kaserne ankamen, waren es nur noch 500 Leute. Wir haben auf Tischen geschlafen und am nächsten Tag haben wir im Hof mit den Offizieren Fußball gespielt. Und dann erreichte uns die Nachricht aus Istanbul, dass 150 Leute hingerichtet werden sollten. 500 konnten sie nicht hinrichten, aber 150, na ja. Ein Offizier sagte zu uns, wir waren in einem Speisesaal, der ebenerdig lag: ›Raus aus den

Fenstern und wir gucken nicht hin.‹ Wir hatten Angst, wagten es trotzdem und waren frei. In die Stadt zurück konnten wir nicht, weil da überall Polizei war, na ja, solche Sachen!«

Aras Ören verstummt und hält kurz inne. Dann erzählt er weiter.

»Einen Monat später fand der Militärputsch statt, die ganze Führungselite wurde verhaftet, und wir waren die Helden! Und als Helden wurde unsere Theatergruppe als Ehrengast nach Erlangen eingeladen, dort gab es ein Festival, und trotz des verhängten Ausreiseverbots durften wir hinfahren. Im nächsten Jahr folgten Einladungen nach Messina und wieder nach Erlangen und 1962 nach Frankfurt an die ›neue bühne‹ der Goethe-Universität. Der Leiter war Karl-Heinz Braun, der später den Verlag der Autoren mitgegründet hat. Er hat sich bemüht, dass wir ein Stipendium bekommen, und ein paar Monate später standen wir am Frankfurter Hauptbahnhof. Wir wohnten in einem Studentenheim, lernten linke Studenten kennen, überall standen Bücher von Marx, das war neu für uns. An dem Theater ›neue bühne‹ wurde das Stück ›Eli‹ von Nelly Sachs inszeniert und auch ich bekam eine Rolle. Ein Jahr später, 1963, mein Pass war abgelaufen und er wurde nicht verlängert, musste ich zurück in die Türkei zum Militärdienst. Ich hatte alles versucht, alle Tricks halfen nicht. Ich war ein Kahlkopf in einer Kaserne. Es gab eine brutale Hierarchie, es gab Schikanen. Wir wohnten in Baracken und hatten zwischen drei und fünf Uhr früh Wachdienst. Das war die schlimmste Zeit in meinem Leben. Zwei Jahre hat es gedauert. Nach der Freiheit hier lebte ich dort wie ein Tier. Dauernd habe ich Strafen bekommen, ich musste Straßenbauarbeiten machen. Hier, auf meinem Schreibtisch steht ein Foto davon, damit ich es nicht vergesse.«

Ob er damals schon in Kreuzberg gewohnt hätte, frage ich ihn.

»Also, tatsächlich bin ich nach dem Militärdienst nach Berlin gekommen, ich hatte keinen Job, kein Nichts. Ich suchte wieder den Kontakt zum Theater. Erwin Piscator, der Intendant der Freien Volksbühne, sagte: ›Von mir können Sie nichts mehr lernen‹ und sagte, wir sollten zu Helene Weigel gehen. Wir fragten sie, ob wir dort arbeiten können. Sie hat uns angeboten, als Zuschauer an den Proben teilzunehmen. Das haben wir dreimal gemacht. Als Türken konnten wir nach Ost-Berlin. Aber wir mussten täglich arbeiten, um genügend Geld zu haben. Wir sind zum Sklavenhändler, für Jobs, na ja, natürlich war das kein Sklavenhändler, das sagten wir so, es war eine Jobvermittlung, du zeigtest deinen Pass und gabst einen Zettel ab. Dann musstest du um vier morgens da sein und hast abends zwanzig Mark bekommen. Zwei, drei Tage konnte man davon leben, dann musste man wieder hin. Unsere Theatergruppe ist auseinandergebrochen. Das hatte verschiedene Gründe, zwischenmenschliche, und es gab künstlerische und ideologische Differenzen. Manche sind zurückgegangen, manche haben einen Job gefunden. Ich war zum Schluss der Einzige, der hiergeblieben ist. Ich wollte nicht mehr in die Türkei. Das hatte psychische Gründe, nach den zwei Jahren Militär, nein.«

Er schüttelt leicht mit dem Kopf und lehnt sich zurück.

»Sie wollten aber in West-Berlin bleiben?«

»Ja, in Schöneberg. Ich wohnte in der Goltzstraße zur Untermiete bei einem S-Bahn-Mitarbeiter. Der war alt, der hatte schon den Ersten Weltkrieg als Soldat an der Westfront erlebt.«

Hat er sich wohlgefühlt oder ist er auf Ablehnung gestoßen, als Türke im Nachkriegsdeutschland, in West-Berlin?

»Das war gemischt. Für mich war alles neu. Jeder Tag war für mich eine Lernphase. Ich musste meine Existenz sichern, ich musste immer Jobs machen, manchmal Schwarzarbeit, und meinesgleichen suchen. Wenn ich die Tagebücher lese, schau-en Sie, hier habe ich meinen Giftschrank geöffnet!«

Auf dem Boden, seitlich der Couch, liegt ein alter geöffneter Koffer auf dem Boden.

»Ich habe überall meine Nase reingesteckt, ins Theater, um als Regieassistent zu arbeiten, oder als Zuschauer. Ich habe Stü-cke geschrieben oder Notizen zu Stücken, die ich später schrei-ben wollte. 1966 oder '67 hatte ich Kontakt zu Filmemachern und ich habe ein paar kleine Rollen gespielt. Das verbesserte meine finanzielle Situation. Dann kam die Erlösung: Eine Be-kannte aus der Türkei telefonierte herum, sie stellte eine The-atergruppe in der Türkei zusammen, um das Stück über Sacco und Vanzetti aufzuführen, und ich sollte die Figur des Vanzetti spielen. Ich hatte damals meine erste Frau kennengelernt, eine Deutsche, eine Berlinerin, sie war Mode-Designerin. Wir wag-ten es, wieder in die Türkei zu gehen, und heirateten dort. Das Stück war ein großer Erfolg, aber kein Publikumserfolg. Wir hatten keine feste Bühne, sondern konnten in den Häusern spie-len, deren Ensemble gerade auf einer Tournee war. Wir spielten monatelang in Istanbul, dann in Ankara und gingen dort pleite. In Ankara mussten wir als Pfand in einem Hotel bleiben, weil wir Schulden gemacht hatten. Irgendjemand schaffte dann Geld heran, aber die Gruppe brach daraufhin auseinander. Wieder kam es zu Unruhen, zu täglichen Demonstrationen. Bei dem Theater, an dem ich dann engagiert war, wurde mein Vertrag nicht verlängert. 1969 sind wir wieder zurückgekommen, nach Deutschland, in meine zweite Heimat. In der Kohlfurter Straße bekamen wir ein Zimmer mit kleiner Küche.«

Ich frage ihn nach Bebek, dem Istanbuler Stadtteil, dem Ort seiner Kindheit und Jugend. Er steht auf und holt aus einem zweiten großen Raum eine Schwarz-Weiß-Fotografie, auf dem die Straße abgebildet ist, in der er gewohnt hat. Es sind zweigeschossige bürgerliche Wohnhäuser. Am Ende der Straße ragt ein sanfter Hügel empor.

»Das ist genau das Gegenteil zu der damaligen Naunynstraße«, sage ich

»Ja, natürlich!«, sagt er rasch. »Als Teenager haben wir, wenn die Schwimmsaison eröffnet war, den Bosporus überquert. Ich komme aus einer bürgerlichen Schicht, aber wohlhabend waren wir nicht, ich habe immer ›die Reichen‹ gesagt.«

Ören erzählt von der Herkunft seiner Eltern und Großeltern. Es sind Geschichten von Flucht und Neuanfang und dem Willen, aus eigener Kraft ein gutes Leben zu haben. Er habe sehr vieles dazu selber recherchiert.

»In meiner Generation«, sagt er, »war es so: Man fragt nichts. Die Eltern, Verwandtschaft, ältere Leute, man fragt sie nicht. Was die von sich aus erzählen, das ist alles. Nachbohren ging nicht.«

Ich höre ihm gebannt zu. Er ist in Bebek aufgewachsen und nach West-Berlin gekommen, in das Gegenteil von Bebek, und ich frage ihn, was es für ein ...

»Das war Europa für mich«, ruft Ören. »Das ist auch Europa. Die Kultur, mit der wir uns beschäftigen, das ist eine Oberschichten-Kultur, aber es gibt auch eine proletarische Kultur. Ich weiß viel mehr über ihre Geschichte als die Bewohner der Naunynstraße über sich selbst. Ich bin neugierig, ich habe immer mit den alten Leuten, mit den Einheimischen geredet. Ich weiß, in welchem Haus die Widerstandskämpfer einen Trick angewendet haben, um ihre Flugblätter zu verteilen. In dem Haus am Oranienplatz haben sie ein langes Brett verwendet, das sie auf einen großen Stein legten, sodass es wie eine Wippe aussah. Die Flugblätter legten sie auf die Seite zum offenen Fenster, auf die andere Seite des Brettes legten sie einen Eisblock. Das haben mir alte Leute in Kneipen erzählt.«

Ob er ein Gefühl der Enge verspürt habe, vom Bosporus kommend und nun in den kargen Straßen Kreuzbergs und die Stadt von einer Mauer umgeben?

»Ich hatte viel über die Arbeiterbewegung gelesen, über Marxismus, und versucht, es zu kapieren. Ich habe alles gelesen, was ich dazu gefunden habe. Und ich habe Leute angesprochen und Notizen gemacht. In der Adalbertstraße, kurz vor dem Kottbusser Tor, gab es früher so ein Geschäft für Haustierfutter und solchen Sachen, und da war eine sehr alte Dame, die dort auch wohnte. Mit ihr kam ich ins Gespräch. Sie sagte, sie sei nicht deutsch, sie käme aus Ägypten. Nach dem Ersten Weltkrieg sei sie nach Deutschland gekommen, wegen eines Mannes, den sie geheiratet hatte, der aber nicht mehr lebe. Ich fragte sie, wie die Nazizeit gewesen sei, und sie sagte, obwohl sie hier gelebt hatte: Ich war nicht da.«

Ören macht eine Pause und die Wirkung stellt sich ein.

»Ich bin interessiert daran, mir ein Bild zu machen, wie die Entwicklung vor und nach dem Krieg in Deutschland war und in anderen europäischen Ländern stattgefunden hat. Die Industrialisierung und die Kolonialisierung sind die beiden Schlüssel, um es zu verstehen. Manchmal denke ich, ich habe immer hier gelebt. Ich habe so viel über Deutschland und Berlin gelesen, über die Zwanzigerjahre, ich weiß, wo die George-Grosz-Kneipe ist, das war der ›Diener‹, also kurz gesagt: Ich war hungrig danach, mir ein Bild von diesem Land zu machen, das ist mein Zuhause hier. Mein Deutsch ist, na ja, es ist nicht so gut entwickelt. Das hat seinen Grund. Ich bin ein Schriftsteller, und ich denke, jeder Schriftsteller kann nur in seiner Muttersprache schreiben. Hier habe ich, Gott sei Dank, in der türkischen SFB-Redaktion gearbeitet, die ich mitgegründet hatte. Das Material war auf Türkisch und die Beiträge wurden auf Türkisch geschrieben. Und mein Deutsch, sage ich mal so, blieb stehen, wo es war. Jetzt, im zunehmenden Alter, fehlen mir die Worte, ich vergesse auch Namen, aber das hat mit dem Alter zu tun.«

»Würden Sie sich als West-Berliner bezeichnen?«

Es kommt ein schnelles, fast geschmettertes »Ja!«. Er sagt nur dieses eine Wort und das ist mit Abstand die kürzeste Antwort dieses Vormittags.

»Das ist eine klare Antwort«, sage ich.

»Ja, und ich sehne mich manchmal danach, wie glücklich ich war. Ich hatte eine Stadt gefunden, die mir eine Freiheit gegeben hat, und es entsprach meiner Vorstellung einer europäischen Stadt. Vor vierzig Jahren habe ich von so einer Wohnung hier geträumt, aber die waren zu teuer. Ich habe in vielen Wohnungen gewohnt, meine erste eigene in Kreuzberg war in der Kohlfurter Straße, 1969 war das, ich habe 37 Mark Miete gezahlt.«

Wir müssen beide lachen.

»Heute kann man davon träumen, aber die Wohnung war dunkel, sie hatte nur ein Fenster, selbst im Sommer war es dunkel. Die Wände waren feucht, die Tapeten von vor dem Krieg. Ich hatte ein Bett, das hatte ich von den Nachbarn geschenkt bekommen, die Matratze war mit Heu gefüllt. An der Prinzenstraße gab es eine öffentliche Dusche. Das Klo war eine halbe Treppe tiefer und im Winter, wenn es gefroren war, ging ich in die ›Kleine Weltlaterne‹, wenn der Kellner, der hatte viele Ringe an den Händen, oder auch Hertha die Kneipe öffnete.«

Hertha Fiedler, die kurz vor dem Mauerbau aus Karl-Marx-Stadt nach Berlin gekommen war, hatte eine alte Berliner-Kindl-Kneipe übernommen und daraus eine Künstlerkneipe gemacht, indem sie Bilder ausstellte, Lesungen veranstaltete und somit eine Kreuzberger Institution wurde. Die Kreuzberger Malerpoeten waren Stammgäste ebenso wie Schriftsteller und Schauspieler. In einer hinter der Kneipe gelegenen Wohnung lebte der Maler Friedrich Schröder Sonnenstern.

»Sind Sie ein West-Berliner Schriftsteller, der auf Türkisch schreibt? Wie würden Sie sich bezeichnen?«

Ören nimmt auf seinem Sessel eine neue Position ein.

»Das kann man jetzt positiv oder negativ sehen: Das ist mir scheißegal! Ich bin deutscher Staatsbürger, meine Staatsangehörigkeit ist deutsch, mit türkischen Wurzeln. Ab den Siebzigerjahren war mir klar, dass es ohne eine eigene Kultur von den Türken in zweiter oder dritter Generation irgendwann keine Spuren mehr geben wird. Es gibt so viele Menschen in Berlin mit einem polnischen Nachnamen. Ich habe gesagt, in einer modernen Gesellschaft müssen wir eine kulturelle Minderheit sein, eine eigene Kultur haben und nicht die deutsche Kultur übernehmen. Ich habe früher schon gesagt, dass unsere Kultur, die der aus der Türkei Kommenden, mit der deutschen Kultur eine Synthese eingehen muss. Also, es muss nicht die deutsche Kultur sein, das muss unsere europäische Identitätskultur sein, mit türkischen Wurzeln. Wenn es eine Bürgerpflicht gibt, zum Militär zu gehen, müssen wir gehen. Wir müssen loyal zu Deutschland sein, und ich habe die gleichen Rechte wie alle anderen, gegen etwas zu protestieren, etwas zu manifestieren, eine Demonstration zu machen.«

Er holt einen Leitzordner und sucht nach einem Manifest, das er in der Zeitung der IG Metall, und nach einem Offenen Brief, den er nach dem Lummer-Erlass veröffentlicht hat. Er hält kurz inne, sieht mich über den Rand seiner Lesebrille aufmerksam an und sagt: »Nach dem Lummer-Erlass brach das Gebäude einer europäischen Kultur, was ich mir in der Fantasie errichtet hatte, zusammen. Lummer mit dem Hammer.«

Der CDU-Politiker Heinrich Lummer debütierte 1981 nach seiner Amtseinführung als Innensenator mit der Anordnung,

Tausende Minderjährige nichtdeutscher Herkunft abzuschieben, was jedoch aufgrund öffentlicher Proteste nicht durchgesetzt wurde.

Ören blättert in dem Ordner und sagt nach einer Weile, ohne dabei aufzusehen: »Was man sucht, findet man nicht.« Und wieder nach einer Weile: »Das ist alles in der Akademie«, und dann: »Ich werde es nicht finden!«

Der Vorlass von Aras Ören liegt seit 2014 in der Akademie der Künste. Zehn große Umzugskartons seien es gewesen, ein Schriftsteller-Leben, dass nun am Pariser Platz in einem Archiv beheimatet ist. Er holt einen weiteren Ordner, aus dem er den Brief dann herauszieht, und liest ihn vor.

21.11.1981

Liebe Berliner,

ich lebe seit zwölf Jahren in Berlin und habe viele Freunde in dieser Stadt. Ich habe mehrere Bücher veröffentlicht, die von den Schwierigkeiten handeln, zwischen zwei Kulturen zu leben. Trotz aller Probleme, die sich dadurch ergeben, habe ich mich immer wohlgefühlt in Berlin, das mir zur zweiten Heimat geworden ist. Seit gestern habe ich Angst. Die praktischen Konsequenzen der vom Senat beschlossenen Maßnahmen gegen in Berlin lebende Ausländer bedeuten:

1. Dass Familien auseinandergerissen werden.

2. Dass viele Jugendliche mit der Angst leben müssen, ausgewiesen oder abgeschoben zu werden.

3. Dass die Ausländerfeindlichkeit weiter zunimmt.

Wir alle müssen begreifen, was solche Maßnahmen bedeuten. Deutsche und Ausländer sind gleichermaßen bedroht. Es gibt genug Mauern zwischen den Menschen dieser Stadt. Anstatt neue Mauern zu errichten, sollten die politisch Verantwortlichen darüber nachdenken, wie die Probleme gelöst werden können, ohne dass Menschen in dieser Stadt mit neuen Ängsten leben müssen. Berlin sollte sich auf seine gute Tradition besinnen und tolerant sein gegenüber anders denkenden und anders lebenden Menschen.«

Unterschrieben haben diesen Brief Hans Christoph Buch, Rolf Haufs, KP Herbach, Sarah Kirsch, Christoph Meckel, Johannes Schenk, Robert Wolfgang Schnell, Klaus Schlesinger und Jürgen Theobaldy.

Ören legt den Ordner auf den Tisch und schließt ihn.

»Wie haben Sie eigentlich den Mauerfall erlebt?«, fragte ich.

»Das war Freude! Das waren aufregende Tage! Wir ahnten es schon. Wir waren in der Redaktion und haben diskutiert und geredet. Wir hatten schon einen Plan für Sendungen, wer wohin geht und Interviews macht, wir waren elf, zwölf Leute. Jeden Tag, ja fast stündlich konnte die Mauer geöffnet werden, es würden große Ereignisse kommen, das wussten wir, aber welche? Es hätte Blut fließen können, es hätte alles passieren können, und wir mussten vorbereitet sein. Ich erinnere mich, dass unsere Sendung von fünf bis sechs lief, und dann gingen wir nach Hause. Als ich zu Hause war, rief mich mein Freund Peter Schneider an, der war damals in den USA. Er fragte, ob es wahr sei, dass die Mauer geöffnet ist. Ich sagte: Nein, könnte sein, jede Stunde, jeden Moment, aber bis jetzt nicht. Wir plauderten noch etwas. Und zwei Stunden später klingelte das rote Telefon. Die Mauer ist geöffnet. Dann bin ich natürlich viel raus und tagelang über den Ku'damm gegangen. Ich habe damals in der Schillerstraße gewohnt und der kleine Supermarkt nebenan, da standen plötzlich Menschen Schlange. Die türkischen Obst- und Gemüsehändler in Kreuzberg haben Bananen und Orangen verschenkt. Das war Freude, in ganz Berlin.«

»Sind Sie auch nach Ost-Berlin gegangen?«

»Ja, anfangs, aber ich fühlte mich stadtfremd. Ich habe die Museen besucht. Ich war zweimal in Pankow, um beim bulgarischen Konsulat ein Visum zu bekommen. Ich war im Deutschen Theater, im Berliner Ensemble, ein paar Theater habe ich besucht.«

Ob er sich nach den Pogromen in Rostock-Lichtenhagen und Hoyerswerda, die kurz nach der Wende stattfanden, Sorgen gemacht habe oder Angst hatte?

»Nein, nein«, sagt er, »ich habe so fest an die westliche Demokratie und an den Humanismus geglaubt, und vom Osten her habe ich keine Gefahr erwartet. Als der Lummer-Erlass kam, da war die Ausländerfeindlichkeit und die Türkenfeindlichkeit so stark ...« Er bricht ab und hebt wieder an. »Wissen Sie, es gab Karikaturen in westdeutschen Zeitungen, ein guter Türke, mit einem Messer im Rücken, so etwas, in dieser Art.«

Ich sage, es gebe von Max Frisch den Satz, der zwar auf die Schweiz bezogen war, aber für viele Staaten gelte: »Wir riefen Arbeitskräfte, und es kamen Menschen.«

Ören richtet sich auf, ein Finger in der Luft: »Das habe ich damals immer korrigiert: Wir sind als Menschen gekommen und hier zu Klassen-Menschen, zu Arbeitern, zu Gastarbeitern geworden.«

»Ihre Bücher hatten damals sehr hohe Auflagen. Sind Menschen zu Ihnen gekommen, um Zuspruch oder Hilfe von Ihnen zu bekommen?«

»Ja, viele! Besonders, als ich 1974 mit der Sendung angefangen habe, die erst eine Viertelstunde dauerte, dann eine halbe, dann täglich eine ganze. Später habe ich die Redaktionsleitung übernommen. Wir wurden von vielen Türken gehört, das war eine neue Stimme. Wir berichteten nur wenig aus der Türkei, das waren neutrale Nachrichten, ansonsten war das auf Berlin-

West konzentriert. Neulich, nach einer Lesung, hier in Berlin, habe ich Bücher signiert und da stand ein schüchterner Mann etwas abseits. Vom Gesicht her, dachte ich, er könnte Türke sein. Er war so um die fünfzig und er wollte zu mir, war aber zu schüchtern, und da sprach ich ihn auf Türkisch an. Er kam zu mir an den Tisch. Aus seinen Augen kamen ein paar Tränen und er sagte, er würde mich jetzt endlich sehen. Er sei als kleiner Junge mit meiner Stimme aufgewachsen, seine Eltern, beide Gastarbeiter, hätten jeden Tag das Radio angemacht und die Sendung gehört. Da war ich auch etwas gerührt. So etwas erlebt man, das ist schön. Diese Sendung hat vielen geholfen, aber es gab auch viele Beschwerden. Wir haben das erste Mal, ich habe das gemacht, Stellung bezogen zu den neuen Frauen, der Emanzipation, den Frauen, die auch türkische Frauen emanzipieren wollten. Die türkischen Frauen kommen aus einer anderen Kultur, die können nicht gegen den Willen des Mannes widerständig sein, ich nehme mein Kind und meinen Koffer und gehe weg von dir, das können sie nicht, das braucht Zeit. Es braucht Zeit und Fingerspitzengefühl. Nach so einem Kommentar habe ich natürlich Ärger bekommen, von Türken wie von deutschen emanzipierten Frauen. Ich denke immer noch, dass es Zeit braucht. Die Emanzipation in Deutschland hat auch dreißig, vierzig Jahre gedauert. Als in den Sechzigerjahren Frauen im Minirock bei Demonstrationen am Café Kranzler vorbeigingen, haben die Leute auch geschimpft: Geht doch rüber!«

»Warum eigentlich«, frage ich ihn, »haben Sie die Form des Langgedichts gewählt?«

Für einen Moment sieht er mich verwundert an. Vielleicht denkt er, was soll denn das, bitte, für eine Frage sein, ist das nicht völlig klar?

»Es ist kein Roman«, sagt er, »es ist kein Gedicht, alles ist da drin. Es hat mit der Literatur Brechts zu tun, auch mit der

Hoffnung, dass Werktätige, die wenig Zeit zum Lesen haben, eher zu einem schmalen Buch als zu einem dicken greifen. Die Langgedichte sind Visitenkarten von Türken an Deutsche. Das sind wir, das ist meine Geschichte. Und auch Visitenkarten von Deutschen an Türken. Das ist, kurzgefasst, die deutsche Geschichte. Migration ist auch immer kultureller und persönlicher Identitätsverlust, das hat jeder Ausländer, der hier sesshaft ist. Er ist unsichtbar, undefinierbar. Das dauert ein, zwei Generationen. Heute ist es wunderbar. In jeder Partei gibt es einen Wortführer, das ist die dritte Generation, es gibt Schriftsteller und Schriftstellerinnen. Oder nehmen Sie Corona, der Impfstoff, türkische Gastarbeiterkinder retten jetzt ganz Deutschland!«

Er lacht. Dann erzählt er, während wir langsam durch seine Wohnung gehen, Anekdoten von den Kreuzberger Malerpoeten, von Artur Märchen, Kurt Mühlenhaupt und Robert Wolfgang Schnell.

»Mitte der Neunzigerjahre«, sagt Ören, »sind mir alle handschriftlichen Manuskripte und die ersten Fassungen all meiner Bücher gestohlen worden. Nun aber«, er dreht sich im Halbkreis, »habe ich mir meine eigene Welt gebaut. Ich habe meine Bücher, meine Bilder.«

An den Wänden überall Bilder von Mühlenhaupt, Schnell, Natascha Ungeheuer und Wolfgang Neumann, der Bücher von Aras Ören illustrierte, und anderen in Petersburger Hängung. Für mich ist es ein Museum, mit jedem Namen bringe ich etwas in Verbindung, es ist die Kunst West-Berlins, die Ören gesammelt hat. Vielleicht hat er sie nicht mal gesammelt, vielleicht mochte er sie nur und es waren und sind seine Zeitgenossen, und hier sind sie bei ihm.

»Um halb drei kommt der Nächste«, sagt er und lächelt. Der Mann ist ein gefragter Gesprächspartner und er hat nun endlich die anhaltende Aufmerksamkeit, die ihm und seinem Werk gebührt. Ich selbst kenne die Naunynstraße sehr gut, mein ältestes Kind ging dort in den Kindergarten, und fast jedes Mal, wenn ich mit dem Fahrrad, auf dem der Kindersitz befestigt war, in diese Straße einbog, dachte ich an Örens Buchtitel »Was will Niyazi in der Naunynstraße«. Diese Straße ist mit seinem Langgedicht verbunden, eigentlich gehört diese Straße Aras Örens Buch und das Buch der Straße. Nun gehört auch die Kohlfurter Straße ihm und das griechische Restaurant, in das ich gerne gehe, in dem sich früher die »Kleine Weltlaterne« befand. Und nicht zuletzt ist es für mich das wesentlichste Buch, das in West-Berlin geschrieben wurde und von dieser Stadt erzählt.

Ich ziehe meine Jacke an und stehe schon hinter der Schwelle zur Wohnungstür, bereit für das Berliner Nieselwetter. Aras Ören steht im Türrahmen, der türkisch schreibende West-Berliner Schriftsteller, der den Deutschen eine Literatur nahegebracht hat, die es bis dahin nicht gab, der Generationen migrantischer Schriftsteller ermutigt hat zu schreiben, ihnen Vorbild war und noch immer ist. Für mich waren die Bücher Aras Örens die ersten, die ich las von jemanden, der eine klare proletarische Position bezog und in denen es weder übergriffig-moralisch noch kitschig wurde. Es waren die ersten Langgedichte, die ich las. Wir verabschieden uns voneinander, und als ich mich schon umdrehen will, sagt er: »Viel Spaß mit meinem Kauderdeutsch, du musst es in die richtige Reihenfolge bringen!«

»Wir sind dann raus nach Brandenburg«

Die Begegnung mit Jan auf dem Tempelhofer Feld liegt drei Monate zurück und es ist Zeit, die zweite Hälfte des Weges zu fahren. Einen Tag bevor es wieder losgeht, kommt mich Sabine besuchen. Sie ist so alt wie ich.

»West-Berlin ist der Ort meiner Pubertät«, beginnt sie zu erzählen. »Ich bin ja aus Norddeutschland und kam mit zehn Jahren hierher. Es war sehr aufregend. Man hatte viele Geschichten über West-Berlin gehört, also West-Berliner Mythen, von Drogenstrich bis zu »die Kinder rauchen da schon ganz früh«, und das war natürlich mit zehn Jahren beängstigend. Oder einfach nur Bilder von West-Berlin, Hochhäuser. Ich kam vom platten Land, und dann war ich hier und fand es extrem kuschlig, ganz geborgen. Man konnte sich ähnlich frei bewegen wie auf dem platten Land, weil man ja immer auch an diese Mauer stieß. Es klingt komisch, aber die Eltern haben einen, glaub ich, deswegen auch etwas freier gelassen. Ich fand es erstaunlich geborgen und auch idyllisch, also gar nicht so, wie man dachte oder befürchtete.«

»Warum seid ihr nach West-Berlin gezogen?«

»Mein Vater hat hier schon seit fünf Jahren in der Automobilindustrie gearbeitet. Meine Eltern hatten also lange eine Wochenendbeziehung geführt. Und als klar war, dass er nicht mehr versetzt wird, hat meine Mutter gesagt: Wir ziehen hinterher. Und dann: Lichterfelde, das war natürlich urbaner als die Gegend, aus der wir kamen, aber irgendwie auch idyllisch. Ich war in der fünften, sechsten Klasse.«

»Wohin hast du deine ersten Ausflüge mit Freundinnen gemacht?«

»In der sechsten Klasse war ich das erste Mal mit drei Freundinnen allein in der Schloßstraße. Wir fühlten uns erwachsen, weil wir allein in Geschäfte gingen. Die 1 vor dem Forum Steglitz, die große runde 1, die im Boden war, das war unser Treffpunkt. Kannst du dich an diese 1 erinnern?«

»Nein«, sage ich und überlege. Ich muss unzählige Male über diese 1 gelaufen sein und habe sie nie bemerkt. Das Forum Steglitz wurde 1970 eröffnet, es war das erste Einkaufszentrum West-Berlins. Seit 1908 befand sich an dieser Stelle der Bornmarkt, ein beliebter Wochenmarkt. Dieser Wochenmarkt wurde im Parterre in das Gebäude integriert und es war seltsam und aufregend, mit einem der beiden Fahrsteige von dort in das erste Obergeschoss zu fahren. Ich sammelte Briefmarken und alle älteren Menschen, die ich kannte und die Post bekamen, unterstützten mich dabei. Im Forum Steglitz gab es im ersten Obergeschoss zwei kleine, merkwürdig anmutende Läden, die ausschließlich mit Briefmarken handelten. Sie verkauften und kauften. Bereits die Auslagen der Schaufenster sahen verlockend aus. Ich stand oft davor, sah hinein und traute mich nicht, den Fuß in eines der beiden Geschäfte zu setzen. Männer standen dort und unterhielten sich fachkundig. Sie rauchten, natürlich, ganz West-Berlin rauchte. An den Litfaßsäulen und in Illustrierten warb die Zigarettenfirma R1 mit dem Slogan »Ich rauche gern«. Attraktive Männer und Frauen waren fotografiert, die alle sehr cool aussahen, eine Zigarette in der Hand hielten oder im Mund hatten, und alle sahen aus heutiger Sicht aus, als wären sie auf Partnersuche.

Irgendwann nahm ich meinen ganzen Mut zusammen und betrat mit meinen beiden Briefmarken-Alben einen der Läden. Ich wollte dringend wissen, was meine Sammlung wert sei, schließlich vermutete ich mindestens eine sehr wertvolle, bisher von mir nicht entdeckte Marke darunter. Der Besitzer blätterte lustlos in den beiden Alben und gab mir zu verstehen, dass sie überhaupt keinen Wert hätten. »Aber es macht doch Spaß, oder?« Was sollte ich sagen? Ich sagte »Ja« und ging. Viele Jahre später, als ich auf der Steglitzer Schloßstraße unterwegs war, erinnerte ich mich an die beiden Läden. Es gab sie nicht mehr. Die Ladenflächen standen leer.

»Nein«, sage ich, »wirklich nicht! Ich kann mich an keine 1 erinnern.«

»Schade«, sagt Sabine. »Auf der anderen Seite der Schloßstraße, am Rathaus Steglitz, gab es die weißen Wände, das war ein Kunstwerk, und das war ein anderer Treffpunkt. Wenn ich mich heute mit meiner Mutter dort verabrede, dann sagt sie immer: ›Wir treffen uns an den weißen Wänden, die stehen zwar nicht mehr, aber du weißt ja, was ich meine!‹ Und ich war im Marmorhaus, das war so ein tolles Kino! Ich weiß, wie ich da das erste Mal war, das hat mich wirklich beeindruckt, wie ein Kino aus einer Großstadt, aber aus einer alten Großstadt!«

»Ich mochte das Kino auch sehr«, sage ich, und mir fällt ein, dass ich irgendwann am Kurfürstendamm war, es liegt einige Jahre zurück, und bemerkte, dass sich in dem Gebäude, an dem noch immer »Marmorhaus« stand, mittlerweile die Filiale einer Bekleidungsfirma befand. Ich ging hinein, erkannte natürlich nichts wieder, und weil ich aus diesem Gebäude, das mir so lieb war, etwas mitnehmen wollte, kaufte ich mir ein Kleidungsstück, das ich nicht brauchte und das ich noch immer habe, obwohl es mir gar nicht mehr passt. Den ersten Kinofilm, den ich mir ohne Eltern und gemeinsam mit Schulfreunden ansah, sah ich im Zoopalast. Der Zoopalast mit seiner nach außen gewölbten Fassade und seinen gelben Platten sieht ein wenig wie ein freundlicher Klotz aus, an der immer eine riesige, von Hand gemalte Filmreklame angebracht war. Ging man dort hinein, kam man anders heraus, ganz sicher. Der Film hieß »Die

Reise ins Labyrinth«. Es war ein Fantasyfilm und ich verknallte mich sofort in die Hauptdarstellerin Jennifer Connelly. Sie war nur ein paar Jahre älter als ich und nur der Atlantik trennte uns voneinander.

»Hat die Mauer in deinem Alltag eine Rolle gespielt?«, frage ich Sabine.

»Ich hatte eine Freundin, die direkt an der Mauer wohnte. Waldsassner Straße, das war ja auch die Endhaltestelle vom 11er. Das wurde ausgeblendet, man sah die Mauer, manchmal ging man da auch hin und daran entlang, aber es war keine Art von Abenteuer, an der Mauer zu spielen, das war eher so ein bisschen: Da geht es jetzt nicht weiter. Im Nachhinein finde ich es total merkwürdig. Aber dadurch, dass wir immer Transitstrecke gefahren sind, auch am Wochenende, um in Norddeutschland Verwandte zu besuchen, habe ich viel Erfahrung mit der Mauer und dem Grenzübergang. Dieser Spruch, den mein Vater immer aufsagte: Zwei Erwachsene, zwei Kinder, Helmstedt. Du musstest immer angeben, wie viele Personen im Auto sind, und die Destination. Und wenn wir Besuch hatten in West-Berlin, sind wir immer zum Brandenburger Tor gefahren und haben ein Foto gemacht.«

»Und wie hast du den 9. November erlebt?«

»An dem Tag, an dem die Mauer fiel, war ich auf einer Party, und da kam einer aus dem Bad, in dem, wenn man das Licht anknipste, auch das Radio anging, zurück in den Partyraum, machte die Musik aus und sagte: Leute, die Mauer ist gefallen! Und alle so: Jaja, schon klar! Er sagte: Nein, echt! Dann haben wir uns alle in dieses Bad gedrängt, zugehört, haben beschlossen, da müssen wir hin, und dann sind wir da alle hin, die gesamte Party. Am Brandenburger Tor war Highlife, wir waren auch die nächsten Nächte dort, weil da Party war. Es war schon auch etwas bedrohlich. Am ersten Abend sind ganz viele oben auf die

Mauer rauf, das habe ich mich nicht getraut. Ich hatte Schiss, dass die vielleicht schießen. Ich meine, das war alles noch völlig unklar. Ich hatte große Angst. Ich weiß noch, dass einige meiner Freunde mit Räuberleiter hoch sind und dort zumindest kurz gesessen haben und dann wieder runtergesprungen sind, nur kurz fürs Gefühl! Es war für mich klar, dass es ein historisches Ereignis ist, das war total klar, auch mit fünfzehn. Ich war aber an keinem Grenzübergang, ich war nicht Trabis klopfen! Die Trabis, die durchfuhren, wurden so beklopft, das haben manche von unserer Schule in den folgenden Tagen gemacht. Ich war an diesen Tagen an der Mauer. Irgendwann wurde es auch etwas gruselig, die Mauerspechte fingen an, auch ältere Freunde von mir, Stücke aus der Mauer zu schlagen. Und die haben damit unfassbar viel Kohle gemacht, auch in den Monaten danach haben sie noch rausgeschlagene Stücke aus der Mauer zu Geld gemacht. Ich erinnere mich aber auch an Fackelzüge, von der Westseite her, das war gruselig, das waren Nazis, die von der Siegessäule Richtung Mauer liefen. Wir waren eindeutig als extrem links zu identifizieren und wir haben uns erst mal in den Tiergarten verdrückt, als wir das gesehen haben.«

»Seid ihr nach Brandenburg gefahren?«

»Nach der Maueröffnung sind wir eine Weile auf Brachgelände gefahren, die es im Osten gab, und haben dort Schwarz-Weiß-Fotos gemacht von verlassenen NVA-Schießplätzen. Das muss auch megagefährlich gewesen sein, da lagen bestimmt noch Blindgänger rum. Da tobten wir uns künstlerisch aus und entwickelten die Filme im Fotolabor unserer Schule. Wir waren eine ziemlich große Gruppe, die meisten waren vier, fünf Jahre älter und politisch engagiert. Das erste Mal sind wir raus nach Brandenburg, um zu gucken, was da ist. Wir hatten nicht nur gute Begegnungen, es gab dort schon sehr viele Faschos, vielleicht haben wir die auch angezogen. Wir hatten immer

Probleme mit Faschos. Und ich weiß noch, dass wir oft in eine Kneipe gefahren sind, die war in Teltow oder dahinter, und die hieß, glaube ich, ›Libelle‹. Einer hatte einen VW-Bus und da sind wir immer rein, der trank nur ganz wenig, dafür kiffte er, was jetzt auch nicht besser ist, aber der fuhr jedenfalls immer. In dieser Libelle gab es Alkohol für nichts, die Preise waren ja so krass niedrig, man hat sich die Kante gegeben. Und dann haben wir Badeausflüge zum Mellensee gemacht. Da gab es einen Steg, den haben wir immer voll besetzt, den ganzen Tag.«

»Und wo bist du in West-Berlin zum Feiern hingegangen?«

»Ins ›Rock-it‹, teilweise auch mit der ganzen Klasse, auch ins ›Far Out‹, nein, das war später. Vor '89 war ich viel in Kreuzberg, auf Partys in besetzten Häusern, in der Wagenburg am Potsdamer Platz, im Tommy-Weisbecker-Haus.«

Wir reden kurz über die Schulen, auf denen wir waren, und ihr fällt ein, dass sie in einen Jungen von meiner Schule verliebt war.

»Ich habe bei einem Baumarkt Inventur gemacht. Schrauben zählen. Marc hieß er, wahnsinnig gut aussehend, ich habe ihn jedes Jahr bei der Inventur wiedergesehen und für diesen einen Tag war ich immer wieder sehr verliebt in ihn. Wir haben uns auch mal getroffen und uns erzählt, was für Musik wir hören.«

Es gibt weitere Überschneidungen, schließlich geht es um West-Berlin: Auch Sabine verbrachte im Sommer fast jeden Abend am Schlachtensee und auch sie war auf der »Steglitzer Woche«, einem kleinen Rummel, der jährlich am Teltowkanal im Bäkepark stattfindet. 1990 war ich dort mit Freunden. Irgendwann gab es eine merkwürdig-aufgeladene Stimmung und alles strömte zu der Festbühne. Die DDR-Band Pudhys sollte spielen, ob das überhaupt wahr sein könne, eigentlich hätten sie sich aufgelöst, Ostlegende, »Wenn ein Mensch kurze Zeit lebt«, und ich hatte absolut keine Ahnung. Die Pudhys spielten und ich fand es ziemlich langweilig, war es doch schnöde Rockmusik mit den üblichen Attitüden, und ich mochte gerade alles, was lauter und schneller war als Rockmusik.

»Kennst du noch die Southside Raiders?«, fragt Sabine. »Das war eine Gang, Motorrad-Heavy-Typen. Wenn wir unterwegs waren, haben wir immer Stress mit denen gehabt. Wir haben es irgendwie von allen Seiten gekriegt. Ein Freund von mir kam spätabends zu mir und war ganz aufgelöst, sie wären am Rathaus Steglitz überfallen worden. Die Raiders haben mit Stühlen auf sie eingeschlagen, der Freund ist rechtzeitig weggerannt. Dann hat sich eine aus unserer Gruppe in einen von den Southside Raiders verliebt, der war da ein ziemlich hohes Tier, und der hat uns dann sozusagen unter Schutz gestellt. Wir haben ab da von denen nicht mehr auf die Fresse gekriegt. Wir sind auch auf deren Partys, aber das war verstörend. Die waren irgendwie anders, total drüber. Da gab's große Unterschiede im Feiern, die haben Komasaufen gemacht, gekotzt und weitergesoffen, echt krass. Die waren keine Rechten, ein paar von ihnen waren links, aber die haben, glaube ich, nicht so viele Unterschiede gemacht. Die haben Rechte wie Linke verprügelt, das war nicht politisch. Es ging denen darum, in der Gruppe zu sein, sich gegenseitig zu schützen, zu feiern, Krawall zu machen und Macht über die Straße zu haben. Die hatten jedenfalls den Süden im Griff.«

Ich erinnere mich gut an die verschiedenen Jugendgangs: die 36 Boys in Kreuzberg, die Raiders im Süden, die Redskins, die links waren und die sich nur durch einen Aufnäher und roten statt weißen Schnürsenkeln von Skinheads unterschieden, die Psycho-Billys, die »Cramps« und »Stray Cats« hörten, eine spitze Tolle hatten und sich sehr konservativ kleideten – sie alle schienen mit dem Fall der Mauer verschwunden zu sein.

»Warst du in der Zeit mal in Reinickendorf oder Spandau?«

»Wir hatten eine Großtante in Reinickendorf. Das waren die schlimmsten Ausflüge! Die besuchten wir manchmal sonntags. Sie wohnte an der Koppel, in einer Sechzigerjahre-Siedlung aus Mehrfamilienhäusern, in einer kleinen Wohnung. Sie hat gebacken und alles sah aus wie in einem Puppenstübchen, es war extrem langweilig. Die Flugzeuge flogen über das Haus, manchmal machten wir Spaziergänge und manchmal holten wir sie am Samstag von ihrer Arbeit ab. Sie arbeitete in Tegel in einem Arco-Süßwarenladen, alles war dort abgepackt in kleinen Tütchen, und davon schenkte sie uns dann immer was.«

»Für deine Eltern«, sage ich, »war es für sie beengend in West-Berlin?«

»Mein Vater litt an Fernweh. Er liebte den Wannsee sehr, da waren wir dann manchmal zu Dampferfahrten, das fand ich schrecklich und spießig. Er fand es super, diese Wannsee-Rundfahrten zu machen und den ganzen Tag auf so einem Dampfer zu verbringen. Mein Vater wollte immer einen Garten, ein Haus. Meine Eltern suchten eine ganze Weile danach, aber entweder waren die Häuser zu teuer oder sie passten nicht. Und vielleicht waren diese Dampferfahrten der Ersatz für einen Garten oder so. Meine Mutter liebte es, ins Theater zu gehen, ins Kino, in die Philharmonie, und wir gingen mit. Das war in meiner Erinnerung immer mit Fremdscham verbunden, ich fand das alles schrecklich! Bevor wir nach West-Berlin zogen, besuchten wir manchmal in den Schulferien meinen Vater in seiner kleinen Einzimmerwohnung, das war ein bisschen wie campen. Dann haben wir Ausflüge gemacht, zum Beispiel in den Zoo. Für uns war eigentlich alles toll, wir kamen vom Land, wir hatten keinen Zoo, und das Aquarium, das finde ich immer noch super. Wir waren oft im Café am Neuen See, das gibt es auch immer noch, heute ist es cool, damals war das ein Alte-

Damen-Café, alles war plüschig und der Biergarten war ganz staubig.«

»Kennst du noch Eis-Hennig?«, frage ich unvermittelt.

Was für eine Frage! Eis-Henning war eine West-Berliner Instanz. Ich habe zusammengerechnet bestimmt ein paar Wochen mit Freunden bei Eis-Hennig am Steglitzer Damm verbracht. 1930 von den Brüdern Franz und Alois Hennig in Steglitz gegründet und 1949 von Franz nach seiner Rückkehr aus sowjetischer Kriegsgefangenschaft wieder neu aufgebaut, etablierte sich diese Eisdielenkette im Südwesten von West-Berlin zum Marktführer. 2007 gab es noch zehn Geschäfte, seit 2018 nur noch zwei, die am Steglitzer Damm gehört nicht dazu. Das Besondere war, dass das Eis nicht in Kugeln portioniert, sondern mit einem Spatel randvoll in die Becher gestrichen wurde.

»Ja, klar kenne ich Eis-Hennig!«, ruft Sabine.

»Die Läden brummten, man stand eigentlich immer Schlange. Da gab es, glaube ich, nur drei Sorten. Ich hab immer Vanille und Nuss genommen.«

»Nein, es gab viel mehr!«, sagt sie.

»Merkwürdig, dann habe ich immer nur diese beiden Sorten genommen.«

»Das Eis wurde so reingeschmiert. Und da gab es einen Trick. Wenn du jetzt für eine Mark fünfzig einen Becher genommen hast, dann konnte man drei Sorten auswählen, und wenn du Schokolade, Vanille und Pistazie wolltest, dann haben die immer mehr von der Schokolade reingeschmiert, weil man es als Erstes, nee, warte mal! Also, wenn du, nee, oder als Letztes. Ich weiß es einfach nicht mehr, das wusste man früher! Man wusste ganz genau, wenn man mehr von einer Sorte haben wollte, an welcher Stelle der Aufzählung man es sagen musste. Als Erstes oder Letztes. Ich weiß es nicht mehr! Und dann gab es doch auch diese Frage, wer die beste Currywurst macht, ›Krasselt's‹ oder ›Curry 36‹?«

»Krasselt's!«, sage ich.

»Auf jeden Fall!«, sagt Sabine.

Herbert Krasselt verpasste seinem Geschäftsnamen ein apostrophiertes »S«, damit auch jeder wusste, dass es hier gute und ehrliche Berliner Currywürste gibt. Unser sogenannter »Steglitzer Rundgang« bestand aus drei Stationen, genau in dieser Reihenfolge: erst Baden im Freibad am Insulaner, dann Currywurst bei »Krasselt's«, dann auf der anderen Straßenseite ein Eis bei Eis-Hennig. Auch hatte und hat die Wurst bei »Krasselt's« ihre Besonderheit. Sie wurde und wird noch immer in der Mitte halbiert und die beiden Hälften werden seitlich auf Holzstäbe gesteckt. Herbert Krasselt stand, bis er das Geschäft 1982 samt Namen und Geheimrezeptur – denn in jeder Currywurstbude, die etwas auf sich hält, liegt das Geheimnis in den Tiefen des Ketchups – verkaufte, so seine Tochter, »immer mit weißem Kittel, weißem Hemd und Krawatte im Laden«. So hätte er den Namen »Curry-Professor« bekommen.

Wir reden, wir plaudern im besten Sinne, dann muss Sabine zu einer anderen Verabredung. Eine Stunde, nachdem sie gegangen ist, fällt mir plötzlich auf, dass sie mitten im Gespräch, an irgendeiner Stelle, ohne Zusammenhang, einem Blitzgedanken folgend, sagte: »Ach übrigens, das Geräusch auf der Transitstrecke, bupp, bu-bupp, bupp, bu-bupp, weißt du noch? Weil es diese Platten waren!«

Von Staaken über Eiskeller
bis nach Spandau

Am nächsten Morgen fahre ich wieder los. Im Kreuzberger Urbanhafen füttert eine Frau, die ganz in Schwarz gekleidet ist, die Schwäne, die hier einen wesentlichen Teil der Bevölkerung ausmachen und jetzt an der Kanalmauer einen Halbkreis um die Frau bilden. Die ersten Paddelboote sind unterwegs. Ein Mann kniet auf dem Rasen auf einem Sonnenfleck, die Arme von sich gestreckt, mit aufgerissenem Mund und geschlossenen Augen, als wolle er die Sonnenstrahlen in sich aufnehmen, sie schlucken, für die dunklen Tage, den nächsten Lockdown.

So fahre ich wieder los, einen Tag nach dem Tag der deutschen Einheit, genauer nach dem dreißigjährigen Jahrestag. Ein Dreißigjähriger, für meine Kinder wäre das ein alter Mensch, der die falsche Musik hört und die falsche Kleidung trägt und höchstens noch als hart ironisch durchginge. Zu den öffentlichen Feierlichkeiten zum Tag der deutschen Einheit, die im Fernsehen übertragen wurden, trat auch das erste gesamtdeutsche Baby auf, heute natürlich dreißig Jahre alt, und beantwortete Fragen, und ich dachte, was für eine Lebensaufgabe! Am Potsdamer Platz steige ich in die nächste Regionalbahn. Eine halbe Stunde später stehe ich wieder am S-Bahnhof Staaken, sehe auf die Gleise, sehe genau geradeaus den Fernsehturm, der noch immer so aussieht, als hätte ein Riese eine Stecknadel in die Mitte der Stadt gesteckt, damit jeder, der sich in den Vororten Berlins verlaufen hat, wieder nach Hause kommen kann. Staaken wurde 1273 das erste Mal als Dorf erwähnt, damals hieß es noch Stakene, ein Wort, das aus dem Mittelniederdeutschen stammt und so viel bedeutet wie ein Ort, an dem Knüppel, dicke Stöcke und Pfähle sind.

Ich höre das Geschrei von einem Fußballplatz und die durchdringende Stimme des Trainers oder eines überambitionierten Vaters, der die Kinderkreisliga mit der Champions League verwechselt. Am Finkenkruger Weg liegt das »Café Pause«, dessen Sommergarten von hochgewachsenen, blühenden Sonnenblumen begrenzt ist. Ein paar Menschen sitzen allein an den Tischen, trinken Kaffee, rauchen und beobachten mich, wie ich etwas umständlich, das Zahlenschloss hakt, das Fahrrad abschließe. Ich kaufe mir ein belegtes Brötchen, nein, besser gleich zwei, wer weiß, was mir auf der Strecke begegnen wird oder auch nicht. Als ich das Fahrrad abschließe, was ich auch hätte lassen können, da mehrere Augenpaare in dem Sommergarten mich und mein Fahrrad observieren, beginnt auch in Staaken die Sonne zu scheinen. Ein Stück weiter, die Straße runter, befindet sich in einem Garten ein Fußballplatz mit zwei Toren und einem Trampolin, daneben steht eine enorm große Satellitenschüssel auf dem Rasen, die aussieht, als könnte man mit ihr mit etwas Ehrgeiz einen Teil der Galaxis unter seine Kontrolle bringen. Auf der rechten Straßenseite alte Ostlaternen; die meisten Häuser sehen aus, als wäre gerade erst vor einem Monat die Mauer umgekippt. An dem Wendehammer, der von Bäumen umrandet ist, beginnt eine, wie ein Schild verspricht, geschützte Grünanlage, in die ich abbiege. Kurz darauf kommt mir ein Mann entgegen, der einen Autoanhänger hinter sich herzieht, in dem er drei Autoreifen transportiert. Nach einer Weile stoße ich rechts auf eine Kleingartenkolonie. Die Sonne scheint auf Lauben, Komposthaufen und zwei Deutschlandfahnen, die schlaff herunterhängen. Fahnen, schrieb Elias Canetti in seiner Abhandlung »Masse und Macht«, seien sichtbar gemachter Wind. Hier nun sind sie nicht mal das.

Wir haben seit einigen Wochen einen Schrebergarten, für den wir sehr lange auf einer Warteliste standen. Die bisherigen Pächter, ein altes Paar, konnten sich nicht mehr genügend darum kümmern, weil die Frau krank wurde, der Mann sie pflegt und die Wohnung deswegen nur noch für höchstens drei Stunden verlassen kann. Nach der Schlüsselübergabe – sie wollten alles zurücklassen – ging der Mann in dem Garten herum und verabschiedete sich, mit dem Kopf nickend, bei jedem einzelnen Gartenzwerg, und es waren einige, die im Garten verteilt waren. Neben dem Schuppen stand eine bauchhohe Laterne, an der Dick und Doof lehnten. Als der Mann schon auf der anderen Seite des Zaunes war, bereit für den letzten Gang durch die Kleingartenanlage, drehte er sich noch einmal um und rief: »Tschüs Dick, tschüs Doof!« Es war so rührend, dass wir mit den Tränen kämpften.

Ich hatte neulich eine Lesung, nach der ich mit einigen Leuten noch zusammenstand oder eher nicht zusammen, sondern wegen Corona auseinander, also nur stand, und von meinem Glück erzählte, nun einen Kleingarten zu haben. Welches Gemüse ich anbauen wolle, fragte mein Gegenüber. Ich sagte, wir würden gerade erst die Erde umgraben, ich hätte zwei Hochbeete gebaut, was ich nie für möglich gehalten hätte, besonders mit dieser Ungeduld, die in mir steckt, und dort wollten wir Tomaten und Kürbisse anbauen und auf einer anderen Fläche Rucola, den fände ich super. Sein Freund, der links von mir stand, nicht zusammen, sondern nur stand, sagte: »O Gott, jetzt unterhalten wir uns über Gemüseanbau, das ist kurz vorm Wetter!«

Er sagte nicht Völkermord, nein, er sagte nur Wetter. Und sah mich höhnisch an. Ich sagte, ich sei mindestens fünfzehn Jahre älter als er, und in diesem merkwürdigen Alter, in dem ich mich befände, also irgendwo zwischen verlorener Aufbruchsstimmung, Kindern, die zu Erwachsenen werden, und Eltern, die alt geworden sind, sei es keine schlechte Sache, so etwas wie einen Aufbruch mit Hilfe einer gepachteten Fläche Land zu simulieren. Es würde niemandem weh tun, schon gar nicht ihm, der das so oder so komplett ablehne.

»Du bist in der Midlife-Crisis oder so«, sagte er und grinste höhnisch.

Ich sah ihn eine Weile ruhig an und sagte: »Ja.«

Ich verkniff mir zu erwidern, was mir durch den Kopf ging, zum Beispiel, dass er noch sehen würde, wo er hinkomme, dass es nicht ganz einfach sei, an einem Punkt zu stehen, sich umzudrehen, viel Gutes, einiges Schlechtes und vor allem die Kreuzungen zu sehen, an denen man falsch abgebogen ist. Und dass er in seinem irgendwie ja noch jugendlichen Alter – völliger Schwachsinn, aber sei's drum, mache ich einfach weiter – in der Lage sei, alles mit einem arroganten, alles besser wissenden Blick präzise zu überschauen, die Lage der Welt und auch alles andere, und dann auch noch zu wissen, was das Beste für alle wäre. So standen wir zu dritt da und ich sah wohl aus, als würde ich gleich etwas sagen, also sagte ich: »Morgen soll das Wetter gut werden. Was habt ihr morgen so vor?«

Ich kreuze die große Straße zwischen Spandau und Falkensee. Auf der linken Seite hat sich jemand eine Grundstücksbegrenzung errichtet, die aussieht wie die Fortsetzung der Berliner Mauer mit anderen Mitteln und Materialien. Kurz darauf öffnet sich der Blick auf die Landschaft. Links liegt eine Mulde, in der sich Wasser befindet, Wiesen fügen sich ein, es sieht sehr ländlich aus, fast wie eine Landschaft im Havelland, kleinteilig. Eine Familie fährt auf Fahrrädern an dem Wasserbüffelgelände vorbei und der Mann dreht sich zu seinen beiden schulpflichtigen Töchtern um und ruft: »Guckt mal, Kühe!« Ich höre Reiher und fahre durch einen Wald. Der Weg ist von hochgewachsenen Eichen gesäumt. Es ist noch kühl, doch die Sonne scheint zum Glück weiter und wird die Erde, über die ein Virus geht, weiter erwärmen. An einer Stele, mit der an zwei Männer erinnert wird, die auf der Flucht starben, steht breitbeinig ein Mann mit seinem Hund. Ich bin zehn Meter von ihm entfernt und steige ab. Er ruft, ohne seinen Kopf zu wenden: »Abstand halten!« Als ich nicht darauf reagiere, warum auch, vielleicht ruft er das alle fünf Minuten in den Wald, an sich selbst adressiert, an seine Mutter, die immer zu nah an ihm dran war, an seinen Vater, der nie da war, versehen mit der Bitte, dass er doch bitteschön überhaupt da sein solle, seinetwegen auch mit Abstand, was weiß ich. Doch dann sagt er, wieder ohne seinen Kopf zu bewegen: »Ich lese das ganz in Ruhe und dann können Sie gucken.« Auch das könnte der Mann alle fünf Minuten vor sich hinsprechen. Angucken scheint nicht seine Sache zu sein. Vielleicht hat er eine Leseschwäche oder er begreift die Sätze, jeden einzelnen, erst nach mehrmaligem Durchlesen oder er lässt sich absichtlich Zeit und nochmals Zeit. Ich steige wieder aufs Fahrrad. Der Mann ruft: »Auf Wiedersehen!« Ich muss jetzt nicht mit jemandem streiten, der mich, wenn er mit mir spricht, nicht mal dabei ansehen kann. Vielleicht würde er wüste Beleidigungen, auch wieder ohne Kopf- und Körperbewegung, Richtung Wald brüllen und nach und nach entstünde eine für Tier und Pflanze unbewohnbare Schneise in diesem Stück Wald, beherrscht von diesem Mann, der sich von Würmern und Regenwasser ernährt, während er mit seinem Hund, der mittlerweile die breitbeinige Statur seines Herrchens angenommen hat, auf Patrouille geht. Warum eigentlich, frage ich mich, werden Menschen, die Hunde ihr Eigentum nennen, Herrchen oder Frauchen genannt?

Ich fahre weiter auf der Grenze von Spandau zu Falkensee,

Richtung Eiskeller. Auf der Spandauer Seite liegt die Mittelheide. Linkerseits, auf Falkenseer Seite, liegt die Schönheide und davor stehen in regelmäßigen Abständen Betonpfosten, die vielleicht Reste der Berliner Mauer sind. Es ist der typische Berliner Forst: Nadelbäume, dicht an dicht, die alle die gleiche Höhe haben. Auf der Spandauer Seite wachsen Blaubeersträucher, ebenso dicht an dicht. Die Berliner Forsten, auch wenn sie nicht zu den schönsten Landschaften der Welt gehören und es schon Stadtkinder gab, die in ihnen stundenlang nach einem WLAN-Signal suchten und dann vor Erschöpfung nicht mehr weiterlaufen konnten, sind mit einer Fläche von knapp 30 000 Hektar die größte Stadtforstverwaltung Deutschlands. Immerhin, denke ich, hat dieser Wald, den ich gerade äußerst abwechslungslos und öde finde, auch einen Rekord zu bieten. Kommt etwas Abwechslung, dann in Form einer Schonung, die, selbstverständlich, aus Birken besteht, natürlich Birken, immer wieder Birken. Eine Weile fahre ich hinter einem etwa sechzigjährigen Pärchen her. Die Frau fährt vielleicht drei Meter vor ihrem Mann und ruft jede Minute einmal: »Werner, komm!« oder: »Werner, mach hinne!«, und Werner antwortet jedes Mal mit stoischer Ruhe »Jaja!« und ändert sein Tempo nicht. Ich überhole erst Werner und dann seine Frau, die, als ich kurz neben ihr fahre, denkt, dass ich Werner bin und ihn gerade anschnauzen will. Als sie bemerkt, dass ich ein anderer bin, sagt sie: »Ach, Entschuldigung!« Ich treffe die beiden ein paar hundert Meter weiter noch einmal an einer Stelle, an der viele Bäume entwurzelt auf dem Boden liegen. Der letzte Sturm scheint sie umgeworfen zu haben. Waldarbeiter haben bereits einige von ihnen zersägt. Ich stehe vor diesem martialischen Anblick und ehe mir etwas Kluges einfällt, was ich in das Handy sprechen könnte, halten erst die Frau von Werner und dann Werner neben mir.

»Das wird alles Brennholz!«, sagt Werner.

Ich nicke.

»Das stimmt, was ich sage!«

Mir wird klarer, warum die beiden den Abstand von drei Metern einhalten.

»Das können Sie beim Forstamt kaufen, das Brennholz«, sagt Werner.

»Das stimmt, was mein Mann sagt!«, sagt die Frau von Werner.

»Brennholz und Wildfleisch kann man da kaufen«, sagt Werner.

»Für den Weihnachtsbraten!«, sagt die Frau.

»Na ja«, sage ich, »ich weiß nicht, ob ich Rehrücken aus dem Grunewald essen will.«

»Warum nicht, ist bestimmt gut!«, sagt Werner.

»Mein Mann weiß Bescheid!«, sagt die Frau.

Ich drehe meinen Kopf zu ihr, wir sehen uns an. Sie nickt. Klare Sache, denke ich. Werner ist Durchblicker und seine Frau blickt mit Werner durch, und ich werde zu keinem Berliner Forstamt fahren und ein totes Reh abholen.

»Was machen Sie zu Weihnachten?«, frage ich die beiden.

»Zu zweit. Corona!«, sagt Werner.

»Und letztes Jahr?«

»Kinder und Enkel, volle Hütte!«, sagt Werner. »Die müssten jetzt alle vorher in Quarantäne, hat Doktor Drosten gesagt. Das ist viel zu aufwendig für die paar Stunden!«

»Mmh«, sage ich.

Die beiden nicken. Ich fahre weiter und sie bleiben bei den liegenden Bäumen stehen.

Nach einer Weile öffnet sich vor mir eine große Wiese. Das ist Eiskeller, denke ich. Die Gegend wird so genannt, weil hier früher aus dem Falkenhagener See herausgeschlagene Eisquader zwischengelagert und dann an Brauereien und Krankenhäuser verkauft wurden. Im Winter werden hier die niedrigsten Temperaturen im Berliner Stadtgebiet gemessen und im Sommer die höchsten. Dieses kleine Gebiet war mit einem vier Meter breiten und 800 Meter langen Korridor mit West-Berlin verbunden und ragte wie eine Zyste in die DDR hinein. In Eiskeller gab es wiederum das Waldgebiet Kienhorst, eine Enklave, die bis zu einem Gebietstausch 1972 zur DDR gehörte. 1961 behauptete ein zwölfjähriger Junge, der mit seinen Eltern in Eiskeller wohnte – während der Mauerzeit lebten hier zwanzig Menschen in drei Bauernhöfen –, auf dem Schulweg durch den Korridor nach Spandau Volkspolizisten der DDR begegnet zu sein. Ab diesem Zeitpunkt wurde der Junge täglich von britischen Soldaten und einem Panzerspähwagen durch den Korridor begleitet. Erst über dreißig Jahre später gestand Erwin Schabe in einem Zeitungsinterview, die Geschichte erfunden zu haben, um die Schule zu schwänzen.

Links verlief die Mauer, doch der Mauerweg führt hier nicht entlang. Der Weg ist versperrt durch eine Kleingartenkolonie. »Privatgrundstück« steht auf einem Schild seitlich der Straße, ich fahre trotzdem in die Straße rein. In Eiskeller oder besser über Eiskeller sah ich meinen ersten Kranich. Ein Teil der West-Berliner Bevölkerung war an diesem späten Herbsttag hier, ein anderer im Grunewald, ein weiterer in Lübars, einer in Kladow, einer in Gatow. Und ganz wenige waren zu Hause. Es war also ziemlich voll und alle bewegten sich im Halbkreis, entlang der Mauer. Und da flog dieser eine Kranich über uns alle hinweg, und der Teil von West-Berlin, der hier spazieren ging oder mit dem Fahrrad fuhr, machte ein kollektives Geräusch des Entzückens. Ab diesem Moment wusste ich, wie ein fliegender Kranich aussieht, und ich habe es seitdem nicht

Eiskeller

mehr vergessen. Ich kann mich genau daran erinnern, wie ich den Kranich sah, ich könnte dieses Bild genau beschreiben, wie hoch er flog, meine Eltern zeigten ihn mir, auch für sie war das keine Alltäglichkeit, nichts Normales. Und dann fällt mir auch wieder ein, dass ich mich später, als ich begann, Gedichte zu lesen und Bertolt Brechts Liebesgedicht über die Kraniche las, an diesen Moment erinnerte. Ich fahre hier nun also herum und bemühe mich, die Stelle, von der aus ich den Kranich sah, wiederzufinden. Was ich dort will? Ich weiß es nicht, ich folge einem Drang. Vielleicht will ich nur kurz anhalten und den Kopf in den Nacken legen und hinaufsehen, das wäre schon alles. Und nein, natürlich finde ich die Stelle nicht. Die Bäume sind größer geworden, ich bin größer geworden, es gibt hier nun eine Kleingartenkolonie, alles hat sich verändert, es ist sinnlos. Wenn man innerlich mit den Schultern zucken kann, wie man innerlich auch eine Partybeleuchtung mit Diskokugel und Punktstrahlern anschmeißen kann, oder innerlich mit sich und den anderen am innerlichen Stammtisch die neusten und letzten Dinge bespricht und innerlich vier, fünf Getränke zu sich nimmt, dann zucke ich eben innerlich mit den Schultern und drehe um. Einer der letzten Ausflüge, die ich hierher machte, endete damit, dass ich mit meinem Vater ein Fahrradwettrennen austrug. Ich hatte ein Rennrad, er transportierte die vollgepackten Satteltaschen. Ich kam als Erster ins Ziel, sein Fahrrad kam ins Schlingern. So lernte ich das nächstgelegene Spandauer Krankenhaus kennen, in dem seine Kopfplatzwunde genäht wurde.

Ich fahre auf die andere Seite der ehemaligen Zyste und möchte die Weite dieser Gegend fotografieren. Ich halte an, steige ab und klappe den Fahrradständer raus. Doch er klappt nicht auf, sondern schießt, der Bewegung meines Fußes folgend, ein paar Meter über den Asphalt. Ich sage laut »O nein«

und sehe mir die Bruchstelle an: Materialermüdung, das Ding ist an der dünnsten Stelle gebrochen. Hier, an diesem Punkt, begann der Rundweg der West-Berliner, und merkwürdigerweise sind die meisten von Norden in den Eiskeller gefahren und begannen hier ihre Runde gegen den Uhrzeigersinn. Den Weg, auf dem damals alle im Kreis fuhren, gibt es noch, zumindest sieht er so aus, er könnte es sein, er ist verwittert, hat Risse bekommen und Grasnarben wachsen aus ihm heraus. Ich lehne das Fahrrad gegen einen Baum und folge dem Weg, der immer schmaler wird und in ein Dickicht führt, dessen Ranken ich beiseite biege und weiter biege, mich an ihnen vorbeischiebe, und irgendwann hört der Weg auf, nein, er hört nicht auf, sondern ein Gartenzaun beginnt, dahinter steht ein kleines Haus.

Ich fahre an meinem Fahrradständer vorbei, halte dann doch an und nehme ihn mit. Rechts neben dem Weg liegt eine Wiese, eine riesige Fläche, zumindest für Berliner Verhältnisse, die gerade gemäht wurde und umgeben ist von zwanzig Meter hohen Bäumen. Es sieht aus wie ein Park irgendwo in Sachsen-Anhalt und hat wenig, fast überhaupt nichts mit dem Berlin zu tun, das ich kenne und in dem ich lebe. Fünf Fahrradfahrer kommen mir entgegen, weit jünger als ich, Ausflügler aus Wedding, Mitte, Kreuzberg. Studenten vielleicht auf der Suche nach der großen wilden Stadt oder dessen Ergänzung oder Erweiterung oder was weiß ich. Vielleicht ist es auch nur, und das ganz sicher, einer der letzten warmen Tage in diesem Jahr und den wollen sie mal anders nutzen als sonst. Die fünf fallen mir auf, weil der durchschnittliche Nutzer des Mauerwegs über fünfzig Jahre alt ist, Satteltaschen hat, sich seinem Fahrrad zugewandt verhält und den Weg, so scheint es, nicht das erste Mal fährt.

Ich stehe an der Schönwalder Allee, an einer Brücke, rechts geht es nach Berlin, links in die Schönwalder Siedlung, daneben steht eine große Tafel von Schönwalde und Umgebung, darauf sind auch der Mauerweg und der Havellandweg verzeichnet. Schönwalde, weiß ich nun, hat ein Strandbad, tausendjährige Eichen und einen Waldwichtelpfad. Und weil sich ansonsten nicht viel abspielt in Schönwalde, was natürlich auch sein Gutes hat, befindet sich auf der Tafel, neben einer Minibiografie von Theodor Fontane, noch ein Gedicht von ihm über das Havelland, denn Fontane ist auf brandenburgischem Hoheitsgebiet in vielen Landstrichen der einzige Beweis, dass dort literarisch etwas los war – abgesehen von den selbst gereimten Gedichten zu runden Geburtstagen. Hier nun also Fontane:

Grüß Gott dich, Heimat! ... Nach langem Säumen
In deinem Schatten wieder träumen,
Erfüllt in dieser Maienlust
Eine tiefe Sehnsucht mir die Brust.
Ade nun, Bilder der letzten Jahre,
Ihr Ufer der Somme, der Seine, Loire.
Nach Kriegs- und fremder Wasser Lauf
Nimm, heimische Havel, mich wieder auf.

Die tiefe Sehnsucht, die ich verspürte, nämlich die nach Erinnerung und deren Abgleich mit der Wirklichkeit, nicht im Mai, sondern Anfang Oktober, wurde mir durch die Kleingartenkolonie, mein Alter, ein Haus und die Autos verwehrt, die mir auf dem Weg zu diesem Schild entgegenkamen, Schrebergärtner, die zu ihren Parzellen fuhren, die nun dort stehen, wo ich als Kind im Kreis fuhr. Weiter auf Berliner Hoheitsgebiet, vorbei an dem Laßzinssee, der früher ein Baggersee war und nun durch einen Zaun abgesperrt ist. Keine vierzig Meter vom See entfernt lagen die Laßzinswiesen, eine knapp vierzehn Hektar große Fläche, die eine zugangslose Exklave West-Berlins war, abgetrennt durch die Mauer, und die 1988 im Rahmen eines

Gebietsaustauschs an die DDR ging. Ich halte an einem Aussichtsturm aus Holz, der nah des Zaunes steht, gehe rauf und blicke über den See, der weder schön noch hässlich ist, weder langweilig noch aufregend, weder rot noch grün noch eckig. Ich zucke mit den Schultern und steige wieder runter. Als ich Erde unter den Sohlen habe, hält eine Kleinfamilie, Mutter, Vater, Kind, mit Mountainbikes und Mountainbike-Klamotten, Helmen und kompletter Ausrüstung, und der Sohn sagt: »Warum soll ich denn jetzt da hoch?«

Er ist zehn Jahre alt und hat mit seinen zehn Jahren bemerkt, dass man den Mist, den seine Eltern machen, nicht mitmachen muss, sondern besser was Eigenes, und auch der festen Überzeugung ist, dass man es kann. Die Mutter verdreht die Augen, der Vater holt laut und deutlich Luft.

»Weißt du was?«, sagt er. »Immer dieses Genöle, ich kann's nicht mehr hören. Jedes andere Kind ...«, und schon an dieser Stelle erkenne ich die faustgroße, die kinderkopfgroße Lüge, »... würde sich darüber freuen, dass jetzt eine Pause ist, dass man auf den Turm klettern und auf den See gucken kann!«

Während der Mann spricht, sieht ihn sein Sohn an, noch immer das Mountainbike haltend. In seinem Blick liegt Erstaunen über die vielen Worte, die der Vater in einem Atemzug macht, und auch die Erkenntnis, dass dieser Typ leider keine Ahnung hat, was man selbst eigentlich will, hier, jetzt und überhaupt in seinem Leben.

Der Weg führt weiter, Wald und Wiesen wechseln sich ab. Es könnte irgendwo tief in Brandenburg sein, mittendrin, aber nicht am Rand von Berlin. Farn, Birken, Eichen, alles wächst durcheinander, es scheint, soweit ich mich auskenne, und ich kenne mich sehr wenig damit aus, ein ganz zufriedener Wald zu sein, falls Zufriedenheit eine Kategorie für einen Wald sein kann. Es ist windig, die Baumstämme schaben aneinander und geben ein merkwürdiges Geräusch aus Knarzen und Quiet-schen von sich. Sie kommunizieren, denke ich, ganz bestimmt.

Rechts liegt mitten im Wald auf Berliner Gebiet eine ab-gezäunte Streuobstwiese, darüber fliegt ein Eichelhäher, der ein lautes, raues Krächzen von sich gibt, das sich ein wenig an-hört, als würde eine Ratsche sehr schnell gedreht. Nachricht an die Tiere, dass hier ein Feind entlangkommt. Rechts zweigt eine breite, mit Katzenkopfpflaster bedeckte Straße Richtung Stadtmitte ab. Die Niederneuendorfer Allee, die sicherlich ei-nen der längsten Berliner Straßennamen hat und so dicht und schnell befahren ist wie eine Bundesstraße, führt geradewegs durch den Wald. Es ist sehr laut, alle dreißig Meter brettert ein Auto vorbei. Nach einem Stück der Strecke komme ich an einen Strommast, der mitten zwischen Bäumen steht, was irritierend aussieht, als wäre er selbst einer, bestehend aus vier Stämmen, die weiter oben zusammenlaufen. Unter diesem Mast spielt ein Mann mit zehn Kindern Fußball.

Ich halte vor einer Holztafel, suche nach dem roten Punkt, meinem derzeitigen Standpunkt, weil ich zu faul bin, mein Fahrrad irgendwo anzulehnen und die Karte aus der Fahrrad-tasche zu holen. Ich finde keinen Punkt, eine Karte ohne Punkt! Es ist möglich, dass ich auf der Spandauer Landstraße bin. Ich biege ab zum Jagdhaus, die Richtung stimmt. Der Herbst, der in diesem schwierigen Jahr so lange von dem prallen Sommer hingehalten wurde, ist nun mit ganzer Wucht da. Das Licht ist trübe geworden, die Tage kürzer und hier, wo der Wald aus ho-hen Eichen besteht, ist der Grund mit deren Früchten übersät, und alle paar Sekunden ist dieses leichte Geräusch zu hören, wenn eine Eichel auf dem Waldboden aufkommt. Unter dem Schild des Jagdhauses Spandau ist noch ein Schild angebracht, auf dem »Bürgerablage Spandau« steht. Eine asphaltierte Stra-ße führt weiter in den Wald, die von Baumstämmen begrenzt ist, damit niemand die Idee, das Auto im Wald zu parken, in die Tat umsetzen kann. Am Ende der Straße liegt der Parkplatz, ich halte mich rechts und komme auf die Havel zu. Das Jagdhaus hat einen Biergarten, in dem es bayerisches Essen gibt, aus der Hüpfburg wurde die Luft rausgelassen und sie liegt nun zusammengeknittert auf der Wiese wie etwas Überflüssiges, was niemand wegräumen will. Es sitzen Leute in der Sonne, sehen auf die Havel, rechts steht das Haus der Rettungsstation der DLRG direkt am Wasser. Die Badestelle ist zwanzig Meter breit, fällt über zehn Meter leicht ins Wasser ab und hat einen feinen, weißen Sand. Vielleicht stammt auch er wie der im Strandbad Wannsee von der Ostsee. Auf der Rückseite eines Schildes sind zwei Aufkleber angebracht. Oben steht »Ich bin okay«. Darunter »Ich gebe einen FUCK auf dich«. Räudiges Spandau bei Berlin. Das also ist die Bürgerablage. Ein Stück weiter erreiche ich die Kleingartenkolonien »Fichtewiese«, die zwischen dem Mauerweg und der Havel liegt, und »Am Erlengrund« links des Weges.

Hier hatten die vielleicht renitentesten Laubenpieper West-Berlins ihre Parzellen, die zudem eine Wochenendsiedlung bildeten und somit nicht unter das Kleingartengesetz fielen. Seit den Zwanzigerjahren gibt es diese beiden Siedlungen, doch seit der Teilung Berlins lagen sie als West-Berliner Exklaven ohne Zugang auf dem Gebiet der DDR. Ein Plattenweg wurde ausgehandelt, auf dem die 400 Laubenpieper, nachdem sie nach Anmeldung und mit Passierschein zu festgelegten Zeiten an einer Pforte eine Klingel bedienen mussten, von der Bürgerablage zu den beiden Kolonien gelangen konnten. Das Baden in der Havel war für die Besitzer der »Fichtewiese« verboten, da das Wasser bereits zur DDR gehörte. Armeeboote der DDR patrouillierten. 1988, nach einem Gebietstausch, wurde die West-Berliner Stadtgrenze um 250 Meter nach Norden verschoben und damit waren die beiden Wochenendsiedlungen Teile von Spandau.

Rechts fließt die Havel, ich fahre parallel zu ihr auf einer Erhebung. Der Weg ist hier auf der rechten Seite mit einem Streifen aus exakt acht Reihen von Nadelbäumen bepflanzt, links mit drei Reihen. Die Bäume stehen soldatisch, in Reih und Glied, ein geschlossener Trupp, der aussieht, als ob er jederzeit vorrücken könnte. Selbst das Sonnenlicht, das in die Bäume fällt, wirkt durch deren Anordnung soldatisch. Wer sich so etwas ausdenkt, liebt die Menschheit und alle anderen Kreaturen bestimmt auf seine ganz eigene Art und voller, so wollen wir es hoffen, Verzückung. Diese Bäume haben keine Chance, irgendwann groß und stattlich zu werden, zu eng stehen sie beieinander. Bevor ich die nächsten Häuser erreiche, sehe ich wieder die Reste der Hinterlandmauer, an die sich nahtlos ein Gartenzaun anschließt. So etwas irritiert mich jedes Mal und ich schüttele und rüttele meinen moralischen Kompass, ja, mich stört es enorm. Es sind die Reste einer Grenzanlage, die zu den tödlichsten der Welt gehörte, und nein, es ist nicht einfach nur ein Stück Zaun oder ein Betonpfosten. Und vielleicht ist es jetzt doch nur etwas, was auf Hunderten von Metern, vielleicht auch Kilometern, noch immer in der Landschaft herumsteht und durch diese permanente Anwesenheit anders genutzt wird, vielleicht ist es schlichtweg eine pragmatische Sache.

Die Sonne scheint, die Havel leuchtet blau. Ein Achter-Ruderboot zieht vorüber, die Befehle des Steuermanns hallen über den Fluss. Die Havel entspringt in der Mecklenburgischen Seenplatte und mündet 334 Kilometer weiter bei Havelberg in Sachsen-Anhalt in die Elbe. Sie ist tatsächlich ein fließendes Gewässer, nicht nur ein See oder eine blaue Fläche, freigegeben für Projektionen, sie ist nicht dasselbe wie der Wannsee und kein Eigentum von West-Berlin.

Immer wieder höre ich hinter mir ein Surren, das lauter wird, anschwillt, und dann ziehen E-Bikes an mir vorüber, auf denen Senioren in knatternden Windjacken sitzen. Links komme ich an einem Grundstück vorbei, auf dem ein großes Haus im Landhausstil steht, und auf diesem Grundstück befindet sich sonst nichts als Rasen. Nein, es ist kein Demonstrationsobjekt eines Fertighausanbieters, sondern Eigentum auf einer großen Fläche. Was noch auf der Fläche steht, am Rand: ein Carport (für das Auto), ein Schuppen (für den Rasenmäher), eine Zeder (nicht schlecht). In Nieder Neuendorf wird der Mauerweg zu einer Seepromenade, die auch Teil eines Seebads oder einer Kuranlage sein könnte. Sehr viele in der Sonne spazierende, flanierende, Fahrrad oder E-Bike fahrende Menschen sind plötzlich vor und hinter mir, alle besser gekleidet als ganz Spandau, eine Behauptung, die ich an dieser Stelle aufstelle, weil es schließlich West-Berliner Tradition ist, sich über Spandau lustig zu machen, obwohl bestimmt die wenigsten je die Grenze zu diesem Bezirk überschritten haben. Spandau, das so normal, aufregend und unerheblich ist wie jeder andere West-Berliner Bezirk, der jenseits des S-Bahnrings liegt. Die Ausnahme ist der Spandauer Weihnachtsmarkt, während dem, so wirkte es bei unseren Besuchen, die Spandauer Altstadt zu platzen drohte.

An der Promenade stehen Bänke, auf denen Menschen sitzen, die auf den See blicken, vielleicht haben sie auch die Augen geschlossen. Niemand kann das sehen, schließlich tragen sie alle Sonnenbrillen, vielleicht das letzte Mal Sonnenbrille an diesem vielleicht letzten warmen Tag in diesem ganz bestimmt merkwürdigen Jahr. Stege reichen ins Wasser, auf denen Kormorane sitzen, aufgereiht und völlig unbeeindruckt von dem, was so an ihnen vorbeikommt. Die meisten Häuser, die an der Promenade stehen, zwischen sich und dem Ufer nur die Ausflügler, sind von Menschen mit entsprechenden finanziellen Möglichkeiten neu errichtet worden. Zwischendrin steht ein altes Haus, das sofort meine ganze Sympathie hat, doch denke ich genauer darüber nach, fängt die Sympathie an zu bröckeln. Wer so nah an der Mauer lebte, hatte sich das durch Treue zum Vaterland, auf welcher Ebene auch immer, verdient. Ich sehe die alte Frau, die in dem alten Garten vor dem alten Haus mit einer Schere die Rosen zurückschneidet, etwas grimmig an, doch ich weiß nicht mal, ob sie vielleicht nur zu Besuch ist, sich um den Garten kümmert oder das Haus neu erworben und die Mauer direkt vor der Nase gar nicht erlebt hat. Wieder komme ich an einer Bank vorbei. Auf ihr sitzen zwei alte Männer, einander zugewandt, zwischen sich Platz für zwei weitere Menschen. Der eine redet, der andere hört zu, vor ihnen die Havel, die an ihnen vorbeizieht wie die Jahre, die an ihnen vorbeigezogen sind, darüber der weite Himmel, der für gar nichts verantwortlich ist.

Von einem Wachturm über Lübars
in die Schönholzer Heide

Ich halte an einem Wachturm, lehne mein Fahrrad gegen einen Mülleimer und schließe es ab. Ich habe mittlerweile vergessen, wie viele Fahrräder mir schon geklaut wurden. Ich schließe ab, immer, basta. Vor dem Turm steht ein Mann, der ausdauernd Fragen beantwortet.

»Die Puppe«, sagt er gerade, »die wir da hingesetzt haben, mit ner alten NVA-Uniform und so, die wurde von den Leuten geplündert wie 'n Weihnachtsbaum, da bin ich immer noch sauer drüber! Na, ehrlich, ist doch ne Sauerei!«

Ich frage ihn, ob ich in den Turm darf.

»Sind 'n paar drin, Sie können rein. Seien Se vorsichtig, die Treppen sind Stiegen. Mit dem Arsch vorwärtsgehen, sehen Se schon, is wie im Schiff!«

Im Turm befindet sich eine Ausstellung über die Berliner Mauer, die Geschichte dieses Turms. Ausgestellt sind Kopfbedeckungen von Grenzsoldaten, Waffen, Urkunden, die verliehen wurden für die Tätigkeit an der Mauer, Zugehörigkeit der Grenztruppen, fünf Jahre, Bronze. In einer Glasvitrine sind aufgeschlagene Gedichtbände ausgestellt. In der Sammlung »Auf dem Posten« findet sich folgendes Gedicht von Stabsfeldwebel der Reserve Peter Lutz aus dem Jahr 1983:

Das Bild

Die Lehrerin sagte:
»Malt ein Bild vom Frieden.«
Ein Kind wählte vier Farben.
Blau für den Himmel.

Gelb für die Sonne.
Grün einen Panzer.
Rot seinen Stern.

Peter Lutz hat sicherlich eine Weile nachdenken müssen, ehe er die für ihn schlüssigen Farben beisammenhatte. Wo solche Gedichte geschrieben werden, wird eben auch gerne Panzer gefahren. Ich denke plötzlich daran, dass ich acht Jahre alt war, als dieses Gedicht veröffentlicht wurde. Im obersten Stock des Turmes befinden sich zu jeder Seite zwei Schießscharten. Der Blick geht weit über die Havel.

Ein Stück weiter auf meinem Weg findet, wie auf Transparenten angekündigt, ein Handwerkerfest zum Erntedank statt. Die Leute strömen in Massen dorthin, als wäre alles normal, kein Corona, sondern eben nun Handwerkerfest. Ich fahre vorbei und über die Brücke der Deutsch-Sowjetischen Freundschaft, die nun Straßenbrücke Nieder Neuendorf heißt und vor der ein Denkmal steht, in das zwei Fahnen eingemeißelt sind, die parallel zueinander versetzt wehen. Früher, ja früher stand dieses Denkmal in einem anderen Land und hatte seine Aufgabe, doch nun steht es herum und erfreut allein die, die dem nachhängen, gerne Panzer fuhren oder sich für den sozialistischen Realismus interessieren. Unter der Brücke, über die dicht getaktet die Autos fahren und einen stetigen Lärmpegel produzieren, steht ein Mann und hält seine Angel ins Wasser, mit einem Gesicht, als würde er das schon seit Tagen machen und seit Tagen hat kein einziger Fisch angebissen. Er holt die Leine wieder ein, überprüft den Köder, holt aus und in der Mitte des Kanals, dort, wo der Köder zu sinken beginnt, wirft das Wasser Ringe.

Von der Brücke hört man die Blasmusik des Erntedankfests, Menschen strömen dorthin, und beides sagt mir, dass ich dort auf keinen Fall hinmöchte. Kürbisse in allen Herrgottsformen und -farben werden dort ausgestellt sein, es gibt Kürbismarmelade, Kürbisbier, Kürbiskerzen, Kürbiswasweißich. Es gibt Frischgezapftes, Rostbratwürste, Maiskolben, Töpferwaren, Weihnachtsbaumschmuck mit Echtheitszertifikat, Handwerk aus Brandenburg, biologisch abbaubar, Fröhlichkeit gratis, eine Blaskapelle spielt, was eine Blaskapelle spielt. Volksfeste sind für mich Vorstufen, Brandherde, Glutnester, die erste Welle, die zweite und die dritte Welle in einem. Ich biege in den Walter-Kleinau-Ring. Das Straßenschild sieht aus, als würde es hier schon seit Jahrzehnten stehen, ungerührt, dem Wechsel der politischen Systeme trotzend. Dann halte ich mich gleich wieder rechts, an einem Graben entlang, und fahre wieder auf den Kanal zu. Hier befand sich auf der Havel die Wassergrenzübergangsstelle Hennigsdorf, ein Grenzübergang für den Warenverkehr, an dem täglich um die sechzehn Boote nach oder aus West-Berlin fuhren. Wassergrenzübergangsstelle, was für ein Wort, zusammengetackert aus vier Substantiven. Irgendjemand hat es erfunden. Der Wind weht die Erntedankmusik in ganzer Pracht und Lautstärke über das Wasser und trifft mich hier mit Wucht, und alle, alle, wirklich alle singen mit:

O du schöner Westerwald,
Über deine Höhen pfeift der Wind so kalt.
Jedoch der kleinste Sonnenschein
Dringt tief ins Herz hinein.

In der Wehrmacht war dieses Lied sehr populär, und da der deutsche Soldat viel unterwegs war und neben vielen anderen Dingen auch gerne sang oder, wenn er von anderen Dingen zu erschöpft war, auch mal etwas anderes machen wollte und dann eben sang, verbreitete sich dieses Lied über ganz Europa. Selbst in Chile oder Südkorea ist die Melodie angekommen und hat einen landestypischen Text erhalten. Wir lernten es in der Grundschule im Musikunterricht. Ich kann es noch immer auswendig, was an seiner Gassenhauer-Qualität liegen mag. Ich komme an Prüfgleisen der Deutschen Bahn vorbei. Links liegt das Heizkraftwerk Hennigsdorf, die Uferfläche gehört zum Betriebsgelände von Bombardier. Ich unterfahre eine S-Bahn-Brücke, auf der gerade eine S-Bahn Richtung Stadtzentrum rollt. An der Brücke ist ein blaues Schild angebracht, auf dem in weißen Lettern »S-Bahnbrücke« steht, so weiß man Bescheid. Kurz darauf ein Grundstück, auf dem die Regenbogenfahne weht, dahinter Vereinshäuser von Anglerfreunden, Segelfreunden und Motorbootfreunden, Freunde, überall Freunde. Ein Mann zieht einen mit Laub gefüllten durchsichtigen Sack der Berliner Stadtreinigungsbetriebe hinter sich her und lässt ihn neben anderen übereinandergeschichteten Säcken liegen, die vor den niedrigen Garagen, die früher in einem anderen Land standen, eine schiefe Laubsackpyramide bilden. Wir nicken einander zu. Ich passiere den Stadthafen von Hennigsdorf und den Ruderclub Oberhavel, in dem sich sicher Ruderfreunde treffen, biege auf eine sehr laute und vielbefahrene Straße ab und passiere eine Brücke. Auf der Brücke mache ich eine Sprachaufnahme, während der Verkehr an mir vorbeirauscht. Tage später, als ich das Gesprochene abtippe, höre ich an dieser Stelle meine Stimme nicht. Es hört sich an, als hätte ich neben jemandem mit laufender Stichsäge Halt gemacht. Im Kreisverkehr steht ein junger Mann. Er ist weit und breit der einzige Fußgänger und sieht sich Hilfe suchend um. Ich halte an und frage, ob ich helfen kann. Er holt sein Handy aus der Hosentasche, hält es mir viel zu dicht vor die Augen und sagt: »Schonebörg.« Auf dem Display ist auf einem Kartenausschnitt das Rathaus Schöneberg gekennzeichnet. Ich sage: »It's a long way to Schöneberg.«

Er nickt.

Ich sage: »It's a really fucked up long way to Schöneberg!«

Er lacht. »I have a date with a friend.«

Ich beschreibe ihm den Weg zum S-Bahnhof Schöneberg und erkläre ihm, wie er von dort am besten läuft.

»How long does it take?«, fragt er.

Ich sage: »Two days!«

Er weicht zurück. »Fuck you!«

Ich sage: »You are a fast guy. Perhaps two hours!«

Wir schlagen die Fäuste gegeneinander.

Schöneberg. Mein Opa wohnte in Schöneberg, in der Martin-Luther-Straße, nicht weit entfernt vom Schöneberger Rathaus, vor dem John F. Kennedy seine berühmte Rede hielt, in der er sich und die USA mit West-Berlin identifizierte. In der in meiner Erinnerung dunklen Wohnung meines Opas stand im Flur eine niedrige Kommode aus Holz. Fast alles in der Wohnung meines Opas – so kommt es mir heute vor – war aus Holz. Im Wohnzimmer stand ein massiver Holzschrank, gegenüber hing in einem Holzrahmen, der golden angemalt war, ein Gemälde vom Matterhorn. Auf der Kommode lag ein kleines und schmales gehäkeltes Deckchen, dahinter standen die drei Affen, die ganz Deutschland liebte. Ein einziges grobes Stück Holz, aus dem die drei Körper herausragten, der eine Affe hielt sich die Augen zu, der andere die Ohren und der dritte den Mund. Nichts sehen, nichts hören, nichts sagen. Mich faszinierten diese Affen. Ich berührte sie fast jedes Mal, obwohl es mein Großvater nicht mochte, wenn ich etwas in seiner Wohnung berührte. Ich tat es heimlich, wenn er es nicht sah. Und gleichzeitig fand ich die Affen fürchterlich, es ging etwas Dunkles von ihnen aus. Großvater hatte einige Jahre seines Lebens in russischer Gefangenschaft in Sibirien verbracht. Nichts sehen, nichts hören, nichts sagen. Während die drei Affen, die ihren Ursprung in Japan und der Philosophie Konfuzius' haben, mit ihrer Gestik darauf verweisen sollten, dass alles, was nicht schön, nicht der Wahrnehmung wert sei, verkehrten sich nun die Affen im Deutschland der Sechzigerjahre zu einem Sinnbild des Bösen, das man nicht wahrhaben wollte.

Wir blieben nie lange in der Wohnung. Waren wir dort, holten wir meinen Opa eigentlich immer nur ab. Dafür besuchte er uns oft. Er spielte Skat und Doppelkopf mit seinen Kumpels in organisierten Runden. Er gewann immer und jedes Mal bekam er als Trophäe eine Salami, die er uns mitbrachte. Er konnte nicht kochen und wärmte sich Dosengerichte auf. An einem Abend, als er bei uns war und wir gemeinsam zu Abend aßen und es hartgekochte Eier gab, fragte er mich, ob ich mein Ei hinstellen könne. Ich probierte und probierte es. Nach einer Weile nahm mein Opa sein Ei, schlug es leicht mit einer Spitze auf die Tischplatte, sodass die Spitze leicht eingedrückt wurde und das Ei neben seinem Teller stehen blieb. Ich sah ihn an und dachte, mein Opa ist ein cooler Typ. Er brachte meiner Schwester und mir ein paar Kartentricks bei, von denen ich nur noch einen einzigen kenne, der meine Kinder derart langweilte, dass sie bei meiner ersten Vorführung sofort abwinkten. Über uns wohnte ein Mann mit dem Nachnamen Holz. Mein Opa schlug vor, wir könnten ihn mal anrufen und, nachdem sich der Mann mit seinem Nachnamen gemeldet hätte, schnell das Wort »Kopf« sagen und wieder auflegen. Wir probierten es aus, es war nicht so lustig, wie wir es uns vorgestellt hatten. Einen ganzen Winter, ausgelöst durch meinen Opa, machte ich mit meinen Freunden Telefonstreiche, vor uns die beiden dicken Telefonbücher, die Ortsnetze Berlin (West), Vorwahl 030, A-K und L-Z. Auf den Titelblättern war Berlin im Umriss abgebildet, der Westteil war schwarz, der Ostteil war leer.

Opa konnte Mundharmonika spielen wie ein junger Gott. Bat ich ihn um eine bestimmte Melodie, spielte er sie ohne zu zögern. Ich stand fasziniert vor ihm und sah ihm dabei zu, wie er dieses metallische Ding an seinem Mund entlangführte, die Backen aufblies und nie, wirklich nie einen falschen Ton spielte. Wir fuhren zwei oder drei Mal mit meinem Opa nach Österreich, mit ihm, der nur ins deutschsprachige Ausland reiste. Ich traute mich nicht an die Kühe heran und mein Opa, der darauf bestand, dass ich es probiere, hielt die Kuh am Kopf fest und mich an der anderen Hand. So hielt auch ich die Kuh ein bisschen fest. Und dann traute ich mich doch, ganz kurz. Mein Opa trug bei jedem Wetter eine graue Anzughose und ein kurz- oder langärmeliges Hemd in blassen Farben, das selbstverständlich in der Hose steckte, die mit einem schwarzen Gürtel festgehalten wurde. Er hatte eine bärige Gestalt. Ich muss meinem Opa wohl von einem Action- oder Kriegsfilm erzählt haben, denn er sagte sehr bestimmt, dass das so gar nicht stimme, es sei alles falsch und ich hätte keine Vorstellung, auf einem Schlachtfeld sei es von dem Gebrüll der Verletzten so laut, man könne überhaupt nicht miteinander reden, man möchte sich die ganze Zeit die Ohren zuhalten.

Nachdem er gestorben war, half ich meinen Eltern bei der Auflösung der Wohnung. Mit einer Axt zerlegte ich den Küchenschrank. Das Matterhorn legte ich mir über den Kopf und trug es in der Mitte der Straße, in der mein Opa wohnte, in ein Antiquariat. Fünfunddreißig Jahre später habe ich ein Faible für Elefanten. Ich mag ihre Haut und ihre Gutmütigkeit, auch wenn sie vielleicht nur ein Klischee ist, und ich mag ihr Gedächtnis. Auf einem Flohmarkt entdeckte ich einen, der mir gefiel. Zwei alte Frauen saßen hinter dem Stand, offensichtlich verkauften sie Dinge aus ihrem Haushalt oder ihren Haushalten, die sie nicht mehr brauchten. Ich fragte, was sie für den Elefanten haben wollten. Er war aus dunklem Holz, die Stoßzähne waren weiß. Eine der Frauen stand auf, sagte: »Sechs Euro, niedriger gehe ich wirklich nicht. Mit Stoßzähnen!« Ich lächelte, aber da wir alle Masken trugen, nickte ich noch mal und lächelte stärker, damit sie es an meinen Augen sehen konnte. Die Frau nahm den Elefanten und reichte ihn mir behutsam. Ich merkte, dass sie sich nicht gerne von ihm trennte. Ich fragte, ob es in Ordnung für sie sei. Sie nickte. Ich sagte, dass er es gut bei mir haben würde. Sie nickte wieder und sagte: »Er bekommt jetzt ein neues Zuhause.« Dann nickte auch ich und erzählte ihr, dass ich Schriftsteller sei und der Elefant einen Platz auf meinem Schreibtisch bekäme. Ich würde ihn auf all die Zettel stellen, die lose über meinen Tisch verteilt liegen, sozusagen als Beschwerer. Das gefiel der Frau. »Passen Sie auf ihn auf!« Ich versprach es. Ein paar Stände weiter, meine Rührung ließ nach, dachte ich, nun habe ich, wie mein Großvater, ein Tier aus Holz, vielleicht das erste von vielen, wer weiß.

Als ich aus meiner Erinnerung wieder zurück in der Gegenwart auftauche, ist der junge Mann, der nach »Schonebörg« wollte, längst weg. Ich fahre an der Bundesstraße entlang, links liegt das Viertel Stolpe Süd, das vier Kilometer Luftlinie vom Rest von Stolpe entfernt ist. Dazwischen verläuft die Bundesautobahn 111, an der eine Autobahnraststätte liegt, die wahrscheinlich die gleiche Grundfläche wie Stolpe Süd hat. Hier befand sich der Grenzübergang Stolpe. Von der Ruppiner Chaussee biege ich links in den Wald ein. An der Ecke steht ein Verkaufsstand für Erdbeeren und Pfifferlinge. Er sieht aus, als wäre er fluchtartig verlassen worden. Tüten und kleine Körbchen stehen bereit, um die gekaufte Ware einzupacken. Eine offene blaue Wechselgeldkassette steht daneben. Hinter dem Stand lehnen zwei Paletten an einem Baum.

Der Mauerweg ist hier sehr voll, ich habe gleichzeitig zwanzig Menschen im Blick. Manche hören, während sie Fahrrad fahren, Radio oder ihre Lieblingshits aus einer Boom-Box, die sie an ihrem Lenker befestigt haben, weil sie sich sicher sind, dass auch der Wald, die lieben Tiere und die lieben Menschen, denen sie begegnen, froh darüber sind, mithören zu können. Manche ziehen, während das E-Bike surrt, einen Hund hinter sich her, der sich bestimmt auch Besseres vorstellen könnte, wenn sich ein Hund überhaupt etwas vorstellen kann. Andere schnauzen ihre Kinder an, schneller zu fahren. Zwei Pärchen, die mir kurz nacheinander entgegenkommen, sehen aus, als bräuchten sie nur wenige Minuten, um eine Kneipe zu zerlegen, komplett mit Inventar und Gästen. Und heute, heute haben sie sich verfahren, also grundlegend, sie haben den Sattel mit etwas anderem verwechselt, aber nun, da man schon mal auf so einem Teil sitzt, zieht man das eben durch. Sie sehen aus, als würde sie das alles gleichmäßig ankotzen, so gleichmäßig, dass daraus eine Kotz-mich-an-Auslegeware entstehen könnte. Links des Weges stehen verwitterte Pfosten der Grenzbefestigungsanlage. Auf der Brücke der ehemaligen Grenzübergangsstelle Stolpe, unter der sich die Autobahn entlangzieht, halte ich kurz an. Zwei Männer unterhalten sich angeregt.

»Wissen Sie, ich komme aus Aachen, und als mir das klar wurde, mit den Grenzanlagen, wie perfide das war, da dachte ich nur noch: Diese Schweine!«

Ich sehe nach vorne, ich sehe zurück. Überall Menschen, es kommt fast die Bevölkerungszahl eines Dorfes zusammen.

Es sind Pilzsammler unterwegs, die zu viert, zu sechst durch den Wald streifen, den lieben deutschen Wald, den Deutschland als Projektionsfläche wiederentdeckt hat, weil jeder Baum auch ein wenig Mensch sein darf, und der in den letzten Jahren eine solche Aufmerksamkeit erfuhr, dass jetzt andere Flächen ganz vernachlässigt aussehen. Wir sind nun im Bilde, wer alles im Wald lebt, dass Bäume mehr wissen, als wir dachten, ganze Buchreihen widmen sich den lieben Tieren. Vielleicht ist die Welt, in der ich dies schreibe und Sie dies lesen, so furchtbar und überwältigend geworden, dass man sich lieber in sein kleines inneres Beobachtungsgebiet zurückzieht und Interessantes über Krähen, Füchse und den Maulwurf liest, denn auch sie leben bei uns und wir bei ihnen. Und schaut man genauer hin, haben auch sie menschliche Eigenschaften, und es ist auch irgendwie erhabener, dies zu lesen, als sich mit Ländern zu befassen, die andere angreifen und dann behaupten, es sei nur Selbstverteidigung, oder sich mit enthaupteten Lehrern in Mitteleuropa zu Beginn des 21. Jahrhunderts zu beschäftigen, vier Jahrhunderte nach dem Zeitalter der Aufklärung. Dann lieber Vögel, Vierbeiner, das Erdreich. Wissen Sie eigentlich, was im Erdreich so alles los ist? Hammer! Ich habe neulich ein Buch über Elefanten gelesen und in unserer Wohnung steht seit einer Woche ein Aquarium, na ja, Sie wissen schon!

Ein Mann auf einem Mountainbike kommt mir entgegen, auf seinem T-Shirt steht: »Hassan – Deutschlands 12. Mann«. Hassan sieht allerdings aus, als würde er mit einem Fußball nicht viel anzufangen wissen, aber vielleicht schlummern in ihm die Fähigkeiten eines Abstaubers und Chancenverwandlers. Bei Fußballprofis, von denen einige trotz PR-Training keine geraden Sätze reden können, ist es oft so, dass die, die am intelligentesten aussehen, nicht besonders gut spielen können, was eine ziemlich steile Behauptung ist, aber völlig egal, weil Fußballspieler nicht reden, sondern spielen sollen, und ob sie dabei intelligent aussehen oder nicht, ist eh Ermessensfrage und Geschmackssache.

Weiter durch den Wald, rechts eine Heidelandschaft, dort könnte der Todesstreifen verlaufen sein, links steht alter dich-

Der ehemalige Todesstreifen bei Lübars

ter Mischwald. Ganz Deutschland und auch Deutschlands elf Männer, ich bin mir sicher, wären begeistert von diesem Wald. Die zwanzig Menschen vor mir und die zwanzig Menschen hinter mir und auch ich, wir sind es, wir fahren hindurch. Eine Frau mit einem gefüllten Korb Pilze kommt aus dem Unterholz. Ich halte an und frage sie, was sie gefunden habe. Ich darf in ihren Korb schauen, die Pilze sehen prächtig aus. »Maronen und Steinpilze«, sagt sie, es sei eine gute Gegend hier, aber ich solle es bitte nicht weitersagen, sonst sei hier bald sonst was los. Ich habe die Frau nicht an dieser Stelle getroffen. Es war woanders. Ich halte mich an ihre Bitte. Auch ich kenne eine gute Stelle. Sie befindet sich südlich von Berlin, da brauche ich mich nur zu bücken und die Steinpilze rufen: »Da bist du ja endlich!«

Rechts bleibt der Wald, dann kommen Häuser und Straßen, das ist Frohnau, links öffnet sich wieder das Land. Ich sehe ein abgeerntetes Feld, das noch nicht umgepflügt wurde oder es auch nicht wird, weiter hinten auf dem Feld lassen Menschen Drachen steigen. Ich halte und lehne mein Fahrrad gegen einen Baum. Das Fahrrad fällt um, die Schwerkraft wirkt noch. Ich stehe an der Rückseite einer Anlage, auf der Kinder und Jugendliche mit Mountainbikes und BMX-Rädern kleine Hügel rauf und runter fahren können. Drei Jugendliche sitzen am Rand des Zauns beisammen auf dem Boden, sie bilden fast ein Knäuel, ihre Räder liegen auf der Erde. Wolken ziehen, die Sonne scheint, es ist windig. Ich gehe ein paar Schritte auf das Feld. Mein Fahrrad fällt wieder um, ich lasse es liegen. Ich halte das Gesicht der Sonne entgegen und schließe die Augen. Scheiß auf Corona, hier ist die Sonne! Nach einer Weile fahre ich weiter und stoße auf eine Tafel, auf der in Schönschrift steht: »Haben Sie Lust auf selbstgebackenen Kuchen?«

Ich sage laut Ja, zu mir und zu dem Schild, und biege ab.

In dem weiträumigen Garten des großen Restaurants stehen hohe Bäume, die Tische weiter als weit auseinander, die Kellner sind als Kellner ausgebildet worden und haben dieses scheinbar devote Verhalten. Ich bestelle eine Pilzsuppe, ein Stück Kuchen und eine Cola, was der Kellner als »gute Wahl« bezeichnet. Ich überlege, während ich die Beine von mir strecke und ein herrschaftliches Gefühl in diesem großen Garten sich meiner annimmt, ob ich unterwegs übernachten soll oder, wenn das Licht abnimmt, besser mit der S-Bahn wieder nach Hause fahre. Ich finde zu keiner Entscheidung.

Gleich hinter dem Restaurant schließt sich die Invalidensiedlung an, eine Wohnanlage, die erstmals 1748 von invaliden Soldaten bezogen wurde und als eine der ältesten Orte der Kriegsopferversorgung im deutschsprachigen Raum gilt. Heute leben hier Menschen mit Handicap. Es sind Klinkerbauten mit weißen Fensterrahmen, die sich alle ähneln. Es sieht aus wie eine abgeschlossene Stadt. Die Häuser sind durchnummeriert und tragen Namen von Städten, über einem der Schriftzug »Garage und Werkstatt«. Ich verlasse das Gelände, rechts und links des Ausgangs stehen Wachhäuschen, und komme nach Hohen Neuendorf. Wieder wartet eine der vielen Stelen am Rand des Mauerwegs. Meistens waren es junge Menschen mit noch nicht erwachsenen Gesichtern, die versuchten, die Grenzanlagen zu überwinden. Auf der Straße ist der Verlauf der Mauer durch eingelassene Steine gekennzeichnet. Kastanien liegen zu Hunderten auf der Straße. Ich erkenne an den Häusern, an den unverputzten Hauswänden, an den Gartenzäunen, die früher in einem anderen Land standen, dass ich wieder in Brandenburg bin. An einer Tankstelle kaufe ich mir etwas zu trinken und Schokolade. Neben den Zapfsäulen wäscht ein Nazi seinen weißen SUV. Es ist kälter geworden, ich ziehe eine Jacke an. An der Oranienburger Straße biege ich in die Utestraße ab, die mit Katzenkopfpflaster bedeckt ist und in den Wald führt. Zeitungsartikel in Klarsichthüllen wurden mit Reißzwecken an einigen Bäumen befestigt, und nun wissen alle, die es lesen und wissen wollen: Vor nahezu zehn Jahren wurden von der Deutschen Waldjugend – Landesverband Berlin-Brandenburg Baumpaten gesucht, die gewillt waren, eine kleine einmalige Summe zu spenden, um das Pflanzen von Bergahornbäumen zu ermöglichen. Nun kommen jene, die hier entlangspazieren oder fahren, an diesen noch jungen Bäumen vorbei. Ich erreiche nach einem Wachturm »ein wachsendes Denkmal für die deutsche Einheit«, wie es auf dem davorstehenden Schild heißt. Darunter: »Die Kiefer symbolisiert den Osten. Die Buche symbolisiert den Westen. Die Eiche symbolisiert das wiedervereinigte Deutschland. Die Linde steht für Europa.« In zehn Meter Entfernung voneinander stehen die genannten Bäume. Wer sich das ausgedacht hat, der hat sich das ausgedacht.

Der Weg führt weiter um den Hubertussee, der idyllisch mitten im Wald liegt, im Norden Frohnaus, ganz oben, als wäre der See die nasse Kopfbedeckung dieses Ortsteils. Der alte Stadtforst besteht hier aus mächtigen Laubbäumen. Es ist ein Wald, der so aussieht, als wäre er schon immer hier, etwas, an dem die Gegenwart vorbeiwächst. An einer Abbiegung steht rechts ein Schild »Straßenschäden«, darunter »Radfahrer absteigen«, doch da meine Laune im Keller ist und ich keine Lust mehr habe, auf einem Fahrrad zu sitzen, und deshalb auf gar keinen Fall etwas befolgen werde, was mitten in einem Berliner Wald auf einem Schild steht, in dem es weder Bären, Bärenfallen noch Bärenjäger noch anderes Gefährliches gibt, fahre ich erhobenen Hauptes weiter. Meine Laune wird mieser und die Sonne ist verschwunden, auch oberhalb des dichten, düsteren Waldes, durch den ich nun fahre.

Es ist später Nachmittag, es ist kühl und es ist zäh, hier entlangzufahren, da es nichts Berichtenswertes oder Erzählbares gibt. Da ich kein *nature writing* betreibe, gibt es hier auch kein Material für mich, nichts, worüber ich schreiben könnte oder wollte, nichts als dieser blöde Wald, und kein Mensch hat sich hierher verirrt, alles ist leer. Es ist dermaßen blöde, hier entlangzukurven. Ich spüre den Druck, den ich mir mache, genügend Erlebtes für ein Buch zu sammeln, und fühle mich von mir selbst genötigt, jetzt doch mal wieder etwas Wichtiges in das Handy zu sprechen. Weil mir aber angesichts des Waldes und seiner räudigen, über allem thronenden Waldigkeit nichts einfällt, spreche ich schlecht gelaunt und trotzig in das Handy: »Ich habe zum Wald nichts zu sagen.« Ein paar hundert Meter weiter drohen neue Schilder, diesmal sind es vier: »Privatweg«, darunter »Betreten bei Schnee und Glätte auf eigene Gefahr«, darunter »Radfahrer absteigen« und ganz unten »Straßenschäden«. Es müssen hier sagenhaft furchterregende Unfälle von Frohnauer Einwohnern passiert sein. Mit sieben Stundenkilometern von der Straße abgekommen, drei Bäumen gerade noch so ausgewichen, dem vierten nicht. Wildschweine haben beidseits des Weges den Waldboden zerwühlt. Ich mag diesen Anblick sehr, weil er so unmittelbar von Tieren erzählt, denen ich viel zu selten begegnet bin. Und hier, an dieser Stelle, könnte ich nun weiter vom Erdreich oder den Schweinen erzählen, aber ach ja, ach nein, lieber nicht. In den Straßen von Frohnau stehen Einfamilienhäuser und niedrige Mehrfamilienhäuser. Es sieht alles sehr sauber aus. Menschen harken das wenige Laub zusammen, das von den Bäumen fiel. Die Autos parken vor den Grundstücken. Auf dem Bieselheider Weg rieche ich verbranntes Holz. Vielleicht ein Kamin, ein Lagerfeuer, eine Feuerschale, ich kann diese Gerüche, wenn es überhaupt verschiedene sind, nicht unterscheiden.

Weiter auf der Oranienburger Chaussee. Ich verlasse Berlin und komme nach Glienicke Nordbahn. Auf der rechten Seite der Straße steht ein Stück der Berliner Mauer, als Denkmal. Dann eine Dacia-Niederlassung, eine Aral-Tankstelle, dann etwas, das aussieht, als hätte es ein medizinisches Versorgungszentrum werden sollen, und zur Hälfte leer steht, dann ein McDonald, dann ein Netto, es ist alles da, auch die Bio Company für die Besserverdienenden. Es ist die Wiederholung der Wiederholung der Wiederholung, wie sich hier außerhalb eines Wohngebiets der Einzelhandel bündelt. Dann kommen die kleineren Geschäfte: Copyshop, Fleischtheke, Änderungsschneiderei und Apotheke. Ich fahre auf einem Weg, der oberhalb der Straße – was sonst – durch Wald führt. Der Weg geht auf und ab, auf der anderen Straßenseite gibt es Hörgeräte, häusliche Krankenpflege, Fitnessrevolution und Exklusivküchen. Ich könnte, wenn ich alt bin, hierherziehen, eine Wohnung über dieser Ladenzeile nehmen und hätte kurze Wege, eine Bushaltestelle vor der Tür und jede Menge vorbeirauschende Autos, die mir Urbanität vorgaukeln würden, hinten raus Natur und gegenüber dieser Auf-und-ab-Weg, der mir als Trimm-dich-Pfad dienen könnte. Es ist die Bundesstraße 96, die ich schon am Südrand Berlins gekreuzt habe und die immer noch von Zittau nach Sassnitz führt. Auf dem Ortseingangsschild nach Berlin steht »Berlin – Reinickendorf«, darunter klebt ein großer Aufkleber in blau und weiß, darauf »Hertha-Kiez«. Werder Bremen befindet sich mittlerweile – die Wintersaison hat begonnen, die ersten Spiele sind gespielt – in der Nähe eines Champions-League-Platzes und wird am Ende der Saison in die 2. Bundesliga absteigen.

Ich biege an zwei Schildern ab. Auf dem einen ist auf grünem Grund ein Fahrrad abgebildet, auf dem darunter steht »Lübars«. Da will ich hin, ich werde dort übernachten. Die Sonne hängt schräg, es ist ein schönes, gedämpftes Licht. In der Ferne ist der Himmel dunkelblau. Es könnte noch Regen geben. In der Feldhainstraße sehe ich auf einer großen Garage, die an einen Hang gebaut wurde, ein Trampolin. Auf einer anderen Garage ist eine Solaranlage installiert. Es sieht so aus, als würde man sich hier in dieser Straße darum bemühen, sich gegenseitig in der Gestaltung der Gärten zu übertrumpfen. Hecken sind sehr angesagt, alle sind gestutzt, sauber heruntergeschnitten, in geometrische Formen gebracht, da wird richtig lange dran gearbeitet, mit Zollstock, Augenmaß, das Augenmaß von Freunden, die eingeladen werden, um das eigene Augenmaß zu überprüfen, und sollte es nicht zufriedenstellend vonstattengehen, wird die Wasserwaage aus dem Werkzeugkasten geholt. Eine Fahne von Borussia Mönchengladbach, groß wie ein Wohnzimmer, weht in einem Garten. Vögel zwitschern. Es ist kein einziger Mensch auf der Straße, auch keiner in den Gärten, kein einziges Auto bewegt sich. An einem Gartenzaun hängt Werbung für »Erste Eiszeit, Europas größte Eisfigurenausstellung« und »Karls Erlebnis-Dorf in Elstal«. Sicherlich ist damit der Gartenzaun oder ein Teil davon bezahlt worden. Überall längs meines Weges liegen hier abgeschottete Grundstücke, Zäune, dahinter kopfhohe Hecken, Mauern.

In einem Garten steht ein Element der Berliner Mauer, was irgendwie skurril ist. Davor zwei brennende Grablichter, vielleicht sind sie gestern, am Tag der deutschen Einheit, angezündet worden. Auf der Rückseite, auf der zum Haus weisenden Seite der Mauer, steht einer der Berliner Buddy Bären. Wenn man so eins ist mit der Geschichte des Landes, in dem dieses Haus steht, braucht man vielleicht eine solche Gestaltung. So ein zwei Meter großer Bär, dieser wird »Der Tänzer« genannt, kostet im Rohzustand, ohne Sockel und Grundierung, 1 670 Euro. In der Schildower Straße kämpft man dagegen, dass hier zu viele Autos durchfahren. An vielen Zäunen hängen Schilder, die darauf hinweisen, dass diese Straße keine Durchgangsstraße ist oder sein soll oder sein darf. An einer Bushaltestelle stelle ich das Fahrrad ab, um etwas zu trinken. Es ist alles da: eine Überdachung, eine Sitzgelegenheit, ein Mülleimer, ein Briefkasten. Kein Mensch wartet. Vier Erwachsene, die mir mit sieben Kindern entgegenkommen, sprechen mich an, ob ich auf dem Mauerweg unterwegs sei, und wollen wissen, wie weit es ungefähr noch bis Kladow ist. Sie wollen die Fähre nach Wannsee nehmen. Ich sage, das sei keine gute Idee, und zeige auf die beiden kleinen Jungs auf den beiden kleinen Rädern, die aussehen, als wären gerade erst die Stützräder abgeschraubt worden. Sie würden bestimmt vier Stunden brauchen oder mehr, wenn sie zügig fahren würden, keine gute Idee. Es sind junge Eltern und ich komme mir vor wie jemand, der ungebeten Ratschläge verteilt, und das mache ich ja auch, zumindest im Moment, und weil ich schon mal dabei bin, sage ich gleich noch, dass es für die beiden Kleinen bestimmt zu anstrengend sei und sie sollten doch besser eine andere Lösung finden. Eine der Frauen sagt daraufhin zu ihrem Mann: »Siehst du, ich hab's dir gesagt, ich habe dir gesagt, dass es zu viel ist, aber du, du wolltest nicht hören. Hör mich doch EINMAL zu!« Und ich denke sofort: Puh, ich will diesen Mist nicht hören, nicht wissen, ihre Sache, nicht meine, und verabschiede mich, während der Mann, der nicht zuhört, seiner Frau nun Vorwürfe macht, dass sie ja hätte mitbestimmen können, sich aber immer nur raushalte, aus allem. Das andere Paar steht daneben wie ein bestelltes und nicht abgeholtes Paket in einem Späti, das demnächst zurückgeschickt wird.

Ich fahre an einem riesigen Grundstück vorbei. Ein großes gläsernes Gebäude in der Form eines Ufos steht hundert Meter nach hinten versetzt am Hang. Nahe am Zaun liegt ein fast maßstabsgetreuer Basketballplatz. Weiter auf der Alten Schildower Straße. Rechts liegt das Naturschutzgebiet Lübars. Wiesen, Bäume, Hügel; Enten fliegen darüber hinweg. Ich höre Reiher, immer hört man Reiher. Ich halte Ausschau nach der Unterkunft, die ich mir auf dem Handy ausgesucht habe, und hoffe, dass sie trotz Corona geöffnet hat. Alte DDR-Straßenlaternen, die so aussehen, als würden sie sich neugierig über die Straße beugen, lethargische Wesen, die noch nicht richtig kapiert haben, dass sie in der falschen Zeit herumstehen, ausrangiert, aber hier noch geduldet, machen sie ihre Arbeit weiter. So wie Krähen, Füchsen und Maulwürfen kann man auch verrosteten Laternen menschliche Eigenschaften andichten. Ich bin der einzige Mensch auf dieser Straße, halte vor dem kleinen Hotel und schiebe das Fahrrad auf die Rückseite des Gebäudes. Die Tür zum Haus ist angelehnt. Ich drücke die Klingel und warte, klingele noch einmal. Dann drücke ich die Tür auf und gehe in den Gastraum. Ein alter Mann sitzt an einem der Tische und liest konzentriert eine Zeitung. Als ich ihn anspreche, erschrickt er, bittet umständlich um Entschuldigung und ruft nach einer Frau. Sie sei die, die den Überblick habe.

»Natürlich, gerne!«, sagt sie, die plötzlich zwischen Tresen und Kasse steht. »Den Papierkram können wir morgen machen.«

»Bekomme ich bei Ihnen etwas zu essen?«, frage ich.

»Wir können im Moment leider kein Essen anbieten«, sagt sie. »Wir sind ja eigentlich auch ein Restaurant, aber das lohnt sich gerade überhaupt nicht. Sie sehen ja, was hier los ist.«

Der Mann, der wieder an dem Tisch sitzt, über seine Zeitung gebeugt, richtet sich kurz auf und winkt mir zu.

»Wir haben an zwei Tagen für jeweils drei Stunden geöffnet, das ist alles, und selbst da ist es leer oder nur ein paar Ältere aus der Umgebung kommen zum Essen. Das ist alles nicht einfach.«

Ich nicke.

»Es ist sehr schwierig«, sagt sie, »aber zum Glück haben wir das Hotel, das läuft ganz gut, Geschäftsleute in erster Linie, auch wenn es nur wenige sind, die gerade verreisen, aber essen gehen, nee, das will gerade niemand.«

Ich sage ihr, dass ich mit dem Fahrrad auf dem Mauerweg unterwegs bin, und während sie nickt, erscheint ein feines Lächeln auf ihrem Gesicht. Sie öffnet kurz den Mund, als wolle sie etwas sagen, und schließt ihn dann wieder. Wahrscheinlich könnte sie jetzt erzählen, dass sie sonst immer eine volle Bude hätten, mit Fahrradfahrern und Touristen, alle Zimmer belegt, der Duft von Essen im Restaurant. Sie lässt es sein. Ich sage, es täte mir leid und es kämen bestimmt bessere Zeiten, und frage nach einem geöffneten Restaurant. Alle, sagt sie, hätten gerade eigenartige Öffnungszeiten, nichts sei normal, und ich solle lieber auf dem Handy nachsehen und vorher anrufen, das sei sicherer.

Ich fahre an einem Ponyhof vorbei und vor mir öffnen sich die Niedermoorwiesen. Durch die Mauer war diese Gegend lange unzugänglich und es entwickelte sich eine Landschaft, die sagenhaft schön ist. Das Tegeler Fließ, das sich weiter im Nordosten von Berlin aus zwei Quellbächen speist, bleibt über viele Kilometer selbst ein Bach, auch hier in den Niedermoorwiesen, bis es dann bei Tegel, breiter geworden, in die Havel fließt. Ich fahre über eine kleine Brücke. Am Köppchensee, der durch Torfabbau entstand, steht das Wasser ganz still und der Himmel spiegelt sich darin. Vier Jugendliche sitzen am Rand des Schilfs und unterhalten sich leise. Ich schiebe das Fahrrad querfeldein einen Hang hinauf über Wiesen, halte wieder an, drehe mich um und blicke hinab in das kleine Tal, in dem das Tegeler Fließ liegt und weiter hinten meine Unterkunft. Dazwi-

Am Köppchensee

schen verlief die Grenze, quer durch diese Idylle, die mir fast unwirklich erscheint. Schließlich befinde ich mich auf Berliner Hoheitsgebiet – und Berlin und das, was ich sehe, bilden keine Einheit, nein. Der Blick geht in die Weite, über Wiesen, über Felder. Bäume stehen einzeln auf den Wiesen, das Dämmerlicht bringt ihre Umrisse zur Geltung.

Lübars ist das älteste Dorf Berlins und das einzige, das West-Berlin hatte. Hier fuhren ganze Schulklassen hin, immer wieder, um Bauern, die noch nicht Landwirte hießen, bei der Arbeit zuzusehen. Um zu lernen, wie ein Dorf aussieht, wie es aufgebaut ist und dass es überhaupt ein Dorf in West-Berlin gibt. Ich fahre umher, der dörfliche Charakter ist geblieben. Da ist die Dorfkirche, daneben befindet sich die Freiwillige Feuerwehr Lübars, ein Reiterhof, ein Haus, an dem ein Schild hängt, auf dem das Wort »Gästezimmer« steht, und für einen Moment ärgere ich mich, dass ich nicht hier nach einer Übernachtung gefragt habe. Vögel zwitschern und die Luft, es fällt mir auf, riecht, ja, sie riecht frisch und gut und nach Land. Niemand hat hier ein klobiges Haus hingestellt, niemand tobt sich hier in seinem Vorgarten aus, um irgendetwas zu kompensieren, was nirgendwo sonst Erlösung findet. Die Häuser sind alt und von Generation, so scheint es, zu Generation weitergegeben. Am Aushängebrett der Kirchengemeinde pinnt ein gestalteter Zettel: »Ihr Kreaturen, singt im Chor!« Ein altes Telefonhäuschen steht mittig auf dem Platz. So etwas hieß früher Fernsprecher und so heißt es auch auf dem Häuschen, in dem sich mittlerweile Bücher zum Mitnehmen auf Regalbrettern sammeln. Ein junges Paar, das ein bisschen wirkt, als sei es auf der Suche nach dem richtigen Leben, so sehr sehen beide nach Neukölln aus, nach Studium der Soziologie, um das alles, was sie in Neukölln erleben, besser verstehen zu können, nach Blabla Macchiato bei sieben Grad Celsius auf einer von Nachbarn aus Paletten zusammengezimmerten Sitzgelegenheit. Die beiden haben die Fahrräder, bei deren Wahl sie darauf geachtet haben, dass sie mehr cool als pragmatisch sind, gegen das Häuschen gelehnt. Sie nehmen zwei Kochbücher mit aus einer Zeit, als Mutti am Herd stand und Vati müde von der Arbeit kam, sich am Wochenende von der Arbeit erholte, und wenn Vati Durst bekam, holte das Kind, wenn eins da war, eine Flasche Bier vom Kiosk.

Hier in Lübars ist, wie der Berliner Ureinwohner sagt, »j. w. d.« oder »Jottwede«, also »janz weit draußen«. Diese Umschreibung dient schlichtweg dazu, eine Entfernung zu einem Ort anzuzeigen, zu dem man hinmuss oder will, aus welchen Gründen auch immer, und die Fahrt in der Vorstellung schon eine Zumutung darstellt, und dann schnoddert man »Dit is j. w. d.!« und macht sich halt doch auf den Weg, hilft ja nüscht! Der 222er fährt nach Tegel-Ort und nachts, zweimal stündlich, der N22er. Ich kenne diese Taktung. Die Gegend, in der ich aufwuchs, wurde ebenso selten von Nachtbussen angefahren, und die halbwüchsigen, heranwachsenden Meuten, die sich an den Haltestellen sammelten, feierten dort die besten Partys, obwohl eigentlich alle schon hundemüde waren. Die Partys wurden in den Nachtbussen fortgesetzt, und die Busfahrer, die armen Busfahrer hielten es aus. Wahrscheinlich haben sie in den Jahren dieser Tätigkeit die Jugend verachten gelernt und die Verachtung von Nacht zu Nacht weiterentwickelt und verfeinert. Es ist sechs Uhr abends, die Glocken der Dorfkirche von und zu Alt-Lübars läuten. Es ist ein helles Klingen. Neben der barocken Kirche auf dem Dorfanger stehen mehrere hochgewachsene alte Bäume. Der Eingang ist beiderseits mit Gaben für das Erntedankfest geschmückt: Kartoffelsäcke, Rüben, Kürbisse, Karotten, gebündelt zu Karottensträußen, und Blumen sind liebevoll zueinandergefügt worden. Auf der einen Stirnseite des Angers liegt ein großer Findling, um den vier Bänke gruppiert sind, auf denen alte Menschen sitzen und sich unterhalten. Ein Stück weiter steht die Sophienscheune, dann kommt das Schulhaus, in der die Grundschule untergebracht ist. Niedrige Häuser bilden an der Straße eine Reihe, davor sind Pferdeanhänger abgestellt. Ich fahre durch diese Idylle, fahre jede Straße ab, bemerke immer wieder die gute Landluft und atme sie tief ein. An einem Zaun ist ein breites Banner befestigt: »OHNE LANDWIRTSCHAFT WÄRT IHR HUNGRIG, NACKT UND NÜCHTERN«.

Etwas von der Straße zurückversetzt sehe ich ein Restaurant. Ich lehne das Fahrrad gegen eine Hauswand, schließe es ab, auch in Lübars, und trete ein. Es ist sehr groß, vielleicht Platz für hundert Gäste. Drei der Tische sind um 19 Uhr mit sieben Personen besetzt. Drei Kellner stehen hinter dem Tresen und unterhalten sich. Kurz nachdem ich mich gesetzt habe, kommt einer von ihnen mit der Speisekarte.

»Ich brauche keine«, sage ich. »Ich weiß, was ich nehme. Ich habe mir draußen schon die Karte angesehen!«

»Wir haben auch eine Tageskarte, da sind echt gute Sachen drauf«, sagt er.

»Ich nehme …«

»Du nimmst die Rehkeule.«

»Nee«, sage ich.

»Doch, doch, du nimmst ne Rehkeule!«

»Ganz sicher nicht«, sage ich, »ich nehme eine Kohlroulade.«

Er stoppt in der Bewegung, sieht mich verdutzt an und sagt: »Die ist auch gut. Okay!«

Als er das Essen bringt, sagt er: »Das wird aufgegessen!«

Als er den Teller wieder abräumt: »Ging doch! War jut?«

»War jut«, sage ich.

»Sag ick doch!«

Auf dem Rückweg fahre ich wieder an der Kirche vorbei und denke, dass da Gemüse für mehrere Mahlzeiten herumliegt. Man könnte es dünsten, anbraten, kochen, als Beilage, als Suppe, und denke daran, dass in Berlin, und ich denke tatsächlich Berlin, denn das hier, Alt-Lübars, ist so weit weg von auch nur irgendeiner urbanen Sozialisation, in Berlin also wäre am nächsten Morgen von dem Gemüse nichts mehr da. Als die Kinder noch klein waren, ich mit ihnen Lebensmittel einkaufen ging, mit ihnen und den Einkäufen zurück in den vierten Stock stieg und einen Beutel Kartoffeln auf der Sitzfläche des Kinderwagens zurückließ, war er nicht mehr da, als ihn ein paar Minuten später holen wollte. Diese Kartoffelsäcke hier werden stehen bleiben und auch alles andere, und wenn dann eines Tages alles abgeräumt ist, wird daraus in einem großen massiven Topf eine Gemüsesuppe gekocht und die Gemeinde wird sie in meiner Fantasie zusammen auslöffeln. Hinter der Grundschule stehen fünf Jugendliche, hören aus einer Box Musik in Zimmerlautstärke, trinken Bier und würdigen mich keines Blickes, obwohl sie sicher bemerken, dass da einer an ihnen vorbeifährt, allein im Laternenlicht, einer, der hier nicht wohnt, den sie nicht kennen, und in die völlige Dunkelheit abbiegt. Ich fahre zurück über die Wiesen und da das Licht an meinem Fahrrad alles andere als leistungsstark bezeichnet werden kann, schalte ich an meinem Smartphone die Taschenlampenfunktion ein, und so ruckeln wir vorsichtig über die schmalen Pfade, ich und die beiden großen Leuchtkäfer. Die Himmelsrichtung ist die richtige, und dennoch verliere ich nach ein paar Minuten die Orientierung, da der Pfad immer wieder leicht die Richtung ändert. Und ist dieser Pfad überhaupt noch der Pfad, oder fahre ich mittlerweile querfeldein auf einer Wiese und bilde mir nur ein, dass das niedergedrückte Gras der richtige Weg ist? Ich halte an, schalte das Licht aus und versuche mich zu orientieren, was aber nicht funktioniert. Es ist stockdunkel und kalt, ich höre Geräusche, die mir schnell Angst machen, und so schalte ich das Licht wieder an, leuchte um mich herum alles ab, ob da nicht doch ein Tier sein könnte, und fahre langsam weiter. Irgendwann, denke ich, werde ich irgendwo wieder rauskommen. Dann rieche ich nach einer Weile Pferde und erinnere mich an den Ponyhof in der Nähe meiner Unterkunft. Ich fahre dem stärker werdenden Geruch entgegen und finde den Weg zurück zu der beleuchteten Straße. Beim Anblick der DDR-Laternen denke ich für einen Moment, ich war im Westen essen und bin nun wieder im Osten.

Vom Balkon meines Zimmers, das im ersten Stock liegt, sehe ich auf die dunklen Bäume. Ich bin, denke ich pathetisch, auf der Höhe der Nacht. Der abnehmende Vollmond, der Dreiviertelmond, leuchtet. Ich entdecke ein paar Sterne, die wenigen, die ich überhaupt kenne: den Großen Wagen, den Polarstern, Kassiopeia. Die Dorfstraße ist leer und es herrscht komplette Stille. Nichts knackt, kein Tier unter den Laternen, dann ein sehr leises, kaum hörbares Geräusch, ein Rauschen, vielleicht ist es ein Auto, dass noch auf der B 96 irgendwo hinfährt. Dann, Sekunden später, wieder Stille. Als ich am Morgen in der Frühe, nach einem zusammengepuzzelten Corona-Frühstück – eine weitere Person hat in dem Hotel übernachtet – aus dem Gebäude trete, ist der Sattel meines Fahrrads von Tau bedeckt und die Scheiben der zwei Autos, die auf dem Hinterhof parken, sind beschlagen. Der Winter ist nah. Es ist lausig kalt. Ich wünschte, ich hätte eine Mütze und Handschuhe und einen dicken Schal eingepackt und nicht dieses leichte, allenfalls modisch interessante Tuch. Ich ziehe mir auf dem Parkplatz alle Oberbekleidungsstücke übereinander an, die ich dabeihabe, was meine Bewegungsfähigkeit etwas einschränkt, und fahre zurück zum Mauerweg und dann weiter nach Osten. Ich vermisse den Sommer, diesen Sommer, der mir auf schönste Weise vorgegaukelt hat, wie angenehm ein Leben trotz Corona im Freien sein kann. Ich saß in Restaurants, auf Parkbänken, ging spazieren, es war warm, es war gut. Von der Bundesstraße kommt ein leises, immerwährendes Rauschen, ansonsten ist es still. Ich beobachte eine Weile ein Flugzeug, das, von Schönefeld kommend, steil in den Himmel steigt und dann über einer dünnen, bleiernen Wolkendecke verschwindet. Vielleicht fliegen da welche zu den Kanarischen Inseln, zumindest in den Urlaub. In zwei Wochen wird der Flughafen Tegel aufgrund ausbleibender Passagiere in Folge von Corona für vorerst zwei Monate geschlossen. Ob der Betrieb noch einmal aufgenommen wird, ist unklar.

Es gibt einige Orte in Berlin, die ich sehr mag und, wenn sie verschwänden, vermissen würde, und dieser Flughafen gehört dazu. Ich bin von hier das erste Mal in meinem Leben geflogen, wir machten Urlaub auf Fuerteventura. Später, als ich Schriftsteller wurde und die ersten Lesungen im Ausland hatte, flog ich fast immer in Tegel ab und kam hier wieder an. Es war immer sehr früh, wenn ich losflog, und sehr spät, wenn ich zurückkam. Ich mochte die kurzen Wege, ich wusste, wo es den besten Kaffee gab, ich liebte diesen Bau, der aus der Zeit gefallen schien. Unweit des Flughafens liegt die Julius-Leber-Kaserne, die größte Kaserne der Bundeswehr in Berlin. Bis 1994 befand sich auf diesem Gelände das Hauptquartier der französischen Streitkräfte in Berlin, auch »Quartier Napoléon« genannt. Die hier stationierten Regimenter waren auf den Stadtkampf und die Panzerabwehr spezialisiert. Zwei Jahre nachdem 1961 das Deutsch-Amerikanische Volksfest das erste Mal stattfand, zogen die französischen Streitkräfte nach und initiierten ebenso ein Fest, das Berliner Bevölkerung und Besatzungsmächte zusammenbringen sollte. Gingen wir auf das Deutsch-Französische Volksfest waren meine Eltern sehr großzügig. Wir blieben für Stunden dort, es gab Zuckerwatte und kandierte Weintrauben. Mein Mund war verklebt und in meinen Pupillen, ganz sicher war es so, zuckten noch Stunden später die Lichter der illuminierten Karussells, der Geisterbahnen und der Autoscooter. Noch immer gibt es den Zentralen Festplatz, auf dem es stattfand. Auf seiner Homepage wirbt er mit 60 000 Quadratmetern Outdoorfläche und Fotos von abgefeuerten Konfettikanonen. Die Veranstaltungen heißen heute »Zirkus des Horrors«, »90's Supershow« und »Brummi-Fest Berlin«.

Eine Woche vor der Schließung war ich noch mal am Flughafen Tegel. Ich wollte wissen, wie es dort nun aussieht. Für diesen Tag waren noch gerade mal vierzehn Flugzeuge angezeigt worden, die landen sollten. Nur ein einziger Eingang war geöffnet und nur für diejenigen, die ein Flugticket vorweisen konnten. Ich starrte durch die Scheiben und sah die geschlossenen Geschäfte, die leeren Check-in-Flächen. In meiner Fantasie hörte ich den Lärm, der auf einem von Menschen gefüllten Flughafen herrscht, und sehnte mich danach. Waren meine beiden Neffen früher zu Besuch in Berlin und noch in einem Alter, in dem sie sich für schwere Geräte begeistern konnten, fuhr meine Schwester an einem Nachmittag mit ihnen nach Tegel und auf der Aussichtsplattform mit Blick auf die Start- und Landebahnen waren sie zwei glückliche Kerle. Ich habe von dort meine vielleicht merkwürdigste Taxifahrt gehabt. Ich war für einen Monat in der türkischen Stadt Eskişehir und es war eine meiner schönsten Reisen gewesen. Zurück in Berlin, waren das Erste, was ich sah, drei Männer, die auf Leitern standen, mit ihren Teleobjektiven über den Flughafenzaun guckten und ankommende Flugzeuge fotografierten. Der türkische Taxifahrer hörte penetrante Schlagermusik, fragte, wo ich gewesen sei, und nachdem ich es ihm sagte, begann er – und irgendwie war es eine zu seiner Musik parallel verlaufende Bewegung –, über die Türken im Allgemeinen zu schimpfen. Sie seien faul, würden keine richtige Arbeit kennen, das ganze Land hässlich, aber hier in Deutschland, natürlich, sei es sehr gut, ein gutes und wichtiges Land, es sei sauber, er selbst sei fleißig, verdiene gutes Geld, und, als Höhepunkt seiner Rede, stellte er kämpferisch die Behauptung auf, dass sie sich in Anatolien beim Autofahren nicht mal anschnallen würden. Daraufhin sagte ich, dass auch ich mich nach zweitägiger Überwindung tatsächlich nicht mehr angeschnallt hätte, dass ich Großfamilien in kleinen Autos sah und es großartig fand, dass ich eine Neugier und Gastfreundschaft erlebt habe, die es in den meisten Ländern Europas nicht gibt und vielleicht nie gab, dass ich in einem kleinen Dorf zum Essen eingeladen und anschließend noch beschenkt wurde, und er könne das ja gerne mal in irgendeinem Dorf in Niedersachsen ausprobieren, da würde er auf der Straße verrotten, und Deutschland, er solle mir jetzt nicht mit Deutschland kommen, das sei der letzte Husten. So redeten wir uns weiter in Rage, passierten währenddessen auf der Autobahn den Funkturm, das Heizkraftwerk, und vor dem Tempelhofer Feld fuhr er ab. Er pries derweil Deutschlands Sozialsystem, Berlins Kleingartenkolonien und dass man – warum auch immer – mit seinen Kollegen mal ein Pausenbrot teilen könne. So fuhren wir dahin, das heißt: er fuhr und nahm mich mit, und verteidigten das jeweilige Land, in dem der andere geboren wurde. Und dann standen wir kurz auf der Straße, vor dem Haus, in dem ich wohnte, er, der türkische Taxifahrer, und ich, der deutsche Fahrgast, und begriffen vielleicht plötzlich das Leidenschaftliche der Situation und begannen beide schallend zu lachen, nachts, auf einer Straße in Kreuzberg, und gaben uns zum Abschied die Hand.

Ich fahre auf dem Mauerweg nach Norden, links öffnen sich die Felder des brandenburgischen Landkreises Barnim, auf den die Sonne scheint. In der Ferne ragt der Kirchturm eines Dorfes in den Himmel, nein, er ragt nirgendwo hinein, er ist schlichtweg etwas größer als alle anderen Gebäude. Ich kreuze eine Straße, fahre einen Hügel hoch und sehe, ach ja, es müsste, könnte ich es mir aussuchen, nicht sein, den Berliner Fernsehturm und halte kurz an. Ich starre ihn eine Weile an und denke dann, ach was, eigentlich finde ich es immer gut, wenn ich ihn sehe, aber das bisschen Motzerei gehört nun mal zu Berlin und somit auch zu diesem Turm. An den Gleisen der alten Heidekrautbahn biege ich rechts ab. Die Heidekrautbahn führte von 1901 bis 1961 vom S-Bahnhof Wilhelmsruh in die Schorfheide und soll, zumindest wurde 2019 ein derartiger Vertrag unterzeichnet, bald wieder auf ganzer historischer Strecke in Betrieb genommen werden. Nördlich der Gleise liegt ein Friedhof, der, eingerahmt von Wiesen und Wegen, an denen Ostlaternen vor den Einfamilienhäusern stehen, ein wenig verloren aussieht, fehl am Platz, unmotiviert, falls man Friedhöfen eine Motivation zueignen kann. Dieser Friedhof lag direkt neben der Mauer. In einem der Einfamilienhäuser lebt ein großer Eisenbahnfreund, der seinen Garten mit Signalmasten, Weichen und Schienen, den Schildern »Betreten der Bahnanlage verboten« und »Berlin-Rosenthal« und einer Bahnhofsuhr dekoriert hat. Es ist Montagmorgen, der Mauerweg ist fast leer, nur hin und wieder kommt mir ein Jogger oder Fahrradfahrer entgegen.

Während Studenten zu Studierenden wurden, blieben Arbeiter Arbeiter, die, wenn jemand über sie redet, Mitarbeiter genannt werden, auch wenn sie allein arbeiten. Ein Mitarbeiter der BSR, der früher ein Angestellter der BSR war, ist damit beschäftigt, einen Müllhaufen vom Straßenrand zu entfernen, der aus Säcken, kaputten Regalen und Autoreifen besteht. Auf der

Die Gleise der alten Heidekrautbahn

Ladefläche des BSR-Fahrzeugs sind bereits zwei Sofas über-einandergestapelt und der Typ motzt vor sich hin: »Mann, Mann, wat die allet wegwerfen, so ne Schweinerei!«

Dann sieht er auf und sagt zu mir: »Na ehrlich! Da könnse ne janze Wohnung mit einrichten oder zwee, ehrlich!«

Ich grinse ihn an und sage, ich wolle nicht auf Autoreifen sitzen. Er sieht mich stumpf an und sagt mit tonloser Stimme: »Clown jefrühstückt?«

Ich nicke und sage: »Ja, okay, Sie haben ja recht!«

»Die Sofas sind echt noch jut. Könnte ick vakoofen, darf ick aba nich, mach ick mich mit strafbar. Kommt uff'n Müll, so ne Schweinerei! Wat sind dit für Penner, ey!«

»Muss immer besser, schneller, weiter sein!«, sage ich.

»Ja«, sagt der Mann, »is doch wahr!«

Der Mann ist in West-Berlin aufgewachsen. Ich muss ihn nicht fragen, ich kann es hören. Es gibt sprachliche Unterschiede, die sich an Begriffen oder Redewendungen festmachen lassen. Das Berlinerische wurde in Ost-Berlin und Brandenburg här-ter und schneller und selbstverständlicher gesprochen, und es spielt mit der Sprache, es erfindet neu, es bewegt sich. Wenn Sie also den Satz »Ick nehm noch 'n Aperölchen!« hören, wissen Sie Bescheid. In einer von der Gesellschaft für deutsche Spra-che in Auftrag gegebenen Umfrage, die ein Marktforschungs-institut durchführte, wurden im Jahr 2014 Berlinerinnen und Berliner nach ihrer Einschätzung zum Berliner Dialekt befragt. Die meisten fanden ihn frech, schlagfertig, witzig, schnoddrig oder ehrlich, manche liebenswürdig oder pöbelhaft. Nur weni-ge hielten ihn für intelligent. Aber welcher Dialekt klingt schon intelligent? Dialekt klingt meistens etwas dämlich, besonders natürlich der, den man nicht spricht. Und speziell bei denen, die nichts anderes sprechen können als diesen, gefangen in der Region, im Wahlkreis, im eigenen Tal, auch wenn da gar kein Tal ist. Ich kenne Dialekte aus dem Süden Deutschlands, die ich für eine akustische Zumutung halte, und kann selber so pervers-genial berlinern, dass es Menschen in meiner sehr nahen Umgebung für eine Zumutung halten, nicht nur akustisch, denn das in dieser Sprache von mir Transportierte ist alles andere als differenziert. Ich berlinere, wenn mein Gegenüber es tut. Ich berlinere, wenn ich weiß, dass ich damit weiterkomme. Ich berlinere, wenn ich keine Lust habe, über dies oder das zu reden und mir einbilde, meinem Gegenüber das so mitteilen zu können. Ich berlinere, wenn ich beim Bäcker stehe und endlich an der Reihe bin und die, die Deutsch nur bruchstückhaft sprechen können, weil Berlin gerade billig für sie ist und nur eine Station ihrer beruflichen Karriere sein wird, zurückzucken. Vielleicht ist das alles auch nur ein bisschen Notwehr, vielleicht war es das Berlinerische in gewisser Weise schon immer.

Ich war acht Jahre alt und wir standen am Kiosk und setzten unser Taschengeld in Süßigkeiten um. Wir kamen vom Bolzplatz, hatten einen Fußball dabei, aufgeschlagene Knie und verdreckte Gesichter. Während wir die Süßigkeiten aßen, lungerten wir immer neben dem Kiosk herum. Erwachsene unterhielten sich über Fußball, Politik und das Wetter und bestellten »jetze aba wirklich dit letzte Bier«. Andere Kinder kamen vorbei und kauften Zigaretten oder Bier für die Eltern. Der Mann, der den Kiosk betrieb, kannte uns alle und er rauchte Kette wie ein Cowboy, weil das Cowboys in West-Berlin so machten. Der Mann sprach ein bretthartes Berlinerisch, das sich anhörte, als würde er die ganze Welt verachten und mit jeder gesprochenen Silbe gegen sie kämpfen. »Wat willste, Kleena?«, sagte er, wenn wir vor die geöffnete Luke traten, aus der er seinen Oberkörper zu uns beugte, umrahmt von Zeitungen und Zeitschriften. Keine Spur von Servicegedanken und anderem Schnickschnack, warum auch? Er verbrachte in dem Kiosk die Hälfte seines Lebens, der Kiosk war seiner, er thronte darin und er fragte: »Wat willste, Kleena?« Ebenso gehörten die Busse den Busfahrern und es gab welche, die während einer Fahrt vom Stadtrand bis zum nächstgelegenen U-Bahnhof eine gute halbe Stunde brauchten und auf dieser Fahrt durch die Lautsprecheranlage, das Mikrofon unterm Kinn, eine Anekdote nach der anderen abfeuerten, selbstredend im feinsten 1a-nonplusultra-Berlinerisch. Es war witzig, es war großartig, die Welt war zusammengeschrumpft auf diesen einen Bus, und es war jedes Mal schade, wenn ich aussteigen musste.

Ich mag diesen aussterbenden Dialekt, der keiner ist, weil die Linguistik ihn als Metrolekt, als eine in einer Großstadt aus verschiedenen Dialekten entstandene Stadtsprache einsortiert. Ich bin damit aufgewachsen, überall wurde berlinert, alle taten es. Mein Großvater schenkte mir ein kleines Büchlein, das nur ein paar Seiten hatte und in dem alle relevanten Berliner Mundartwendungen versammelt waren. Darin stand auch: »Ick hau dir uff'n Kopp, bis de Läuse piepen!« Allein die Vorstellung, diese Redensart könnte Realität werden, eine Mischung aus Comic, Bud Spencer und Absurdität, fand ich als Kind unglaublich komisch. Jeder Mensch in meiner Umgebung kannte nach nur wenigen Tagen diesen Spruch und wusste, dass ich ihn super fand. Als ich vor einiger Zeit auf einem U-Bahnhof wartete, sah ich die großen Worte »Einfach knorke«. Eine Firma warb damit für ihre Plakatflächen. »Knorke« ist für mich der Inbegriff des Berlinerischen. Es bedeutet so viel wie »sehr gut«, »super«, »unschlagbar«. Dieses Wort hat weder Komparativ noch Superlativ, das braucht es nicht. Es steht da wie ein Fels. Kurt Tucholsky schrieb 1924 eine Art Abgesang: »Lebe wohl, ›Knorke‹. Ruhe sanft. Hab keine Angst: deine Familie stirbt nicht aus. Du bekommst Nachfolger.« Wie gut, dass sich »Knorke« wieder vom Ruhekissen erhob und weitermachte. Ich liebe dieses Wort sehr. Es möge den Erdball nie verlassen.

Ich komme an einer Kleingartenkolonie vorbei, es ist die dreiundfünfzigste oder die vierundsechzigste auf meinem Weg, ganz bestimmt. Berlin wird von diesen Anlagen zusammengehalten, sie sind der Kleber, der grüne Bio-Mörtel im öffentlichen Gefüge. Vor mir liegen die Häuser des Märkischen Viertels, oder kurz MV, wie Einwohner, Eingeweihte und die, die es wissen, sagen. Es ist die dritte Westplatte auf meinem Weg. Alle West-Berliner Hochhaussiedlungen lagen am Rand der Stadt, so weit ab vom Zentrum wie nur möglich, dort, wo die Endstationen der Buslinien waren, wo man auf den Balkonen schon beim Frühstück das Privileg hatte, auf den Todesstreifen und in die DDR sehen zu können. Dahin, wo Schluss war, für einen selber und für West-Berlin, wo Schluss war, diese Redewendung, die jeder gebrauchte, mit dem ich über West-Berlin spreche und der in dieser Stadt gelebt hat. Das MV, das »merkwürdige Viertel«, wurde auch außerhalb Berlins bekannt. Durch Sido, den Rapper mit der Maske, der, nachdem dann alle über den Mann mit der Maske berichteten, sie endlich abnehmen konnte und noch immer erkannt wurde. Der Mann, der nicht die hellste Kerze auf dem Kuchen ist und doch, weil es keine Auswahl gibt, als der einzige Intellektuelle des Märkischen Viertels gilt, der Mann, der mit seinem Track »Mein Block« einen Hit hatte. In dem dazugehörigen Musikvideo werden an ein paar Stellen Bilder vom Kottbusser Tor, der Naunynstraße und dem Sozialpalast am Kleistpark reingeschnitten, weil das MV dann vielleicht doch zu wenig Krasses zu bieten hat und eher aussieht wie ein frisch gestrichenes Legoland. Während Sido rappt, stehen hinter ihm meistens irgendwelche Typen, die ihm notfalls helfen könnten, wobei auch immer, und jederzeit und mit gleicher Intensität die Intellektuellen-Position von Sido im MV ausfüllen könnten. Und wenn irgendwo Türen aufgehen, werden sie von Frauen geöffnet, die von morgens bis abends ununterbrochen Sex haben wollen. Wie schön so eine Welt sein kann, alles ist einfach, überschaubar und es reimt sich auch noch. Das Märkische Viertel ist ein Problemviertel, es bleibt ein Problemviertel. Überall, wo es Hochhäuser gibt, wo es viele Menschen auf wenig Raum gibt, gibt es Probleme. Zum Schluss des Tracks heißt es: »Jetzt könnt ihr euch entscheiden. Wer hat den geilsten Block in Deutschland, Alter?« Na ja, denke ich, hier ist er eher nicht, während ich in dem großen und leeren Wendekreis der Buslinie 124 stehe. Auf der anderen Straßenseite liegt das Gartencenter Holland, dahinter die Hochhäuser. Es sieht nicht geil aus, nicht mal krass. Es ist egal, Alter.

Ich kreuze die Straße und halte kurz vor einem Vogel aus Stahl, der über ein stehengelassenes Stück der Berliner Mauer hinwegsieht. Er ist vielleicht drei, vier Meter groß, der schottische Künstler George Wyllie hat ihn gemeinsam mit Berliner Schülern entworfen und gebaut. Ich fahre über die weiten Innenhöfe des Märkischen Viertels, um die die Häuser angeordnet sind, Kränze aus übereinandergestapelten Wohnungen, vereinzelt laufen Menschen umher. Spielplätze, Sportplätze, Grünanlagen, alles ist leer, verlassen, es sieht trostlos aus. Eine Holzbaracke vom Christlichen Verein Junger Menschen e. V. steht hier. Im Hochparterre hängen an den Fenstern einer Wohnung goldene Vorhänge. Bei den Nachbarn sind es Plakate von Ponys. Zwei Stockwerke höher wachsen auf einem Balkon Tomaten. Mir kommt ein Mann entgegen, der so aussieht, als wohne er im siebten Stock, zweite Tür rechts, in einer dieser Ein-Zimmer-Buchten. Ein erloschenes, farbloses Gesicht. Vielleicht pendelt er seit Jahren, nachdem er die Zusammenhänge begriffen hat, nur noch zwischen dem Supermarkt und seiner Bude und speichert Online-Artikel aus Tageszeitungen auf seinem einbruchsicheren Computer, in dem die Worte »Merkel« und »Verschwörung« und »Regierung«, und zwar genau in dieser Reihenfolge, auftauchen? Eine Arbeit, einer muss sie tun, die sonst keiner macht. Auf meinem Weg zwischen dem Viertel und den Gleisen der alten Heidekrautbahn komme ich unter einer Brücke hindurch. Rechts der Nordgraben, ein Entwässerungsgraben, der die Panke mit dem Tegeler See verbindet. Links liegt ein großes Industrie-Areal, der Pankow-Park, auf dem mittlerweile fast hundert Unternehmen ihren Sitz haben. Bis 1990 befand sich hier die VEB Bergmann-Borsig, eine Fabrik mit 3 500 Arbeitern, die sich auf die Produktion von Turbinen und Turbogeneratoren für Kraftwerke spezialisiert hatte. Nach dem Bau der Mauer lagen über zwei Kilometer nördlich und südwestlich des Areals direkt an der Mauer und so durfte die Fabrik nur noch mit einer Sondergenehmigung betreten werden.

Eine S-Bahn fährt rechts an mir vorbei, davor dichte und wuchernde, auf den Gehweg greifende Brombeerranken und links die alten, zu neuem Leben, wie man sagt, wenn einem nichts Besseres einfällt, erweckten Fabrikhallen. Links also scheppert, kreischt und knirscht die Produktion, rechts rattert die Bahn. Erst als die gewohnten und fast ersehnten Kleingärten da ansetzen, wo die Fabrik aufhört, wird es wieder ruhiger. Kurz danach endet der Weg am S-Bahnhof Wilhelmsruh, dem ehemaligen Start- und Endpunkt der Heidekrautbahn, auf dem Parkplatz eines Lebensmittel-Discounters. Hier beginnt die Bodenmarkierung des ehemaligen Mauerverlaufs durch eine doppelte Pflastersteinreihe, die sich immer wieder, insgesamt über acht Kilometer, durch die Innenstadt zieht. Ich kreuze die Kopenhagener Straße und fahre auf einen Grünstreifen. Links wieder Schrebergärten, davor eine einsame alte Ostlaterne. An den Pfosten des Hinterlandzauns der Berliner Mauer ist Maschendraht befestigt. An der Provinzstraße steht eine zweigeschossige Villa, deren Türen und Fenster vernagelt sind. Die afrikanische Republik Sambia hat dieses Gebäude 1999 erworben, ließ es grundsanieren, doch kurz vor der Fertigstellung fehlten die restlichen finanziellen Mittel. Seitdem steht es herum und hat symbolischen Charakter für das Zerstörungspotential des Kapitalismus. Am 13. November 2020 wird Sambia als erster Staat infolge der Corona-Krise Zahlungsunfähigkeit vermelden und Schuldenzahlungen an private Gläubiger aussetzen. An einem weiteren Lebensmittel-Discounter, vor dem sich eine Schlange gebildet hat, biege ich in die Buddestraße ab. Links steht eines dieser neuen mehrstöckigen Häuser, das aussieht wie alle anderen neuen mehrstöckigen Häuser. Dahinter ein dritter Lebensmittel-Discounter, vor dem sich eine Schlange gebildet hat. In der Hermann-Hesse-Straße komme ich an einer Jugendverkehrsschule vorbei. Die hießen früher Verkehrskindergarten und in einem perfektionierte ich das Fahrradfahren, das ich längst konnte, erlernt auf den Wegen des Innenhofes und den Straßen meines Viertels. Alle fahrenden und wartenden Kinder, die ich sehe, tragen gelbe Warnwesten. Bei aufkommendem Bodennebel können so alle wiedergefunden und zum Mittagessen gebracht werden. Auf einem Schild steht »Volkspark Schönholzer Heide«. Schönholzer Heide, da klingelt was!

Von Bolle bis zur Oberbaumbrücke

Nein, wir sangen nicht. Wir grölten, wir ballerten die Strophen raus, eine nach der anderen. Wir liebten dieses Lied und es gehörte sicherlich zu den Momenten im Musikunterricht, in denen wir alle hochkonzentriert bei der Sache waren. »Bolle reiste jüngst zu Pfingsten, nach Pankow war sein Ziel«, so donnerten wir los. Es ist ein raues Lied, das vor Brutalität nur so strotzt. Es war das genaue Gegenteil von dem, wie wir miteinander umgingen, und vielleicht liebten wir es gerade deswegen. Bolle war irgendeiner, er hieß einfach so. Das Lied erzählt von einem Feiertagsausflug Bolles mit seinem jüngsten Sohn nach Pankow, in die Schönholzer Heide, in der es um 1900 viele Ausflugslokale gab, die in den Sommermonaten vom Berliner Kleinbürgertum besucht wurden. Es gab dort Musik von Militärkapellen, Würfel- und Schießbuden, Essen und Trinken. Von Pferden gezogene Kremserwagen verkehrten zwischen Berlin und Pankow. Bolle verliert erst seinen Sohn, gerät in eine Schlägerei, wird, als er wieder nach Hause kommt, von seiner Frau zusammengeschlagen, begeht Selbstmord und wird in der letzten Strophe begraben. Bolle gab es auch eine Querstraße von der Schule entfernt. Es war die Supermarktkette, die wir alle kannten. Aber Pankow, was ist eigentlich mit Pankow? Wo liegt Pankow überhaupt? Diese Frage stellten wir uns nicht. Wir sangen das Lied, wir kannten alle sieben Strophen, aber dort, wo die Handlung angesiedelt ist, in Pankow und der Schönholzer Heide, waren wir nie. Wir hatten nicht mal eine Vorstellung davon. Es hätte auch bei Alaska oder Madagaskar sein können. Es war egal. Noch dreißig Jahre später denke ich immer wieder an dieses Lied, besonders an die Worte »nach

Pankow war sein Ziel« im akkuraten Berlinerisch, wenn ich den Namen »Pankow« irgendwo lese, auf einem Stadtplan, an der Anzeigetafel der U-Bahn.

Ich halte mich längs eines großen Friedhofs. Viele Bänke stehen an den Wegen. Eine Krähe landet auf der Mauer und krächzt laut. Die Sonne bricht immer wieder durch die dichte Wolkendecke, es ist wärmer geworden. Es riecht nach Tieren und dann passiere ich den Kinderbauernhof Pinke-Panke. Ein paar Kilometer später werde ich mich darüber ärgern, nicht angehalten zu haben. Ich hätte vielleicht ein paar Hühner beobachten können, Auge in Auge mit einem Wollschwein oder Esel gestanden. Ich überquere die Panke und halte am Wildbienenlehrpfad mit dem angrenzenden Wildbienenhotel. Alle Kästen sind blau gestrichen, auf einem Schild steht »Achtung Bienen«. Ich denke eine Weile darüber nach, warum Deutschland plötzlich summt, es diesen Pfad gibt, in den Titeln von Unterhaltungsromanen das Wort »Biene« vermehrt auftaucht und das Attribut »lieb« öfter als durch die Realität unterfüttert diesen Tieren zugeeignet wird, wann die Stimmung irgendwann kippen könnte, zuvorderst mit dem Namen einer neugegründeten Punk-Band namens »Bienenscheiße« oder »Bienenblut«, dann irgendwann später der verbliebene Honig an Schweine verfüttert wird, weil die wirklich alles fressen: Ostdeutsche, Westdeutsche, Gesamtdeutsche und auch Honig. Natürlich sind Bienen wertvoll, für uns alle und die Weltgemeinschaft, aber ihr Geliebtwerden ist auch etwas überdreht, übersteuert, und bevor ich mich mit meinen Überlegungen weiter steil in irgendetwas hineinwinde, was mit den Bienen, die ich eigentlich mag, nichts zu tun hat, und mir gleich noch den Winter in Berlin vornehme oder die Ostsee, fahre ich weiter, unter der S-Bahn-Trasse durch. Ich komme am S-Bahnhof Wollankstraße vorbei und pralle auf die komplette Urbanität: Es ist voll, es ist laut, es dröhnt, es scheppert. Busse hinter Bussen, Autos hinter und neben Autos, Lkws liefern aus. Die Bürgersteige sind voller Menschen. Es ist laut, es ist mies. »Richys Lounge« neben »Extradöner« neben einer Fahrschule neben »Coffee« neben »Snack« neben »Bistro«, ein Ensemble der Kultur. Ich biege auf die Wollankstraße ab und weiter geht's: »Altberliner-Eck«, »Spätkauf«, »1000 Dinge«, »Mode & Move«, »Cafélounge«, »Dönerbox«, »Netto«. In der Sprachaufnahme sage ich an dieser Stelle: »Mann, sieht das scheiße aus!«

Weiter, einfach weiter. Aus der Wollankstraße wird die Prinzenstraße, rechts und links vierstöckige Häuser, und zu dieser Straße fällt mir wirklich nichts ein. Ich fahre und fahre, sehe stumpf geradeaus und bewege meine Beine. Es wird immer dichter und hässlicher und lauter, und es wirkt so uniform, geprägt von den prekären Verhältnissen, in denen die Leute hier leben, von den räudigen Straßen, von den Läden, die nichts mehr anbieten als Billigessen und Betäubung verschiedener Art. Ich halte an und suche nach Orientierung. Eine Frau steuert auf mich zu, irgendwie schwebend und keineswegs geradeaus, und als sie mich erreicht, will sie etwas sagen, sie öffnet jedenfalls ihren Mund, und ich, dem diese Szenerie zum Alltag gehört, bin dessen derart müde, dass ich schon auf Durchzug schalte und eine ablehnende Körperhaltung einnehme, wofür ich mich jedes Mal im Nachhinein schäme. Die Frau, die nun direkt vor mir steht, brüllt mir laut »Du Fotze!« ins Gesicht und schwebt weiter, als wäre nichts passiert. Ich ziehe, denke ich, aufs Land, in die tiefste Provinz, in irgendein Kaff am Ende einer Hügelkette oder unterhalb eines Stausees, egal, Hauptsache weg hier. Es ist nach der ruhigen Nacht in Lübars, nach dem abnehmenden Dreiviertelmond und der Stille und den Feldern, den Hügeln und Bäumen und Büschen und Raubvögeln und allem Getier, das ich nicht sah, es aber mich, und dem weiten Himmel über mir irritierend und verstörend, mich wieder in dieser Urbanität zu bewegen. Und überall Schilder und Hinweise und Werbung, sodass ich das kleine, zurückhaltende, nichts wollende, nur anbietende, nur dezent darauf hinweisende Schild, das den Mauerweg kennzeichnet, übersehen habe.

Ich fahre wieder zurück. An der Ecke, wo sich der »Wollank-Coiffeur« und die »Weinstube«, die aussieht wie eine normale Berliner Eckkneipe, gegenüberstehen, entdecke ich nun das Schild und biege ab. Weinstube, denke ich, herrjeh, wer dort nach Weinsorten fragt, erhält vielleicht als Antwort: »Rot und weiß«. Oder: »Nur rot, weiß is alle!« Oder: »Is nich jut, ick zapf dir eins, jut?« Links wieder Schrebergärten, rechts Mietwohnungen, wo ein Mann im Morgenmantel aus dem Fenster lehnt und mit seiner Mutter telefoniert, immer wieder sagt er mit dröhnender Stimme: »Mama, jetzt höre mir doch mal zu!« In die Grüntaler Straße fahre ich zu weit rein, weil ich wieder das Mauerweg-Schild übersehe, als ich von zwei Kindergartenkindern, an denen ich gerade vorbeifahre, aufgefordert werde, ihnen eine Hand entgegenzustrecken. Es kommt viel zu überraschend. »Schenken wir dir«, rufen sie. Ich rufe: »So schnell bin ich nicht!« Sie rufen: »Noch mal!« Ich drehe um. Beim zweiten Versuch lassen sie vorher die Kastanien fallen und kreischen. Beim dritten Mal klappt es, die beiden Mädchen rufen: »Tschüs!« und ich habe zwei kühle und sandige Kastanien in der Hand, drehe um und fahre wieder zum Mauerweg zurück. Rechts sind die Gleise der S-Bahn, links befindet sich die Kleingartenkolonie »Bornholm II«, der Weg ist von japanischen Kirschbäumen gesäumt.

Der Name der Kleingartenkolonie ist für die, die sich für Literatur interessieren, legendär. Der Schriftsteller Uwe Kolbe, der in Ost-Berlin aufwuchs und mittlerweile in Hamburg lebt, veröffentlichte 1986 im Ost-Berliner Aufbau-Verlag den Gedichtband »Bornholm II«, der ein Jahr später in der BRD im Suhrkamp Verlag erschien. Da hatte ich noch einen Katschi in der Hand und kämpfte gegen alles Schlechte dieser Welt, das heißt, ich lud ihn mit Erbsen und schoss Laternen aus. Warum dieser merkwürdige Titel, fragte ich mich, als ich Jahre später auf dieses Buch stieß? Warum Bornholm? An der Bornholmer Brücke gab es seit 1961 einen Grenzübergang. In der Nähe befand sich die Kleingartenanlage, die seit 1896 besteht. Mit dem Bau der Mauer lag sie im Grenzgebiet und es galten besondere Besuchs- und Verhaltensregeln, so durften keine Leitern und anderen Geräte frei herumstehen, sie hätten zur Flucht über die Mauer genutzt werden können. Auch verdeutlichte dieser Buchtitel die Unmöglichkeit, das tatsächliche Bornholm, also das Bornholm I, besuchen zu können. Zudem ist gemeint, wie Uwe Kolbe 1995 in einem Essay schrieb, »die Berliner Situation in Deutschland: parzellierte Landschaft«. In einem anderen Essay von 1990 erinnert er sich daran, dass die S-Bahn zwischen den Stationen Pankow und Schönhauser Allee für ein paar Minuten zwischen Mauer und Vormauer fuhr: »... die vielen S-Bahnfahrten Richtung Norden, unter der Brücke hindurch, waren es die paar hundert Meter Grenzgebiet, wo es immer so merkwürdig still wurde im Abteil«. An der Isländischen Straße Ecke Norweger Straße steht ein Teil der Mauer. Sie ist von Schlingpflanzen überwuchert. Schon oft bin ich daran vorbeigelaufen, nun bemerke ich sie das erste Mal. In der Ferne sehe ich ein Flugzeug, höre eine Kreissäge. Ich fahre unter dem Bahnhof und der Bösebrücke hindurch, unter jener Brücke, auf der sich am östlichen Ende der Grenzübergang »Bornholmer Brücke« befand, der am Abend des 9. November 1989 als erster geöffnet wurde. David Bowie singt in »Where are we now?«

mit altersbrüchiger, sich immer wieder fangender Stimme darüber:

20 000 people
Cross Bösebrücke
Fingers are crossed
Just in case

Dann rolle ich über den langen Schwedter Steg, der in den Jahren 1997/98 erbaut wurde und über die S-Bahn-Gleise führt, und denke daran, wie ich hier während des ersten Lockdowns im Frühjahr mit einer Freundin, die um die Ecke wohnt, spazieren ging. Ich kam mit einem gemieteten Moped in einer lauen Nacht und klingelte sie runter. Wir liefen durch die leeren Straßen, sie zeigte mir ihr Viertel und ich überquerte mit ihr das erste Mal diese Brücke. Ich hatte bisher, um die Gleise zu kreuzen, immer die Fußgängerbrücke an der Sonnenburger Straße benutzt. In fast greifbarer Nähe sehe ich den Fernsehturm, zuletzt sah ich ihn heute früh von Lübars aus, dieses immer präsente, aufmerksamkeitspotente Gebäude. In der Schwedter Straße komme ich an einem Laden vorbei, an der Fensterscheibe steht in weißer Schrift: »Kaffee, Säfte, Frozen Joghurt, Quiche«. Sicherlich ist der ganze Laden in Weiß gehalten, die Bedienung ist gerade zwanzig geworden, hat die Klassiker der Postmoderne gelesen und bemüht sich darum, sie auf die Gegenwart anzuwenden, und fragt sich nun vielleicht während dieser Pandemie, wer hier wen dekonstruiert. Vor dem Café sitzt ein Mann mit seinem Laptop und spielt Büro. Vielleicht schreibt er auch an seinem Debütroman, der durch die Decke gehen soll, abgehen wie eine Rakete, alles verändern, die Welt und ihn, und dann vielleicht doch nie die Abschussrampe erreicht. Danach wird er womöglich noch einen schreiben, weil bei seinem ersten, na ja, sicherlich alles nur sehr unglücklich verlaufen ist, alles ein Irrtum war. Dann spielt er noch ein paar Jahre Büro, dann lässt er es sein.

Ich komme in den Mauerpark. Links, auf der Anhöhe, neben dem Friedrich-Ludwig-Jahn-Sportpark, steht die Max-Schmeling-Halle. Dort kam ich mit meiner Freundin bei unserem nächtlichen Spaziergang vorbei. Wir trafen auf drei junge Frauen, irgendwas um die sechzehn, siebzehn, die in dem von Flutlichtscheinwerfern erleuchteten Areal vor der Halle Hip-Hop aus einer Boom-Box hörten und dazu tanzten. Wir nickten einander nur kurz zu, dann beachteten sie uns nicht mehr. Wir sahen ihnen eine Weile zu, und ich dachte, wie gut es ist, dass die drei einander haben und dass sie das einfach machen: mitten in einem dunklen, leeren Park, in einer dunklen, leeren Stadt, sich einen Flecken Licht zu nehmen, einen Flecken, auf dem sie ihre Musik ungestört hören können. Und gleichzeitig wusste ich, dass das ein pandemieverseuchter Gedanke ist. Ich bleibe sonst nicht vor Menschen stehen und sehe ihnen in der Nacht zu, wie sie irgendwo tanzen. Es tanzt aber sonst auch niemand in der Nacht vor der Max-Schmeling-Halle, warum auch? Wie gut, dass es den Mauerpark gibt. Er ist schließlich die einzige Möglichkeit in diesem Wohngebiet, wenn man nicht gerade auf einem Fußballplatz steht oder zum Alexanderplatz fahren möchte, ein größeres Stück Himmel zu sehen.

Oben auf dem Hügel, an der Grenze zum Stadion, befindet sich eine lange Wand, die besprayt werden darf. Ich sehe einem jungen Typen eine Weile zu, wie er Speedy Gonzalez, die schnellste Maus von Mexiko, sprüht, und eine Jahrzehnte alte Erinnerung kommt zurück. Speedy Gonzalez, sich selbst mit »¡Arriba! ¡Arriba! ¡Ándale! ¡Ándale!« anfeuernd, bevor sie losflitzt, rennt schneller als alle anderen. Nichts lasse ich auf diese

Maus kommen! Vielleicht würde sie heute durch die Narcos-Tunnel rennen oder gleich die Mauer überspringen, mit Hilfe eines Stabes, zusammengefügt aus mehreren von fiesen Katern benutzten Zahnstochern. Speedy Gonzalez im Rücken, sehe ich hinunter auf das in den Hang gefügte Amphitheater mit hochgewachsenen Bäumen, das gerade von zwei Männern und einer Frau in Handwerkerklamotten vermessen wird. Vielleicht bröckelt es zu stark, was weiß ich, und sie setzen cleane Betonquader an seine Stelle, umgeben von einer Wand, die das Theater in einem Halbkreis umfasst, versehen mit Zapfanlagen für Kaffee, Säfte und Frozen Joghurt. Ein Amphitheater, seien wir mal ehrlich, hat mit diesem wenig zu tun, aber für Berlin reicht es. Bevor ich in die Bernauer Straße abbiege, drehe ich mich noch mal um. Die Flutlichtscheinwerfer sehen aus wie außerirdische Wesen, vielleicht auch eine Mischung aus Waffelverkäufern und Androiden, die sich neugierig über etwas beugen, mit dem sie eigentlich nichts zu tun haben.

In der Ruppiner Straße haben die Anwohner verhindert, dass der Mauerweg und somit auch eine nicht unerhebliche Anzahl von Menschen direkt an ihren Wohnzimmerfenstern vorbeikommen. Eine Tafel erklärt die Sperrung: »Dieser Abschnitt des ehemaligen Postenweges steht den Besuchern der Gedenkstätte nicht ständig zur Verfügung. Die Stiftung Berliner Mauer und die Grundstückseigentümer haben einen Vertrag über dessen Nutzung geschlossen. Dieser Abschnitt des Postenwegs ist am 13. August, am 3. Oktober und am 9. November jeden Jahres öffentlich zugänglich.« Es wäre besser gewesen, wenn dieses Grundstück gar nicht erst verkauft worden wäre. Eins der Häuser dieses Abschnitts wird gerade verputzt, Teile der Hinterlandmauer werden als Grundstücksbegrenzung genutzt.

An der Gedenkstätte Bernauer Straße erinnere ich mich plötzlich daran, wie wir, als ich Kind war, manchmal mit der

An der Bernauer Straße

S-Bahn nach Norden fuhren. Die S-Bahn gehörte der DDR und fuhr mit einem Fuhrpark aus den Dreißigerjahren. Sie wurde, um nicht die DDR finanziell zu unterstützen, nur von Touristen oder Leuten, die das ignorierten, genutzt, und so fuhren jahrelang fast leere Züge durch den Westteil der Stadt. 1984 übernahm die Deutsche Bahn sie von der Deutschen Reichsbahn und so wurde die S-Bahn zu einem allgemein genutzten Verkehrsmittel. Die Waggons waren zu diesem Zeitpunkt älter als fünfzig Jahre, man saß auf Holzbänken, die Haltegriffe klapperten, im Winter zog die Kälte durch die Fenster. Richtung Norden fuhr die S-Bahn an einigen Geisterbahnhöfen auf Ost-Berliner Gebiet mit verminderter Geschwindigkeit vorbei. Die Berliner Umgangssprache stellte durch die assoziative Verknüpfung von Geisterbahn mit Bahnhof den Geisterbahnhof her. Ich drückte mein Gesicht ganz eng an die Scheibe, damit ich so gut wie möglich alles erkennen konnte. Die Bahnhöfe sahen gruselig aus, verstaubt, verdreckt, leer, Bilder aus einer anderen Welt.

Wo heute die Gedenkstätte ist, wurden nach dem Mauerbau viele Fluchttunnel gegraben, die nun überirdisch markiert sind, man kann sie für ein paar Meter nachlaufen. Auch Reste der Hinterlandmauer sind gekennzeichnet, es gibt eine Vielzahl von Informationstafeln. Ich kann mit Gedenkorten wenig anfangen. Sie brüllen mich an. Sie geben eine Richtung vor. Ich tue mich schwer damit. Es ist gut, dass es sie gibt, immerhin bieten sie sich an, und nein, sie brüllen nicht. Die Geschichte West-Berlins ist auch die Geschichte der Berliner Mauer. Ohne Mauer und ohne die DDR hätte es die Stadt nicht gegeben. Hinter der Gedenkstätte türmen sich Wohnungen auf. Der Kapitalismus in seiner weichgespülten Form heißt an dieser Stelle »factory«, auf einem Gebäude steht es leuchtend. Es wird das Gegenteil sein von dem, was Andy Warhol im Sinn hatte.

Vielleicht arbeiten dort Menschen, die auch etwas sagen dürfen oder sich sogar einbringen können, sich selbst, komplett mit ihren Gedanken und Körpern. Sie haben keine Kinder, sie kommen aus Dörfern wie jedes Klischee aus einem Kopf, sie tragen Turnschuhe, sie sterben in Kapuzenpullovern, sie leben gleichzeitig ihre Arbeit und ihren Traum. Die Büros sehen aus wie Orte, an denen die Infantilität relauncht wurde, sie brauchen keinen Betriebsrat, weil alle, wirklich alle ehrlich sagen dürfen, was sie denken.

Ein Stück weiter wurde auf der Bernauer Straße ein langes Stück Mauer stehen gelassen, komplett vom Sockel bis zur Rohrauflage, sie ist nicht bemalt, sie steht da in ihrer Schroffheit. Dahinter ein Wachturm, zwei Grenzleuchten, und in der Ferne der Fernsehturm. Es ist vielleicht der einzige Ort, an dem deutlich wird, welche Dimension dieses Bauwerk hatte. Vor einer Weile habe ich ein Foto gesehen von einer Bushaltestelle an der Bernauer Straße aus den Achtzigern, auf dem die absurde Situation eingefangen ist, in der drei Menschen mit dem Rücken an der Mauer lehnen und auf den Bus warten.

Ich biege in die Gartenstraße ab, links befindet sich ein Park, rechts sind Wohnhäuser. Weiter in die Liesenstraße, unter einer Brücke hindurch, dann steht da wieder ein Stück Mauer, danach rechts und links ein Friedhof. Ich bin müde, ich habe keine Lust mehr. Wenn ich über Nacht war, wo Stille ist, und zurückkomme, überfordert mich diese Stadt immer für eine Weile, als wäre ich in einer anderen und besseren Welt gewesen. Auf der Chausseestraße ist es voll, voll wie in Berlin im Berufsverkehr. Was soll ich darüber schreiben, es ist Stadt, Großstadt, sehen Sie nach bei Wikipedia oder im Regal, wenn Sie noch eins haben, in einem Lexikon, wenn Sie noch eins haben, da wird bestimmt alles gut erklärt. Zwei Rettungswagen mit Blaulicht und Martinshorn überholen mich und biegen ab zum Bundeswehrkrankenhaus. Die Gebäude, an denen ich vorbeikomme, sind alle neu, sie sehen so aus wie neue Gebäude in Berlin aussehen. Sie sind weiß, die Form wie ein Riegel, das Dach flach und WLAN bis ins fünfte Kellergeschoss. Gegenüber dem Bundeswehrkrankenhaus beginnt ein militärischer Bereich mit Hubschrauberlandeplatz und Schildern, die das Fotografieren verbieten. Vor dem Eingang des Krankenhauses hat sich eine lange Schlange gebildet. Hier befindet sich eine der Covid-19-Teststationen. Ich gehe gegenüber zum Bäcker, esse eine Suppe und trinke Kaffee und sehe in das Nieselwetter.

Vor dem Bundesministerium für Wirtschaft stehen Gruppen von Polizisten in Demonstrationsausrüstung. Die Umweltbewegung »Extension Rebellion« demonstriert gegen Umweltzerstörung und für eine andere Klimapolitik. Es sind junge Menschen, die in Gruppen herumstehen und Masken tragen. Es wirkt, als hätte es bereits eine Abschlusskundgebung gegeben und nun stehe man eben noch ein bisschen herum, weil man es darf und dieser öffentliche Platz für heute einer besseren Sache gewidmet ist. Ich fahre am Hauptbahnhof vorbei, mir ist sehr kalt. Am Kapelle-Ufer dann an der Spree entlang, ich sehe den Reichstag, das Bundeskanzleramt. Vorbei am Bundesministerium für Bildung und Forschung, alles ist leer, alles ist clean, alles geradezu leise, ein Ausflugsdampfer, auf dem fünf Menschen sitzen, fährt vorüber. Das Zentrum Berlins ohne Touristen wirkt überflüssig und verstörend. Nach einer Weile halte ich an. Ich war hier noch nie, das ist normalerweise Touristenland, was soll ich hier auch? In meinem Vorgarten, den ich gar nicht habe, stehen schon morgens Touristen und machen Selfies mit der wilden Hauptstadt oder zumindest einem Ausschnitt von ihr im Hintergrund. Ich passiere die Bibliothek des Deutschen

Bundestags, gegenüber steht der Reichstag. Ich komme an drei Fototerminen vorbei. Kurzhaarige Männer in meinem Alter in gut sitzenden, dunkelblauen Anzügen, ohne Krawatten, stehen vor den großen Bibliotheksfenstern, in denen sich Berlin, der Bundestag und auch noch der Himmel spiegelt. Vor dem ARD-Hauptstadtstudio bringt eine Fotografin eine Großbildkamera in Stellung, ein Mann im blauen Zweireiher posiert, im Hintergrund demonstrieren auf der Marschallbrücke zwei Dutzend Menschen mit Schildern und Plakaten gegen Drohnenkriege. Ich fahre am Reichstag vorbei, an der nächsten Demonstration, die aus fünfzig Menschen besteht. Wofür oder wogegen – ich habe keine Ahnung. Wieder zwei Fototermine, diesmal zwei Frauen in schwarzen Hosenanzügen vor dem Paul-Löbe-Haus. Sehr viel Polizei ist unterwegs, Mannschaftswagen halten an jeder Ecke, kleine Gruppen von Beamten laufen oder stehen herum. Ich werde das zweite Mal angehalten und ermahnt, nicht Fahrrad zu fahren und gleichzeitig zu telefonieren. Ich verspreche, es nie wieder zu tun, und stecke das Handy ein. Als ich das erste Mal angehalten wurde, habe ich noch gesagt, dass ich nicht telefonieren, sondern Sprachaufnahmen machen würde. Der Polizist sagte, dass das eindeutig Telefonieren sei und sechzig Euro koste. Er sah aus, als wolle er heute und morgen und die nächsten drei Monate nicht mehr mit irgendwelchen Schwachköpfen diskutieren. Und dann kam das mit dem Auge, das er noch mal zudrücken würde, und ich fuhr weiter. Ich hätte natürlich auch rufen können: Wo wart ihr in Hanau? Wo wart ihr, als die Verschwörungssuppe versuchte, in den Reichstag zu kommen? Oder mit angerauter Stimme fragen: Sagen Sie mal, Kollege, stimmt es eigentlich, dass ihr wirklich alle mit den Bereitschaftsstiefeln auf der Verfassung steht? Das hätte mich wahrscheinlich zielgenau zu der Ausgabe von sechzig Euro geführt.

Auf der anderen Seite des Reichstags steht eine Frau, die ein Transparent aus hellgelbem, bunt gepunktetem Stoff über ihren Kopf hält, das beiderseits an langen Bambusstöcken befestigt ist, deren Enden neben ihren Schuhen auf dem Boden der Bundesrepublik Deutschland stehen. Auf dem Stoffbanner »Artikel 20, Grundgesetz«, jener Artikel, der die Grundsätze der Verfassung festlegt. Vielleicht meint die Frau den Satz »Alle Staatsgewalt geht vom Volke aus« und fühlt von sich zu wenig Staatsgewalt ausgehen, da sie ja immerhin auch das Volk ist, zumindest ein bisschen. Vielleicht befindet sich aber auch hundert Meter weiter jemand mit dem Schild »Artikel 19, Grundgesetz«, und so kann man diesem Parcours folgen, bis man bei der Ausstellung »Topographie des Terrors« in Kreuzberg ankommt. An der Scheidemannstraße Ecke Ebertstraße sind breite weiße Kreuze für die Mauertoten an einem Zaun angebracht. Schon in West-Berlin gab es diesen merkwürdigen halb offiziellen Ort, um den sich Privatpersonen kümmerten. Kerzen brennen davor, Zeitungsartikel sind in Klarsichtfolien an die Bäume gepinnt. Ich stehe vor dem Brandenburger Tor.

Meine Eltern reagierten verärgert, als sie am 9. November 1989 vom Einkaufen zurückkamen. Es war der sechste lange Donnerstag, an denen der stationäre Einzelhandel nun bis 20 Uhr 30 öffnen durfte. Umgangssprachlich wurde dieser Tag von den Angestellten des betroffenen Einzelhandels, die noch nicht Mitarbeiter hießen, als »Schlado« abgekürzt: Scheiß langer Donnerstag. Ich saß vor dem Fernseher und auf allen Kanälen, denn das Privatfernsehen war einige Jahre zuvor mit SAT 1, RTL plus, Tele 5 und Eureka TV, dem Vorläufer von ProSieben, gestartet, lief die Nachricht, dass die Mauer ihre Funktion verloren habe und nun alle DDR-Bürger die Freiheit hätten, zu reisen, wohin sie wollten. Mit dieser Neuigkeit begegnete ich meinen mit Einkaufstüten beladenen Eltern im Flur unserer Wohnung. Sie reagierten schroff: Damit sei nicht zu spaßen, ich solle nicht solchen Quatsch erzählen. Doch die Fernsehbilder gaben mir recht. Denn warum sonst sollten Hunderte und Tausende zu den Grenzübergängen strömen? Günter Schabowski, ein Mitglied des Zentralkomitees der SED und dessen Sprecher, hatte während einer Pressekonferenz gegen 19 Uhr einen Zettel vorgelesen, der ihm von Egon Krenz in die Hand gedrückt und dessen Text von einigen Offizieren des Innenministeriums und der Staatssicherheit formuliert worden war. Sie hatten eine unbürokratische Ein- und Ausreise formuliert, die erst am darauffolgenden Tag in Kraft treten sollte. In sauber formulierter DDR-Bürokratie-Prosa hieß es wortwörtlich: »Privatreisen nach dem Ausland können ohne Vorliegen von Voraussetzungen (Reiseanlässe und Verwandtschaftsverhältnisse) beantragt werden. Die Genehmigungen werden kurzfristig erteilt. Die zuständigen Abteilungen Pass- und Meldewesen der Volkspolizeikreisämter in der DDR sind angewiesen, Visa zur ständigen Ausreise unverzüglich zu erteilen, ohne dass dafür noch geltende Voraussetzungen für eine ständige Ausreise vorliegen müssen. Ständige Ausreisen können über alle Grenzübergangsstellen der DDR zur BRD bzw. zu West-Berlin erfolgen.« Sätze, die West-Berlin für alle, die an diesem Abend kommen wollten, öffneten. In dem Raum, in dem die Pressekonferenz stattfand, hatte für Momente Irritation geherrscht. Dann hatte ein Journalist gefragt: »Wann tritt das in Kraft?«, und Schabowski hatte antwortete: »Das tritt nach meiner Kenntnis ... ist das sofort, unverzüglich.« Etwas abseits vom Brandenburger Tor hat jemand diese Pressekonferenz – wir befinden uns in Berlin, alles, wirklich alles ist möglich – nachgestrickt, ausgestopft und dieses Stück Kunst ist auf einem Stromkasten befestigt.

Am 10. November 1989 gingen wir zur Schule. Der Deutschlehrer kam in unseren Klassenraum und sagte: »Es passiert gerade Geschichte und ihr fahrt jetzt zur Mauer. Ihr fahrt zum Brandenburger Tor und guckt euch das an. Bleibt zusammen!« Und so fuhren wir zur Mauer. Als wir ankamen, standen die Leute dicht an dicht vor und auf der Mauer, die hier sehr breit war und nicht das typische aufgesetzte Asbestbetonrohr hatte. Die schon oben waren, zogen die, die hochwollten, hinauf. Ich hatte hier nie auf der Aussichtsplattform gestanden, von der aus man nach Ost-Berlin sehen konnte, und so sah ich nun das erste Mal das Brandenburger Tor von der Mauer aus in seiner Gesamtheit. Unsere ganze Klasse stand oben. DDR-Grenzsoldaten hatten einen inneren Ring mit einigen Metern Abstand parallel zum Verlauf der Mauer gezogen. Sie standen in Zweimeterabstand und waren nicht bewaffnet. Einige sprangen von der Mauer herunter, wurden sogleich von den Soldaten in Empfang genommen und mussten wieder zurück auf die Mauer. Es war wunderbar aufregend, dort oben zu stehen, in diesem riesigen Menschenknäuel. Es war eine Party, die auch die nächsten Tage weitergehen würde.

Ich stelle mein Fahrrad ab und bemühe mich, genau die Stelle, den Winkel wiederzufinden, an dem ich mich damals befand. Es war schätzungsweise in der Mitte des ersten Ampelübergangs, vom Tiergarten kommend, auf der nördlichen Seite, ungefähr … ach was, es ist nicht wichtig. Nachdem wir ein paar Stunden auf der Mauer verbracht hatten, fuhren wir zu einem Grenzübergang, zu welchem, weiß ich nicht mehr. Die Menschen strömten von Ost nach West, sie weinten oder hatten Tränen in den Augen. Ich erinnere mich daran, wie mein Kumpel Denis einem Mann sein Plastikfeuerzeug schenkte, und dieser erwachsene Mann, er trug eine Jeansjacke und hatte einen Schnurrbart, war so gerührt, dass er erst meinen Kumpel und dann mich umarmte und dabei weinte. »Mein erstes Westfeuerzeug!«, rief er und streckte seine Hand mit dem Feuerzeug in die Luft. Er umarmte uns noch mal und verschwand in der Menge. Als ich Denis ansah, weinte auch er. Wahnsinn, na klar, 1989 war eh alles Wahnsinn, jeder sagte es so oft wie möglich. Totaler, absoluter Wahnsinn! Der Ostblock öffnete sich, Wahnsinn! David Hasselhoff sang zu Silvester am Brandenburger Tor von einer Hebebühne herab, Wahnsinn! »I've been looking for freedom«, Wahnsinn! Und alle, wirklich alle hatten stonewashed Jeans an. Die CDU und Helmut Kohl gingen 1990 mit dem Slogan »Ja zu Deutschland« in den Bundestagswahlkampf, die SPD und Oskar Lafontaine mit »Der neue Weg – ökologisch, sozial, wirtschaftlich stark«, was eindeutig viel zu viele Adjektive für eine Zeit waren, die nur aus Schlagworten zu bestehen schien. Im gleichen Sommer hatte jemand auf eine auf dem Alexanderplatz aufgestellte Wand geschrieben:

Härter arbeiten
Bunter kaufen
Schöner leben
Schneller ficken

Es gaben sich alle, so kann man festhalten, erdenklich Mühe. Am 1. Juli war die Währungsreform in Kraft getreten und über Nacht waren die Ostprodukte verschwunden und die Regale mit Westprodukten aufgefüllt, die Preise in DM ausgezeichnet. Persilpackungen waren gestapelt worden, Kaffeepyramiden gebaut. Die Zigarettenmarke »West« hieß bereits so, sie musste nicht mehr viel machen und plakatierte einfach die ganze Stadt. Händler standen schon seit Monaten auf dem Mittelstreifen der einst aristokratischen Prachtmeile Unter den Linden und boten auf Klapptischen oder aus den Kofferräumen von Wartburgs oder Trabis neben herausgeschlagenen Mauerstücken Militärgüter aus der DDR und der Sowjetunion an: Helme, Uniformen, Schulterklappen, Wimpel, Abzeichen, Fahnen, Lehrbücher für Soldaten. Im Frühjahr vor der Währungsunion war ich fünfzehn und wir benahmen uns wie Schweine. Wir tauschten Westmark gegen Ostmark 1:20, gingen ins Forum-Hotel, tranken Krim-Sekt und aßen, was die Speisekarte hergab. Aus heutiger Sicht schäme ich mich dafür, aus damaliger gehörte uns die Welt, und zwar die ganze, unabhängig von Grenzen. Wir nahmen, was vor uns lag.

Ich fahre an dem Denkmal für die ermordeten Juden Europas vorbei, an der Landesvertretung von Niedersachsen, an einer Demo von dreißig Menschen, deren Abschlusskundgebung auf dem Bürgersteig stattfindet. Auf dem Potsdamer Platz, von dem ich gestern früh mit der Regionalbahn nach Staaken gefahren bin, stehen mehrere Teilstücke der Berliner Mauer. Eins davon gehört einer Privatperson, die es den Demonstranten, die gegen die weißrussische Politik demonstrieren, erlaubt hat, das Mauerstück mit Slogans zu beschreiben. Würde ich nun nach rechts in die Potsdamer Straße fahren und das Sony Center passieren, käme ich zur Philharmonie.

Meine Eltern hörten gerne Musik. Manchmal saßen sie zusammen im Wohnzimmer, der CD-Spieler war neu, überhaupt die CD an sich. Sie hörten gerne Barockmusik und sie sahen dabei zufrieden und konzentriert aus. Hin und wieder gingen wir in die Philharmonie. Für meine Schwester und mich das Langweiligste, was es gab. Es kam auf einer Skala kurz nach den Waldspaziergängen durch den Grunewald, die dann doch immer gut waren, was ich natürlich niemals zugegeben hätte. Und so waren auch die symphonischen Konzerte, die wir hörten, immer gut, doch das hätte ich gegenüber meinen Eltern auch niemals zugegeben. Sie achteten darauf, dass die gespielten Stücke nicht zu kompliziert waren. Und war eins dann doch mal kompliziert, womöglich zeitgenössisch, wie meine Mutter erklärte, dauerte es nicht lange. Und es war immer Verlass darauf, und das wussten wir, dass es im letzten Satz einer Symphonie meistens ordentlich donnerte. Der Weg dorthin war mitunter beschwerlich und so hatte ich die Strategie entwickelt, von meinem Platz aus, der meistens eine gute Sicht hatte, die Gesichter des Orchester-Ensembles zu mustern. Da flüsterten zwei, die gerade keinen Einsatz hatten, miteinander und einer von beiden lächelte kurz. Da sah eine grimmig drein. Einer wirkte müde. Der Mann, es war immer ein Mann, der hinter den Trommeln stand, saß die meiste Zeit und wenn er sich hinter seinen Instrumenten aufrichtete, wusste ich, dass es gleich beeindruckend laut werden würde. Die nächtlichen Nachhausefahrten mit dem Auto quer durch die halbe Stadt waren das Beste an den Philharmonie-Besuchen. Meine Schwester und ich hatten feste Plätze auf der Rückbank. Ich saß rechts, sie links, und so teilten wir auch die Potsdamer Straße auf. Ich zählte die Pornokinos oder was so ähnlich aussah auf der rechten Seite und sie die auf der linken. Spätestens auf der Höhe von Steglitz, wenn die Potsdamer Straße über die Hauptstraße in die Rheinstraße und dann in die Schloßstraße übergegangen war, zählten wir zusammen und kamen jedes Mal auf eine andere Summe. Doch das Beste an diesen Fahrten war die nächtliche Stadt, die bunten Lichter, die an uns vorbeizogen, der wenige Verkehr, die Menschen auf den Straßen, die anders aussahen als tagsüber; es waren auch keine Kinder mehr darunter, meine Schwester und ich und die wenigen anderen, die wir in der Philharmonie sahen, schienen die einzigen noch wachen in der ganzen Stadt zu sein.

Die Musik war das eine, die bildende Kunst das andere. Unsere Eltern gingen mit uns in Ausstellungen und Museen, als wäre es das Normalste der Welt und ebenso für Kinder geeignet wie für Erwachsene, und das ist es ja auch. Wir gingen in das Schloss Charlottenburg, zogen breite, unförmige Filzlatschen an, die es sicherlich nur in zwei Größen gab, in Groß und Klein, und wenn niemand hinsah, nahmen wir ein wenig Anlauf und schlitterten über das blanke Holzparkett. Natürlich bekamen wir jedes Mal Ärger, und wir taten es immer wieder. Ich sah mir die großen Gemälde an und ich liebte die Bilder, die auf mich wie Wimmelbilder für Erwachsene wirkten. Winterbilder, Seeschlachten, ich war fasziniert von den vielen Details, die sich in meiner Fantasie zu Geschichten formten. Ich habe aus dieser Zeit der vielen Konzerte klassischer Musik und der Besuche von Museen so vieles mitgenommen, was heute mein Leben prägt. Das Gebäude der Philharmonie lag damals am Rand der Stadt, dahinter stand die Mauer in nur 150 Metern Entfernung, dahinter der leere Potsdamer Platz, der eine Art Dreiländereck von sowjetischem, britischem und amerikanischem Sektor bildete und mehr Brachfläche als Platz war.

An der Gabriele-Tergit-Promenade, die vom Potsdamer Platz wegführt, steht ein kleines sechseckiges Gebäude, das einem traditionellen Pavillon in der südkoreanischen Hauptstadt nachempfunden wurde. Es war ein Geschenk Südkoreas zum 25. Jahrestag der deutschen Widervereinigung. An einer Ampel wartet eine Frau auf Grün. Sie steht dort und starrt ins Leere, in Gedanken versunken. Sie hat einen Kurzhaarschnitt, der ein wenig so aussieht, als hätte ihr jemand eine Tupperschale, eine durchsichtige, damit sie noch ein bisschen Durchblick hat, auf den Kopf gesetzt und alles abgeschnitten, was überstand. Sie hat sich seitlich, direkt über dem linken Auge, eine breite Strähne hellblau gefärbt, was etwas dumm aussieht, und dieser Strich Dummheit überträgt sich auf den Rest der Person, vielleicht aber kann sie auch den ganzen Schopenhauer auswendig, das erste Violinkonzert von Max Bruch pfeifen, zumindest die Geigenpartitur, hat schon früher gemerkt als die meisten, dass die Ideen von Karl Marx doch näher an der Realität sind als das Feuilleton an der Kunst. Meine Beine tun weh, ich habe keine Lust mehr, Fahrrad zu fahren, ich bin abgefüllt mit Eindrücken. Kurz vor dem Gropiusbau biege ich links in die Niederkirchnerstraße ein.

Ein Bekannter hat mir eine Anekdote erzählt: Nach einem Gebietstausch am 21. Juli 1972 gehörte die Ruine des »Haus Vaterland«, die ungefähr dort stand, wo sich heute die Park Kolonnaden auf dem Potsdamer Platz befinden, zu West-Berlin. Vier Jahre später wurde das marode Gebäude abgerissen. Er war in der Zwischenzeit aus Westdeutschland nach Berlin gezogen, um zu studieren, und mit einem Kumpel in dem zerfallenen, nahe an der Mauer gelegenen Haus herumgelaufen. Es sei sehr abenteuerlich gewesen. Die Böden gaben nach und quietschten, alles sei zerfallen gewesen. Und plötzlich standen sie in einer Fensteröffnung, Auge in Auge mit vier Grenzsoldaten auf DDR-Seite, von denen einer sofort sein Gewehr von der Schulter riss und auf die beiden anlegte. Sie warfen sich auf den Boden. Als nichts passierte und sie nach einer Weile wieder die Köpfe hoben, sahen sie, wie die vier sich kaputtlachten. Sie betraten das Gebäude nie wieder.

Nach dem Gropius-Bau passiere ich eine lange Mauerstrecke, dahinter befindet sich das Dokumentationszentrum Topographie des Terrors. Ich halte am Detlev-Rohwedder-Haus. Es war nach seiner Errichtung 1935 das größte Bürogebäude Berlins, in dem sich das Reichsluftfahrtministerium befand. 1949 wurde in diesem Gebäude die DDR gegründet und verschiedene Fachministerien der Wirtschaft untergebracht. 1990 zog das Bundesministerium für Finanzen ein und ab 1991 für vier

Jahre die Treuhandanstalt. Vor dem Komplex ist ein Comic von Susanne Buddenberg und Thomas Henseler auf einem breiten Plakat abgebildet. Es erzählt die Geschichte der Familie Holzapfel, die beschlossen hatte, aus der DDR zu flüchten. Der Mann arbeitete in dem Haus und seine Frau und sein Kind besuchten ihn eines Tages. Sie versteckten sich nach Feierabend auf einer Toilette, bis es ruhig im Gebäude war. In der Dunkelheit gingen sie auf das Dach und warfen einen Hammer, an dem ein Nylonseil befestigt war, über die Mauer, hinter der Fluchthelfer warteten. Die Helfer befestigten an dem Nylonseil ein Stahlseil, das die Familie wieder zurückzog und auf dem Dach festmachte. An diesem Seil rutschten sie über die Mauer. Ein sowjetischer Posten beobachtete sie die ganze Zeit, ging aber davon aus, da dies alles auf dem Dach des Ministeriums stattfand, dass es sich um Agenten handeln musste, die nach West-Berlin eingeschleust werden sollten.

Ich stehe lange vor diesem Comic und sehe mir alles sehr genau an – das plötzliche Gegenteil von dem, womit ich mich in den letzten beiden Tagen beschäftigt habe. Ich stehe an einer Stelle, ich bewege mich nirgendwohin. Ich sehe konzentriert auf eine Sache, nur eine. Und das gefällt mir sehr gut, eigentlich möchte ich hier weiter stehen bleiben und mir den Comic ansehen, stundenlang. Als ich mich wieder auf das Fahrrad setze, denke ich, wenn ich davon ausgehe, dass ehemalige Mitarbeiter der Staatssicherheit auch Fahrrad fahren, und warum sollten sie das nicht, und auch auf dem Mauerweg bei gutem Wetter, dann sind mir in den vier Tagen, an denen ich unterwegs war, einige von ihnen begegnet. 91 000 Menschen waren beim Ministerium für Staatssicherheit angestellt, zwischen 100 000 und 200 000 kamen dieser Tätigkeit nebenberuflich nach.

Ich halte an einem Imbiss. Eine Frau sitzt auf einem Stuhl daneben. Der Verkäufer hängt mit seinem Oberkörper in der Verkaufsöffnung, in seinem rechten Mundwinkel brennt eine Zigarette, auch die Frau raucht.

Sie nickt ihm zu und sagt: »Nich so ville rochen!«

Der Mann sagt: »Selber!«

Die Frau wendet sich mir zu. »Dit is der Trick! Andern sagen, dass se nich rochen sollen, und dit aba selba machen!«

Ich bestelle ein Wasser.

»Ich habe leider nur einen Fünfzigeuroschein«, sage ich.

»Na, jeben Se ma her.« Der Mann sieht sich den Schein aufmerksam an und sagt dann: »Der is ja wie frisch jebügelt! Kann ick bei Ihnen Praktikum machen?«

Ich trinke die Flasche in einem Zug aus.

»Der Mann hat Durst«, sagt die Frau.

»Jetzt nicht mehr«, sage ich.

Der Verkäufer drückt seine Zigarette aus und sagt zu der Frau: »Ick hab'n Hunger, wenn de nüscht dajejen hast, ick mach mir ma ne Curry!«

Die Frau grinst. »Currywurst, dit is doch keen Essen, dit is eher ne Nascherei für zwischendurch.«

Ich sehe auf ein Ensemble von niedrigen Gebäuden. In einem werden DDR-Radios, das Stück für 35 Euro, verkauft, in einem weiteren werden Rundtouren durch Berlin in Trabis angeboten, dahinter steht ein Fesselballon auf dem Boden, der ansonsten, gefüllt mit Touristen, in den Berliner Himmel steigt und auch wieder runterkommt. Die beiden am Imbiss hauen sich Sprüche um die Ohren und ich merke, dass ich genug habe. Genug von Berlin, genug von der Mauer, genug von der stetigen Aufmerksamkeit, die ich meiner Umgebung entgegenbringe. In den letzten beiden Tagen habe ich 500 Sprachaufnahmen gemacht, ich habe 500 Mal in mein Handy geredet. Ich gehe zu meinem Fahrrad und merke, dass mein Hinterrad platt ist. Ich drehe wieder um und frage die beiden, ob sie zufällig, so ganz rein zufällig eine Fahrradpumpe hätten. Sie sehen mich an und ich erkenne sofort, dass sie keine haben und bereits den erstbesten Spruch dazu in Stellung bringen, um ihn auf mich abzufeuern. Ich winke schnell mit beiden Händen ab und rufe: »Jaja, schon gut!«

Ich schiebe das Fahrrad zum Checkpoint Charlie.

Das bestandene Abitur lag fünfundzwanzig Jahre zurück und wir trafen uns in einem Restaurant in Zehlendorf. Im Laufe des Abends kam ein Schulfreund auf mich zu. Ich erkannte ihn nicht gleich und freute mich dann, ihn wiederzusehen. Nach einer Weile fragte er mich, ob ich mich daran erinnere, wie wir damals – er sagte »damals«, weil es »damals« war, im letzten Jahrtausend, als das Privatfernsehen noch neu war – in der Nacht am Checkpoint Charlie waren. Ich erinnerte mich nicht. Er erzählte, dass wir in der Nacht vor dem Tag, an dem der Grenzkontrollpunkt seine Funktion verlieren und abgebaut werden sollte, gemeinsam dorthin gefahren sind. Wir sahen, wie das Grenzkontrollhäuschen abgebaut und von einem Kran auf einen Laster gehoben wurde.

»Jetzt? Immer noch nicht?«, fragte er.

Ich schüttelte den Kopf. Die Erinnerung war nicht da, doch es hörte sich ziemlich toll an. Wir hätten ein Visum für Ost-Berlin bekommen, in dieser letzten Nacht, das wirklich allerletzte am Checkpoint Charlie. Da wären zwei Grenzsoldaten gewesen, vor dem Häuschen, mit Stempel und Stempelkissen, und die hätten wir darum gebeten. Sie zuckten mit den Schultern, meinten, es sei eh vorbei, stellten uns zwei Visa aus und sagten, das seien jetzt aber wirklich die allerletzten, und packten das Stempelkissen ein. Was sie denn jetzt machen würden, fragten wir sie. Nach Hause gehen, sagten sie, hier sei jetzt Schluss.

Checkpoint Charlie

»Das war historisch!«, sagte mein Schulfreund und ich nickte.

»Hast du deins noch?«

»Nein«, sagte ich.

»Schade«, sagte er. »Ich habe meins an der Wand, im Arbeitszimmer.«

Ich verlasse den Mauerweg. Ich werde mit meinem Fahrrad nach Hause laufen. Der Kiosk am Eingang zum U-Bahnhof Prinzenstraße wirbt mit einer Tafel, auf der in weißer Kreide steht: »Alles für Lunge, Leber, Geist und Figur!« Auf der Höhe des Prinzenbads, einem Freibad, in dem es etwas weniger rau zugeht als im Columbia-Bad, das regelmäßig Austragungsort von Massenschlägereien ist und dann ebenso regelmäßig von der Polizei geräumt wird, kommt mir eine Frau entgegen. Sie raucht eine Zigarette und hat sich ihre Mund-Nase-Bedeckung in den Deutschlandfarben so über den Kopf gezogen, dass sie wie ein Stirnband aussieht. Auch sie schiebt ein Fahrrad. Am Rahmen ist eine Luftpumpe befestigt. Ich zeige darauf, dann auf mein Hinterrad und frage, ob ich sie benutzen dürfe. Sie drückt sie mir in die Hand. Ich sage, es würde nicht lange dauern. Sie wiegelt mit einer flatternden Armbewegung ab, sagt: »Können Sie behalten!« und geht weiter. Ich sehe ihr verdutzt nach und rufe: »Danke!« Also weiter, Dienst ist Dienst. Ich pumpe den Reifen auf, fahre zurück zum Checkpoint Charlie und biege in die Zimmerstraße ein, die auf der Rückseite des Springer-Hochhauses entlangführt. Axel Springer ließ das Hochhaus 1966 direkt an der Mauer errichten und so waren die großen Werbeanzeigen auf dem Dach des Hauses für »Bild«, »B.Z.«, »Berliner Morgenpost« und »Hör zu« auch weit im Osten sichtbar. Weiter fahre ich im Zickzack-Kurs, vorbei an der Bundesdruckerei. Die Gegend wirkt völlig unentschlossen. Im

Rücken habe ich das Springer-Hochhaus, zu einer Seite liegen der Historische Hafen und die Fischerinsel, auf der anderen der Moritzplatz und der ehemalige Grenzübergang Heinrich-Heine-Straße/Prinzenstraße, der für Bundesbürger geöffnet war. Bundesbürger waren die, die nicht in der DDR oder in West-Berlin lebten. Hier stehen keine Wohnhäuser, keine typischen Bürohäuser, keine Industriegebäude. Über den Leuschnerdamm gelange ich zum Engelbecken, das manche, die noch nicht lang genug in Berlin leben oder es schlichtweg so wollen, mit einem See in Brandenburg verwechseln. So voll ist es dort bei gutem Wetter und ich verstehe nicht, was so schwierig daran ist, mit irgendeinem Verkehrsmittel und notfalls zu Fuß zu einem See, also einem richtigen See, zu gelangen.

Ein Stück weiter steht auf der rechten Seite auf dem Bethaniendamm ein merkwürdiges Holzhaus, in dem Osman Kalin lebte. Kalin migrierte 1963 aus der Türkei, lebte erst in Österreich, dann in Stuttgart und Mannheim. Später zog er mit seiner Familie nach Berlin-Spandau, dann nach Kreuzberg. 1983, als er in Rente ging und sich langweilte, räumte er den Müll von dem Brachgrundstück weg, das er von seiner Wohnung aus sah, und begann dort Gemüse anzupflanzen. Osman Kalin war, so könnte man sagen, einer der ersten Berliner Urban Gardener. Und dieses Grundstück war absurdes Niemandsland: Die 350 Quadratmeter, die auf einer dreieckigen Verkehrsinsel lagen, waren Staatsgebiet der DDR, doch von ihm aus nicht zugänglich, und sie befanden sich auf der Seite der Stadt West-Berlin, die dafür nicht zuständig war. Osman Kalin zimmerte aus Sperrholz und Baustellenresten eine Hütte, die niedriger als die Mauer war, zog einen Bretterzaun um das Grundstück und baute weiter an: Zwiebeln, Knoblauch, Kürbisse, Sonnenblumen. Eines Tages öffnete sich eine Luke in der Mauer. Osman Kalin erzählte dem Kreuzberger Chronisten Hans W.

Korfmann: »Zwei Militärs mit Gewehr kamen und fragten, was ich da mache. Und wem das Land gehört. Ich habe gesagt: Mir! Sie haben gesagt: Gehört nicht dir, gehört der DDR! Ich habe gesagt, geht nicht, ich schon so lange hier.« Die beiden DDR-Grenzsoldaten hatten den Verdacht, dass an dieser Stelle ein Fluchttunnel gegraben werden könnte. Nun standen sie einem türkischen Rentner gegenüber, der seine Energie und Zeit auf das Gärtnern konzentrierte. Er blieb stur. Zwei Wochen später kamen die Grenzsoldaten wieder. Osman Kalin zu Hans W. Korfmann: »Sie haben gesagt: In Ordnung! Machst du Garten!« Zum Dank beschenkte er die Soldaten immer wieder mit Zwiebeln. Als die Sonnenblumen so hoch wurden, dass sie über die Mauer wuchsen und die Sicht der Soldaten begrenzten, musste Kalin die Blumen köpfen. Nach der Wende baute er an Ort und Stelle ein achtzig Quadratmeter großes, zweigeschossiges Haus mit Betonfundament, Keller und zwei Terrassen. Fortan bekam das Haus die Adresse »Bethaniendamm 0«. Nachdem das Grundstück irgendwann nach dem Fall der Mauer vom Bezirk Mitte in die Zuständigkeit Kreuzbergs überging, erhielt Kalin 2004 das Recht einer »illegalen Sondernutzung«. Osman Kalin starb 2018 und das Grundstück wird seither von seinem Sohn bewirtschaftet.

Ich kreuze die Köpenicker Straße, in der ein Freund von mir in den Nullerjahren eine Weile wohnte, genauer in einem Haus, in dem nur noch eine andere Wohnung bewohnt war. Der Rest des Hauses stand leer. Kurz bevor ich auf der Schillingbrücke über die Spree fahre, passiere ich die Zentrale der Gewerkschaft ver.di. Hinter der Brücke steht links das ibis-Hotel, das aussieht wie eine Mischung aus Lego und Playmobil. Ich halte mich rechts, parallel zur Spree, auf der anderen Seite befindet sich der Ostbahnhof. Ich halte an einer Imbissbude, die den Anschein erweckt, als wäre sie hier, an Ort und Stelle, nur ein

Bethaniendamm, Hausnummer 0

Provisorium und innerhalb einer Minute aufbruchbereit. Ich lehne mein Fahrrad gegen eine Laterne und pumpe den Reifen noch einmal auf. Vor dem Imbisswagen wischt ein Mann mit einem Lappen, der mal aussah wie ein Putzlappen und nun nur noch wie ein räudiges Stück Stoff, die Biertische ab. Ein anderer Fahrradfahrer hält und steigt ab.

»Tach.«

»Tach.«

»Wieda untawegs?«

»Muß ja!«

»Wenn de meinst!«

»Bewejung is jut.«

»Wenn de meinst!«

»Wat haste hier jemacht mit Corona? Haste dichtjemacht?«

Der Mann baut sich auf. Fäuste in den Hüften, kerzengerader Rücken.

»Ach wat!«, ruft er. »Nich eene Sekunde! Warum ooch. Ick habe damit nüscht zu tun.«

»Und die Bänke?«, fragt der andere.

»Hab ick wegjestellt, Vakoof jing aba weita!«

»Jib mir ma ne Pferdeboulette!«

»Mach ick dir!«

Der Mann steigt wieder in den Imbisswagen.

»Wat is mit Thomas? Haste den ma wieda jesehen? Ick ne Ewigkeit nich!«

»Thomas is tot.«

»Nee! Ach wat!«

»Doch, doch, vor vier Monate, umjekippt.«

»Ach du Scheiße«

»Traurig. Mit Brot?«

Ich bestelle zwei Wasser. Der Mann bedient mich wortlos. Das eine schütte ich mir über den Kopf, das andere trinke ich.

Ich habe es nicht mehr weit, nur noch ein paar Kilometer. Ich fahre an der Street Art Gallery entlang, dem längsten noch erhaltenen Teil der Hinterlandmauer, die von vielen Künstlern bemalt wurde. Auf der Oberbaumbrücke fahre ich wieder über die Spree. Fünfzehn Jahre lang bekämpften sich auf der Brücke Kreuzberger und Friedrichshainer und diese Schlacht fand das letzte Mal am 22. September 2013 statt. Als Waffen dienten Wasserbomben und faulendes Obst und Gemüse. Erlaubt war aber schlichtweg alles, was nass oder glitschig war und am besten auch noch stank. Auslöser für dieses jährlich stattfindende Event war die Zusammenlegung beider Bezirke im Rahmen der Bezirksreform, die aus 23 Berliner Bezirken 12 machte. »Nieder mit der Zwangsehe« war auf einem Transparent zu lesen. Lange galt aus Kreuzberger Perspektive »Keiner ist gemeiner als der Friedrichshainer«, aus Friedrichshainer Perspektive der eher schwächere Schlachtruf: »Denn keiner ist ärger als der Kreuzberger«. Die Friedrichshainer siegten am häufigsten und trieben die Kreuzberger von der Oberbaumbrücke. Die Brücke, die auch auf dem Wappen des Bezirks abgebildet ist, ist seitdem sein Wahrzeichen. Zurück in Kreuzberg, fahre ich die Schlesische Straße entlang, bis ich den Landwehrkanal erreiche, und denke daran, dass ich hier vor einer Weile schon mal gewesen bin.

Von der Lohmühle bis zur Sonnenallee

Einige Monate zurück: Es war der erste warme Frühlingstag, der Himmel war blau und einige Wolken zogen über die Stadt hinweg. Richtete ich den Blick nach oben, so schien alles, wirklich alles völlig normal zu sein. Der Himmel war ein großer Tröster, auch die Bäume, die langsam begannen zu blühen, ein bisschen auch die Menschen, die spazieren gingen, die spielenden Kinder. Doch es waren nur wenige, die paarweise oder alleine unterwegs waren, und in Wahrheit sah ich nur ein einziges Kind, das im Beisein seiner Mutter auf einem mit einem rot-weißen Flatterband gesperrten Spielplatz die Rutsche benutzte. Neben dem alten Wachturm im Schlesischen Busch an der Puschkinallee, an der ich nun stehe, parkte ein Mannschaftswagen der Polizei. Ein Polizist stand gelangweilt rauchend, die Atemschutzmaske unterm Kinn, vor dem Wagen und ließ seinen Blick über den Park schweifen. Dieser Mann überprüfte den lieben langen Tag, ob das Grillverbot und die geltenden Kontaktbeschränkungen eingehalten wurden. Zu Hause war mir die Decke auf den Kopf gefallen. Ich war auf Kurzarbeit gesetzt und nur beschäftigt mit der Zubereitung von Mahlzeiten und der Betreuung von drei Kindern, was vor allem bedeutete, ihrer mangelnden Ambition, sich außerschulisch für die Schule zu begeistern, entgegenzuwirken.

Nach dem Mittagessen fuhr ich los. Ich sagte zu meiner Frau, die durch Corona und die gesellschaftlichen Auswirkungen beruflich mehr zu tun hatte als zuvor, ich würde in einer Woche wiederkommen. Sie nickte, ich nickte, ich würde zum Abendessenkochen wieder da sein, klar. Ich wollte die Arbeit an diesem Buch längst begonnen haben und nun war Corona dazwischengekommen, und doch wollte ich eine erste Etappe fahren, mir Notizen machen und sehen, ob alles funktionierte, wie ich es mir vorstellte. Ich setzte mich aufs Fahrrad und fuhr los. Ich lebe in Kreuzberg, in der Nähe des Landwehrkanals. Ich fuhr am Kanal nach Osten durch Neukölln, bis ich an der Grenze zum nächsten Bezirk war: Treptow. Der ansonsten stark frequentierte Schotterweg, der sich neben dem Landwehrkanal auf der Grenze der beiden Bezirke und seitlich von Kirschbäumen entlangzieht, war komplett leer. Auf dem Gedenkstein, der am Beginn der Kirschbaumallee steht, sind die Worte eingemeißelt:

Kirschbäume
gespendet von japanischen Bürgern
aus Freude
über die Vereinigung unseres Volkes
unterstützt vom TV Asahi Network
gepflanzt vom Sakura-Organisationskomitee

Es waren 47 Bäume, die sich seitlich des leeren Berliner Schotterwegs, an dem früher die Berliner Mauer stand, im leichten Berliner Wind bewegten. Ich hatte eine Woche zuvor um Mitternacht meine Eltern vom Hauptbahnhof abgeholt, die es fertiggebracht hatten, einen Tag vor dem dortigen Shutdown ihren Urlaub auf einer spanischen Insel zu beginnen. Meine Schwester und ich hatten mit dem Auswärtigen Amt kommuniziert, mit der Ferienanlage, die jedoch nach einigen Tagen nur noch aus einem zurückgelassenen Faxgerät zu bestehen schien. Schließlich hatte ein Anruf um vier Uhr früh geholfen und die Fluggesellschaft hatte die Flüge umgebucht. Zuletzt waren sie mit einem anderen deutschen Paar und einer Putzfrau die letzten Menschen in der Ferienanlage gewesen. Der Hauptbahnhof war leer, die Rolltreppen rollten, eine quietschte. Im ersten Stock des Gebäudes reinigte ein Mann mit einer Maschine, die ein stetig-nervöses Brummen von sich gab, den Boden. Er war der einzige Mensch im Hauptbahnhof. Er sah nicht mal auf, als ich an ihm vorbeiging. Auch der Bahnsteig war leer, und als der Zug hielt, stiegen vielleicht zwanzig Menschen aus, unter ihnen meine glücklichen Eltern. Ich fuhr durch die leere Stadt nach Hause. Und auch meinen kleinen Versuch der Recherche brach ich schnell ab und fuhr zurück.

Ich komme an der Wagenburg »Lohmühle« vorbei, die 1991 ein Stück weiter entfernt gegründet wurde und ein Jahr später hierher umzog. Aus der besiedelten Brache machten die Bewohner ein schönes Stück Land. Es hört sich ein wenig nach der friedlichen Besiedelung des Wilden Westens an und vielleicht ist es das auch. Die Wagenburg, so scheint es, gab es schon immer. Sie steht, wie Häuser stehen. Ich halte an der Harzer Straße Ecke Kiehlufer, zwischen einer Bushaltestelle und der Brücke, die den Landwehrkanal überspannt, und trinke aus einer Wasserflasche, die ich mir an einem Späti gekauft habe, der früher Kiosk hieß und Öffnungszeiten hatte. Ich pumpe den Reifen auf. Neben mir, zwischen einigen unmotiviert aufgestellten grauen Betonwürfeln, die Sitzgelegenheiten ähneln und sicher auch sein sollen, hält ein junger Typ mit seinem Fahrrad an. Er ist noch nicht ganz erwachsen, möchte es aber dringend sein und auch wieder überhaupt nicht, niemals im Leben was zu tun haben mit solchen wie mir. Er ist ganz in Schwarz gekleidet, auf dem Rücken seiner leicht angeranzten Jeansjacke hat er mit Sicherheitsnadeln ein großes weißes Anarchie-Zeichen befestigt, lässt sein schwarzes Mountainbike achtlos fallen, zieht sein großes, natürlich ebenso schwarzes Handy aus der Jackentasche und beginnt mit so weit wie möglich vom Körper abgespreizten Ellenbogen zu telefonieren. »Chill mal!«, sagt er irgendwann, beendet damit das Gespräch und ich denke, das hört sich exakt an wie zu Hause am Esstisch. Ein Paar kommt auf mich zu. Die Frau trägt ein gelb-grün gestreiftes Oberteil und Stöckelschuhe, in denen sie nicht aufrecht laufen kann, sie beugt sich bei jedem Schritt leicht nach vorn. Am linken Handgelenk des Mannes baumelt eine Herrenhandtasche. Sein hellblauer Pullover sitzt sehr eng. Beide setzen sich in die Bushaltestelle und der Mann gibt ein langgezogenes Stöhnen von sich.

Die Frau fragt: »Wat is?«

Der Mann sagt: »Loofen, imma loofen, Scheiße!«

Ich kann den Mann gut verstehen. Meine Beine sind müde und ich werde, wenn ich zu Hause ankomme, nicht wieder zum Tempelhofer Feld fahren. Heute, so denke ich, würde ich nur eine Staubfahne hinter dem Schriftsteller Jan Brandt sehen und in diesem sich nur langsam senkenden Staub stehen bleiben und verfolgen, wie er immer kleiner und kleiner wird. In der Bouchéstraße hängt im ersten Stock eine Hertha-BSC-Fahne schlaff aus einem Fenster. Hertha BSC, endlich wieder ein Zeichen! Vielleicht waren es auf ganzer Strecke so viele, dass sie mir auf den letzten Kilometern gar nicht mehr aufgefallen sind. Vielleicht ist es ein bisschen wie mit den Spatzen, die in anderen deutschen, weniger zivilisierteren Gegenden sehr schnöde und einfach »Haussperlinge« genannt werden. Der gemeine Spatz ist auch überall und ich musste erst Kleingärtner werden, um die einmalige Schönheit dieses Vogels zu erkennen. Würde ich allerdings meinen Lebensmittelpunkt in den Garten verlegen, würde ich sie vielleicht auch nicht mehr wahrnehmen.

Ich biege ab, links ein Parkplatz vor einem Discounter, rechts Neubauten, die fast klinisch sauber wirken, nicht einladend und das Gegenteil von wohnlich sind. An vielen Orten bin ich auf meiner Reise auf diese Neubauten gestoßen, die sich alle architektonisch ähneln und auf der brandenburgischen oder östlichen Seite des Mauerwegs entstanden sind. Sie sehen mitunter aus, als habe sich jemand in den Grundformen der Geometrie geübt und das Einfache zum Einfachen gefügt, mit großem Willen zur Wuchtigkeit. In den Wohnungen leben Menschen mit gehobenem Einkommen, auf den Straßen parken Autos, mit denen man andere Autos überrollen könnte. Es ist ein besserverdienender, etwas traurig anmutender Gürtel, der sich um die halbe Stadt gelegt hat. Ein Gürtel aus allgegenwärtiger Bürgerlichkeit, vielleicht irgendetwas zwischen Expertentum, Bildungsferne und dem Wunsch, von den Übeln der Welt in Ruhe gelassen zu werden. Auf der anderen Seite stehen hier Mietshäuser, die ihre beste Zeit längst hinter sich haben. Jalousien, die schräg in den Fenstern hängen, Gardinen, die aus mehreren verschiedenen Stoffbahnen bestehen. Ich biege noch mal links ab und mein erster Gedanke ist, dass ich in dieser Straße nachts nicht allein unterwegs sein möchte. Stillgelegte Industrieareale, Lagerhallen, die so aussehen, als wäre manchmal was los und meistens nicht, kleine Firmen für Unkonkretes, links die »KFZ Arcaden«, daneben Automobilwerkstätten, Transportunternehmen und Männer, die auf den Höfen beieinanderstehen und Dinge besprechen. Ich unterquere eine S-Bahn-Brücke und passiere eine Kleingartenkolonie nach der anderen, in Sichtweite ist der S-Bahnhof Plänterwald. Über den Kleingärten ragen die Häuser einer Hochhaussiedlung empor.

Ich verlasse die Kiefholzstraße, die lange parallel und schnurgerade zur Bundesstraße 96 verläuft, und biege in eine Parkanlage. Es ist schattig, ein leichter Wind geht. Birken wurden gepflanzt, dicht an dicht, zu Ellipsen angeordnet, warum auch immer. Rechts des Weges verläuft ein Bach, mir kommen Fahrradfahrer entgegen, ein Pärchen liegt auf einer

Decke und sonnt sich, drei Jungs, vielleicht vierzehn Jahre alt, sitzen auf einer Parkbank und stecken die Köpfe über einem Handy zusammen und lachen. Ich weiß nicht mehr, wo ich bin. Ich habe für einige Minuten auf die angenehmste Weise die Orientierung verloren. Ich war hier noch nie und denke, ich kenne diese Stadt sehr gut, ich bin Ureinwohner, durch meine Leitungen pumpt hundert Prozent Berlin. Wem das zu dämlich ist, dem ist es zu dämlich, mir piepe. Berlin ist meine Stadt. Sie ist mir vertraut. Ich finde sie genauso oft beschissen, wie ich sie auch mag. Ich kenne manches besser, als ich es möchte. Ich kenne vieles länger, als ich es wollte. Und hier nun sehe ich etwas Neues. Ich bremse ab und rolle langsam im Schritttempo, erfreue mich an den blühenden Büschen, den wilden gelben Lilien an der Böschung des Bachs. Und so fahre ich langsam, beneide die Menschen ein wenig, die rechts und links dieses Parks wohnen, und wünschte, ich würde es auch, und fahre weiter, die letzten paar hundert Meter meiner Reise auf diesem merkwürdigen Weg, der sich über 160 Kilometer zwischen einem Land, das es nicht mehr gibt, und einer Stadt, die es nicht mehr gibt, entlangzieht. Die Mauer ist omnipräsent, obgleich sie nicht mehr steht. Sichtbar sind die Reste: Reste der Mauer, der Hinterlandmauer, des Hinterlandzauns, Laternen, Risse in der Landschaft, Rodungen. Ich kam an über 140 Orten vorbei, an denen Menschen bei dem Versuch, nach West-Berlin zu gelangen, erschossen wurden, ertranken oder verunglückten. Ich hielt an fast jedem dieser Orte, der durch eine Stele gekennzeichnet ist, las die Fluchtgeschichten und sah in die Fotogesichter der Toten, diese noch nicht fertigen Gesichter junger Menschen, die sich ein anderes, besseres Leben erhofften.

Und dann stehe ich plötzlich wieder an der Sonnenallee. Ich habe die Stadt, in der ich geboren und aufgewachsen bin und immer noch lebe, umrundet, immer am Rand entlang, auf der ehemaligen Grenzlinie, mit der linken Körperhälfte in den östlichen Stadtbezirken oder in Brandenburg. Ich denke an das Ehepaar, mit dem ich mich im Grunewald und am Fähranleger von Kladow im strömenden Regen so lange unterhalten habe. Sie haben mich irgendwann gefragt, warum ich genau in dieser Richtung um West-Berlin fahre. Ich habe die beiden verdutzt angesehen und dann zu meiner eigenen Überraschung gesagt: »Das weiß ich nicht.«

Durch den Grunewald

Es ist Winter geworden und Berlin liegt unter einer dicken stabilen Schneedecke. Ich bin mit Achim und Vera am S-Bahnhof Grunewald verabredet und der Überzeugung, diesen Bahnhof nie betreten zu haben. Doch als wir ihn verlassen und in den Grunewald gehen, erkenne ich trotz des Schnees den Weg wieder, den ich als Kind, voller Vorfreude auf die Kiesgrube, so oft gegangen bin. Eine Weile später kommen wir an der Grube vorbei. Sie entstand zwischen 1966 und 1983 durch industrielle Baustoffgewinnung und sah, stand man an ihrem Rand, Anfang der Achtzigerjahre aus wie eine Kometeneinschlagstelle. Hier wurde Feinsand aus einer eiszeitlichen Platte abgebaut, fast 3,5 Millionen Kubikmeter. Daraus entstand dieser achtzehn Hektar große Krater, der fünfundzwanzig Meter tief ist. Es gab kaum andere Orte in der Stadt, die ich als Kind genauso liebte. Ich lernte innerhalb weniger Minuten andere Kinder kennen, wir bildeten Gruppen und streunten über das Gelände, während die Eltern irgendwo auf einer Decke saßen, picknickten und von uns vergessen wurden. Wir gingen barfuß durch die Tümpel, fingen Kaulquappen, kletterten die Hänge hoch und ließen uns runterrollen, sammelten am Waldrand große Äste, schleppten sie mit. Es war das Gegenteil von Stadt. Es waren glückliche Tage.

Ich laufe mit den beiden weiter durch den Grunewald bis zum gefrorenen Teufelssee, hinter dem der Teufelsberg und die Abhörstation emporragen. Der Teufelsberg war die höchste Geländeerhebung West-Berlins, die ausschließlich aus Trümmern besteht. Über 120 Meter hoch wurden hier bis 1972 26 Millionen Kubikmeter Trümmerschutt abgeladen. Das entspricht ungefähr einem Drittel der im Zweiten Weltkrieg in Berlin zerstörten Häuser. Erst danach wurde der so errichtete Hügel mit Mutterboden bedeckt und über eine Million Bäume wurden gepflanzt. Zwei Wintersportabfahrten entstanden. Es gab die breite Abfahrt, die eigentlich zum Skifahren angelegt war, doch tatsächlich zum Rodeln genutzt wurde. Es ging steil hinab, es war großartig! Und es gab die Rodelbahn, auf der solche Geschwindigkeiten erzielt wurden, dass es immer wieder Schlitten zerlegte. Vier Menschen sollen auf dieser Bahn tödlich verunglückt sein, ein paar Hundert mussten mit Verletzungen ins Krankenhaus. Was daran ist nun wahr und was erfunden? Es war West-Berlin und gute Mythen gehören dazu. Jedenfalls wurde die Bahn irgendwann nur noch »Todespiste« genannt. Als Kind war es mir von den Eltern verboten, sie zu fahren. Als ich mich irgendwann als Erwachsener an die Bahn erinnerte, lief ich an einem verschneiten Wintertag mit einem Schlitten den Berg hinauf und fand sie versperrt. Vielleicht bleibt sie einfach in meiner Fantasie ein gefährlicher Ort. Doch das Prägnanteste am Teufelsberg ist die Flugüberwachungs- und Abhörstation der US-amerikanischen Streitkräfte, die in Form von fünf Antennenkuppeln im Laufe des Kalten Krieges errichtet wurde und weit sichtbar ist. Nach Jahren des Vandalismus und kompletten Leerstands kümmert sich mittlerweile ein Verein um das Gelände. An einem Silvestertag, es war vielleicht 1991 oder '92, fuhr ich mit Freunden zum Jahreswechsel zum Teufelsberg. Wir hatten eine Flasche Sekt dabei, Böller und Raketen. Als wir oben ankamen, waren dort mehr Menschen als Grashalme. Raketen explodierten, Böller detonierten. Es war komplett verraucht, die Sichtweite betrug vielleicht fünf Meter. Wir hatten uns einen Blick auf die Stadt vorgestellt, wenn um Punkt Mitternacht die Raketen darüber explodieren.

Während ich Achim und Vera davon erzähle, komme ich mir steinalt vor, einer, der so alt ist, dass er vieles noch mal neu entdeckt, und ich entdecke nun meine veränderte Sicht auf meine Erinnerungen und wie sich die Erinnerungen verschoben haben. Wir laufen weiter, Richtung Wannsee, durch den Grunewald, der mit 3102,1 Hektar immerhin der größte Stadtwald in Deutschland ist. Hier leben viele geschützte und bedrohte Tier- und Pflanzenarten, darunter so herrliche Käfer wie Eremit, Heldbock oder Hirschkäfer. Es gibt Buntspechte, Kleiber, allerlei piepsendes Gefieder. Auch seltene Pflanzen wie das Leberblümchen, das in Berlin vom Aussterben bedroht ist. Also, passen Sie auf: Sie werden das Leberblümchen weder pflücken noch ausgraben, Sie lassen es genau da, wo Sie es entdeckt haben, und gucken. Gucken ist erlaubt, von allen Seiten. Sie dürfen es auch umrunden. Die Blüten strahlen in tiefstem Azurblau, es wird zehn bis fünfundzwanzig Zentimeter hoch, und Sie lassen es, Sie wissen schon, stehen! Oder der Breitblättrige Stendelwurz! Wenn Sie rufen wollen: »Jochen, die kleene Orchidee, die nehm ick jetz mit!«, schlucken Sie's runter und rufen stattdessen: »Der Breitblättrige Stendelwurz! Jochen, schau's dir an! Sei leise, atme ruhig, tritt vorsichtig auf, du könntest das Wachstum empfindlich stören!«

Nach einer Weile erreichen wir den Grunewaldturm, der 1899 als Denkmal und zur Erinnerung an den hundertsten Geburtstag von Kaiser Wilhelm I. errichtet wurde. Ich erinnere mich an die Spaziergänge, die wir hier gemacht haben. Wir liefen quer durch den Grunewald bis zum Grunewaldturm, dann runter zum Wannsee und wieder zurück. Es war an den Wochenenden immer sehr voll. Es gab den Grunewald, den Düppeler, den Spandauer und den Tegeler Forst, und in diesen vier Waldgebieten verteilten sich die West-Berliner Einwohner, die ins Grüne wollten, und die meisten wollten ins Grüne. So trafen wir hin und wieder Nachbarn, Bekannte und Freunde und an einem Ferientag im Tegeler Forst meine Klassenlehrerin, was eher mittelprächtig war.

Wir laufen weiter durch den Schnee und machen eine kleine Pause, oberhalb des Wannsees in der Sonne. Die Havel ist eine einzige weiße zugefrorene Fläche, darüber das klare, ununterbrochene Blau des Himmels. Für einen Moment stehen wir drei so da, als wären wir Statisten für irgendwas und würden schon seit Ewigkeiten warten. Wir schließen die Augen und drehen unsere Gesichter in die Sonne. Achim setzt sich seine Sonnenbrille auf. Dann stapfen wir weiter durch den Schnee, entlang am Wannsee, halten uns kurz vor dem Strandbad nach Südosten und erreichen an der Spinnerbrücke den S-Bahnhof Nikolassee. Vera sagt, sie habe irgendwo gelesen, dass es bei dem Restaurant, das einfach »Spinnerbrücke« heißt, schon in aller Tagesfrühe etwas zu essen gebe. Auf einem Schild steht: »Frühstück ab 6«. Ach nein, lieber nicht. Wenn wir früher mit dem Auto zum Strandbad Wannsee fuhren, kamen wir an diesem Restaurant vorbei. Hunderte von Motorrädern parkten davor und Menschen in dunklen Lederjacken und -hosen standen neben ihren Maschinen und tranken Bier. Es war jedes Mal ein imposanter und befremdlicher Anblick. Es war merkwürdig, es war West-Berlin.

Ich verabschiede mich von den beiden, die nach Steglitz wollen, und gehe rüber zum anderen Gleis. Ich denke an die Frage des Ehepaars an mich und weiß nun die Antwort: Ich bin den Weg genau in diese Richtung gefahren, weil ich nicht daran gedacht habe, ihn auch in die andere Richtung fahren zu können. Das ist die Antwort. Berliner Logik.

Die S-Bahn hält, ich steige ein und fahre nach Hause.

Inhalt

Dank

Ich schreibe kein Buch alleine. Ich danke Christine, für alles. Ich danke Tamara Bach, Jan Brandt, Axel Haase, Vera Kurlenina, Isobel Markus, Aras Ören, Florian Voß, Achim Wagner, meiner Schwester und meinen Eltern. Ein besonderer Dank gilt Jörg Sundermeier.

Auch Anton, Sophia und Tilla gehört dieses Buch, für jetzt, für später.

Björn Kuhligk, im Sommer 2022

Der Autor

Björn Kuhligk, geboren 1975 in Berlin, wo er mit seiner Familie lebt. Er arbeitet als Schriftsteller und Fotograf und erhielt zahlreiche Auszeichnungen und Stipendien. Zuletzt erschienen der Gedichtband »Die Sprache von Gibraltar« (2016), »Schöne Orte – Fotografien« (2019), »Kurzstrecke – Neue Berliner Szenen« (2020) sowie der Roman »Der Landvermesser« (2022). www.kuhligk.com